독점규제법의 적용대상, 어디까지인가?

독점규제법의 적용대상, 어디까지인가?

차 성 민

한국학술정보(주)

《머릿말》

우리나라의 경제질서는 시장경제를 기본으로 하고 있는데, 이러한 시장경제가 정상적으로 기능하기 위해서는 자유롭고 공정한 경쟁이 유지되어야 한다. 이를 위한 경쟁제한 요소들을 제거함으로써 시장의 기능을 유지하려는 법이 바로 독점규제 및 공정거래에 관한 법률이다. 그러므로 독점규제법은 경제질서의 기본법이라고 할 수 있다.

이 법은 기본적으로 사업자가 일정한 거래분야에서 경쟁제한 행위를 금지하는 구조로 이루어져 있다. 사업자, 일정한 거래분야 및 경쟁제한성은 독점규제법을 형성하는 기본개념인 것이다. 아무리 경제활동이 복잡해지고 과학기술의 발달 등으로 인해 신규 산업이 발달한다고 해도, 기본개념은 변하지 않으며 다만 그 시대의 상황에 따라 응용될 수 있을 뿐이다.

독점규제법은 사업자라는 수범자를 중심으로 법체계가 형성되어 있기 때문에, 사업자 개념은 동법의 적용범위를 확정하는 개념으로서 중요한 의미를 가진다. 더욱이 현행 사업자 정의 규정(법 제2조 1호)은 경제현실에 맞추어 그 적용범위를 정하려는 입법자의 의사에 토대를 두고 포괄적 규정을 취하고 있으므로, 이를 구체화하는 것은 결국 학설과 경쟁당국 및 법원의 판단에 맡겨지게 되었다.

이러한 추상적인 사업자개념을 명확히 하기 위해, 저자는 먼저 우리나라 독점규제법에 영향을 끼친 독일, EU, 미국 및 일본에서의 논의를 자세히 분석·검토한 뒤에, 이를 토대로 하여 우리 독점규제법상 사업자개념의 요건과 범위를 제시해 보려고 노력했다.

이 연구를 하는 동안 저자는 많은 분들의 도움을 받았다. 저자의 은 사이신 權五乘 교수님께서는 학문, 인간과 사회에 대한 관심을 갖게 해 주셨을 뿐만 아니라 신앙을 포함한 모든 생활에서 모범이 되어 주셨다. 또한 독일 Mainz 대학교의 Meinrad Dreher 교수께 감사드린다. 권 교수님의 도움으로 저자는 독일에서 독일법과 EU법을 연구할 수 있었는데, 그 곳에서 Dreher 교수님의 관심과 지도로 집중적인 연구와 많은 경험을 할 수 있었다.

이 책은 서울대학교 대학원에 박사학위논문으로 제출했던 것을 다소 수정한 것이다. 서울대 법대의 최기원 교수님과 김건식 교수님, 연세대 법대의 김성태 교수님 그리고 성균관대 법대의 정호열 교수님께서 귀한 조언들과 학자의 태도를 알려주셨다. 그리고 사랑하는 아내 홍효정, 부모님과 가족에게 진심으로 감사드린다.

끝으로 이 책을 출판을 승낙해 주신 한국학술정보의 채종준 사장님과 편집과 출판에 배려해 주신 박주선 선생님에게 감사드린다.

2006. 4.

著者 識

《차 례》

《약어표》

a.A.	anderer Ansicht
a.a.O.	am angegebenen Ort
abgedr.	abgedruckt
Abs.	Absatz
AcP	Archiv für die civilistische Praxis
a.E.	am Ende
AG	Aktiengesellschaft
Anm.	Anmerkung
Art.	Artikel
BB	Betriebsberater
Begr.	Begründung
BKartA	Bundeskartellamt
BMWi	Bundesministerium für Wirtschaft
BTDrucks	Drucksachen des Deutschen Bundestags
BVerfGE	Entscheidungen des Bundesverfassungsgerichts
BVerwG	Bundesverwaltungsgericht
ders.	derselbe
Diss.	Dissertation
EG	Europäische Gemeinschaft
Einl.	Einleitung
EuGH	Gerichtshof der Europäischen Gemeinschaften
EuR	Europarecht
EuZW	Europäische Zeitschrift für Wirtschaftsrecht
EWG	Europäische Wirtschaftsgemeinschaft
f.	folgend
ff.	folgende
Fn.	Fußnote
FS	Festschrift

GK	Gemeinschaftskommentar
GRUR	Gewerblicher Rechtsschutz und Urheberrecht
GrZS	Großer Zivilsenat des RG oder des BGH
HG	Hauptgutachten
insbes.	insbesondere
JuS	Juristische Schulung
KG	Kammergericht
KOMM.	Kommission
Lit.	Literatur
LG	Landgericht
LM	Nachschlagewerk des Bundesgerichtshofs hrsg. von Lindenmaier-Möhring
m.w.N.	mit weiteren Nachweisen
NJW	Neue Juristische Wochenschrift
Nr.	Nummer
OLG	Oberlandesgericht
RabelsZ	Zeitschrift für ausländisches und internationales Privatrecht, begr. v. Ernst Rabel
Rdnr.	Randnummer
Reg.	Regierung
RGBl.	Reichsgesetzblatt
RGZ	Entscheidungen des Reichsgerichts in Zivilsachen
S.	Seite
s.	siehe
Slg.	Sammlung
TB	Tätigkeitsbericht
Tz.	Textziffer
u.	und
v.	von
VA	Verwaltungsakt
VAG	Versicherungsaufsichtsgesetz
vgl.	vergleiche
WM	Wirtschaftsministerium

WRP	Wettbewerb in Recht und Praxis
WuW	Wirtschaft und Wettbewerb
WuW/E	Entscheidungssammlung zu Wirtschaft und Wettbewerb
z.B.	zum Beispiel
ZHR	Zeitschrift für das gesamte Handelsrecht und Wirtschaftsrecht
Ziff.	Ziffer

제1장 서 론

제1절 연구의 배경

    대한민국의 經濟秩序는 개인과 기업의 경제상 자유와 창의를 존중하는 市場經濟秩序를 기본으로 하고 있다(헌법 제119조 제1항). 이러한 시장경제질서가 정상적으로 기능하기 위해서는 시장 내에서 자유롭고 공정한 競爭의 유지가 필수적이다. 그러나 이러한 競爭의 維持를 방해하는 요소들이 시장 내에 항상 존재하고 있는 것이 현실이다. 따라서 시장경제가 제대로 기능하기 위해서 국가는 각종 競爭制限的 要素들을 제거하지 않으면 안된다. 이러한 경쟁정책을 실현하기 위한 법률이「獨占規制및公正去來에관한法律」(이하 독점규제법이라 함)이다. 독점규제법은 시장경제의 기능을 유지하기 위한 법인 것이다. 그리고 시장경제를 기본으로 삼고 있는 우리나라에서 독점규제법은 經濟秩序의 基本法의 지위에 있다.

    독점규제법은 事業者의 시장지배적 지위의 남용과 과도한 경제력의 집중을 방지하고 부당한 공동행위 및 불공정거래행위를 규제하여, 공정하고 자유로운 경쟁을 촉진함으로써 창의적인 기업활동을 소상하고 소비자를 보호함과 아울러 국민경제의 균형있는 발전을 도모함을 目的으로 한다(제1조). 즉 立法者는 이 법을 통하여 자유롭고 공정한 경쟁을 촉진할 것을 直接的 目的으로 삼았으며, 事業者의 경쟁제한행위를 규제함으로써 이러한 목적을 달성하려고 했다. 그러므로 독점규제법의 人的 適用範圍는 事業者로 한정되는데, 여기서 事業者의 槪念이 문제된다.

이는 독점규제법의 적용범위의 문제로서 논의되기도 하지만, 이보다는 事業者概念(Unternehmensbegriff)이라는 주제로서 다루어지는 것이 타당할 것이다. 독점규제법에서 適用除外의 문제 그리고 域外適用의 문제도 넓은 의미로는 동법의 적용범위에 포함되는데, 이들을 서로 구별할 필요가 있기 때문이다. 사업자 개념은 적용제외나 역외적용과는 구별되는 독점규제법의 고유한 受範者에 관한 논의라고 할 수 있다.

제2절 연구의 목적

독점규제법의 事業者는 일반적 언어관용으로서의 의미가 아니라, 이 법에서 고유한 法概念으로 사용되고 있다. 동법을 적용·집행하는 경우에 누가 독점규제법상 사업자인지를 밝히는 것은 대단히 중요하고도 기본적인 문제이다. 사업자 개념을 밝히는 일은 동법의 적용범위를 어디까지로 할 것인지의 문제와 밀접한 관계가 있기 때문이다. 즉 사업자 개념을 넓게 해석하는 경우에는 독점규제법의 적용범위가 넓어질 것이고, 반대로 이를 좁게 이해하는 경우에는 그 적용범위는 좁아질 것이다. 한편 독점규제법에 있어서 또 하나의 행위주체인 事業者團體도 그 형태여하를 불문하고 2 이상의 사업자가 공동의 이익을 증진할 목적으로 조직한 結合體 또는 그 聯合體라고 정의되기 때문에(법 제2조 3호), 이 역시 사업자 개념의 이해를 전제로 하고 있다.

최근에 세계은행의 요청에 의해 민관합동위원회가 권고안을 제출하였고, 독점규제법 운용과정에서 나타난 문제점들의 보완이 시급했으며, 현안 문제로 떠오른 기업구조조정을 법적으로 도와줄 필요성이 대두됨에 따라 제7차 개정(1999년)을 하게 되었다. 이 개정으로 독점규제법의 각 부분에서 많은 변화가 생겼는데, 사업자에 관한 定義條項의 개정도 큰 변화 중의 하나라고 할 수 있다. 제7차 개정이전에는 동법에서 열거하고 있는 사업을 행하는 자만을 독점규제법상 사업자로 인정했다. 그러나 이번 개정을 통하여 법문으로 명시하고 있던 法適用對象業種을 삭제하였기 때문에, 원칙적으로 모든 사업에 걸쳐 포괄적으로 독점규제법을 적용하는 것이 가능하게 되었다. 현행법에서는 "事業者라 함은 제조업, 서비스업, 기타 事業을 행하는 者를 말한다"고 규정하고 있을 뿐이다(법 제2조 1호). 이러한 현행 규정은 그 개념이 매우 추상적이기 때문에 실제로 법을 적용하기 위해서는 먼저 그 의미가 구체화되어야 한다. 이 작업은 결국 學說과 競爭當局(공정거래위원회와 법원)의 판단에 맡겨져 있다고 할 수 있지만, 국내 학계나 실무계에서 이 문제와 관련한 논의나 연구는 법제정 이래 여전히 미흡한 실정이다. 그러므로 독점규제법이 제정된 지 20년이 되어가고 있는 시점에서 독점규제법의 주요개념 중의 하나인 사업자의 개념을 규명하려는 노력은 매우 의미 있는 일이라고 생각된다.

또한 불확정 개념을 분명히 함으로써, 독점규제법의 法的安定性도 확보할 수 있다. 법적 안정성은 개인의 관점에서 볼 때 가장 중요한 것이라고 할 수 있다. 國民은 자신에 대한 국가의 개입을 예견할 수 있어야하며, 그를 통하여 스스로를 조정할 수 있기 때문이다.[1] 이와 동시에 법적 안정성은 "法治國家의 본질적인 요소"[2]이기도 하다. 이것은 관계 행정당국과 법적용자에게 秩序에 대한 확신을 부여하며, 자신의 판단을 합리적으로 하기 위한 전제가 되는 동시에 우리가 추구해야 할 법질서를 창조하도록 돕기 때문이다.

---

1) BVerfGE 13, 261, 271.
2) BVerfGE 7, 89, 92; 13, 261, 271; 15, 313, 319; vgl. auch BVerwG 16, 87, 91; 190, 191.

이 논문은 독점규제법상 매우 추상적인 불확정 개념들 중의 하나인 사업자의 개념을 理論的으로 硏究하여, 동법의 수범자를 판단하는 기준을 제시함으로써 독점규제법의 인적 적용범위를 가능한 한 명확히 하려는 목적으로 작성되었다.

제3절 연구의 범위와 방법

사업자 개념은 법학에서뿐만 아니라 경제학, 경영학 또는 사회학과 같은 社會科學에서도 사용되고 있으며, 각각의 고유한 인식목적에 따라서 그 개념을 서로 다르게 이용하고 있다. 이러한 사업자 개념은 법학적 의미에서의 사업자 개념과 일치하지 않을 뿐만 아니라, 독점규제법상 사업자 개념을 연구하는 데에 큰 도움을 주지도 못한다.

또한 법학적 의미에서의 사업자 개념이라고 할지라도, 개별법에 따라 그 개념은 서로 다른 의미를 가진다. 법에서 事業者(企業: Unternehmen)라 함은 우선 경제적, 사회적 현상에서의 有機體(Gebilde des Lebens)로서 여겨지는데, 법질서는 이러한 사업자를 여러 가지 관점, 특히 상법, 경제법 및 조세법의 관점에서 각각 독자적으로 다루고 있다. 그래서 사업자이라는 표현이 법에서 나타나는 곳 어디서나 동일한 의미로 사용되고 있다고 생각해서는 안된다.[3) 이 개념은 개별 규범의 내용이나 개별법의 목적과 취지에 따라 설명되어야 한다.

결국 카르텔법상 사업자 개념은 동법 자체의 정신과 이에 기초한 목적에 의해서만 파악될 수 있다. 실정법 내의 개별 법문이 불명확하거나

---

3) Vgl., Rittner, Wirtschaftsrecht, 2. Aufl., 1987, S. 126 ff.

모순적일수록, 규범·제도·부분질서들의 총체적 목적과 그 정신은 점점 더 중요해진다. 그리고 이 문제를 해결하기 위해서는 論理體系的 解釋보다는 價値體系的 解釋이 필요하다.[4] 그러나 우리나라에서는 아직 이에 관한 논의를 찾아보기가 어렵기 때문에, 외국에서의 논의와 연구 성과에 눈을 돌릴 수밖에 없다. 사업자 개념에 관한 외국의 동향에 주목하는 경우에 전 세계적으로 카르텔법을[5] 시행하고 있는 국가들의 숫자는 상당히 많다는 것을 알 수 있을 것이다. 그러나 이 논문에서는 우리 독점규제법의 입법론과 해석론에 많은 영향을 끼치고 있는 국가들, 즉 독일, 미국, 일본과 유럽연합에서의 논의들만을 다루려고 한다. 이들 국가들은 카르텔법 분야에서 이론적으로나 실무상으로 많은 성과를 보유하고 있기 때문에, 이에 대한 연구는 우리의 문제를 해결하는 데에 상당한 도움을 줄 것이다.

그런데 美國은 우리와는 다른 법체계를 형성하고 있을 뿐만 아니라 人(Person)이라는 매우 포괄적인 주체를 반트러스트법의 수범자로 삼고 있다는 점에서, 우리의 독점규제법과는 차이가 있다. 그리고 日本은 우리나라나 독일에 앞서 1947년에 獨占禁止法을 제정하였지만, 사업자 개념에 관한 논의의 전개과정이 독일의 그것과 비슷한 점이 많을 뿐만 아니라 이 부분에 관한 연구도 독일의 이론이나 판례와 크게 다르지 않다. 한편 유럽共同體 카르텔법도 역시 사업자를 수범자로 삼고 있다. 그러나 그 연혁이 오래되지 않았고 각 회원국들의 법체계나 법감정이 서로 다르기 때문에, 사업자 개념이 아직 정립되어 있지 않는 상태이다. 반면에 獨逸에서는 競爭制限防止法의 제정 이전부터 이미 법주체로

---

4) Merz, Kartellrecht, Festschrift zum 70. Geburtstag von Franz Böhm, 1965, S. 227.
5) 이 논문에서는 자유롭고 공정한 경쟁을 유지하기 위하여 각종 경쟁제한 행위를 규율함으로써, 경제질서의 기본법 역할을 하는 각국의 법률들을 총괄적으로 일컫는 경우에 카르텔법이라고 부르기로 한다.

서 사업자의 실체가 무엇인지에 대해서 활발한 논의가 전개되었으며, 동법이 제정된 직후부터는 카르텔법의 수범자로서 사업자 개념에 관한 많은 연구성과들을 축적할 수 있었다. 이러한 연구성과들은 우리 독점 규제법상 사업자 개념을 밝히는데 크게 도움이 될 것이라는 판단하에, 이 논문에서는 특히 독일의 학설이나 심결례, 판례를 보다 자세히 다루 려고 노력하였다.

따라서 이 논문에서는 법학 이외의 사회과학에서 사용되고 있는 사 업자의 개념은 별도로 다루지 않고 독일에서의 논의를 소개하면서 언 급하려고 한다. 또한 조세법, 상법, 노동법 등 다른 법분야에서 사용되 고 있는 개념 중 사업자와 유사한 개념에 대해서는 우리 독점규제법상 사업자 개념을 다루는 장에서 살펴보도록 한다. 그러나 독점규제법상 사업자 개념을 파악하는 데에 그다지 도움이 되지 않는 이들 개념을 자세히 다루다 보면 논문의 주제에서 벗어날 염려가 있기 때문에 양자 간의 차이점을 알아보는 것에 그치도록 한다.

제4절 논문의 구성

비교법적 검토를 위해 제2장에서는 독일 경쟁제한방지법상 事業者 (Unternehmen)의 개념에 관한 학설과 판례를 소개하였다. 먼저 제1절 에서는 독일 문헌들에서 사용하는 용어들을 소개하는 과정에서 혼동을 일으키지 않도록 하기 위해, 주요 용어들에 대해 개념정의를 하였다. 그리고 Unternehmen이라는 용어가 일반적 법개념으로는 어떻게 사용 되는지, 경제법상 개념과 카르텔법상 개념과는 어떠한 차이가 있는지 그리고 경제학적 개념과의 관계를 다루었다. 제2절에서는 경쟁제한방지법의 제정 전부터 현재에 이르기까지 사업자 개념에 관한 논의는 어떠한 변화를 거쳤는지에 관한 연혁적 측면을 검토하였다. 제3절에서는 이른바 機能的 事業者 槪念에 대해 다루었다. 주로 판례와 심결례를 통하여 발전되어 온 이러한 기능적 이해에 독일의 대부분 학자들도 찬동하고 있다. 이 입장에 따르면 사업자 개념은 일정한 형식으로 정해져 있는 것이 아니라 그때 그때마다 기능적으로 해석된다. 이로써 이 개념은 각 시대마다 다른 사회적, 경제적 상황을 고려하여 적절히 해석된다. 경쟁제한방지법이 별도로 사업자에 관한 정의조항을 두고 있지 않는 것도 입법자의 이러한 의도 때문이다. 그렇다고 경쟁당국에 의해 자의적으로 해석되지는 않는다. 각 시대 상황에 맞게 사업자 개념을 기능적으로 해석하는 임무를 학설과 판례에 맡겨두었기 때문이다. 그동안의 이론과 실무를 통해 전반적으로 인정되고 있는 기본 전제들이 있다. 이를 제4절에서 다루었다. 그리고 제5절에서는 구체적인 개별 사례들을 다루었다. 이를 통하여 어느 경우에는 사업자가 되고, 어느 경우에는 사업자가 되지 않는지를 보다 분명히 이해할 수 있을 것이다. 제6절에서는 카르텔법상 사업자 이외에 또 하나의 수범자인 사업자단체를 설명하였다. 제7절에서는 독일 부정경쟁방지법의 수범자에 대해 다루었다. 독일의 競爭法은 경쟁제한방지법과 부정경쟁방지법을 중심으로 이루어져 있다. 그러나 우리 독점규제법은 이 두 개 법의 내용을 모두 담고 있다. 따라서 비교법적 검토를 하기 위해서는 부정경쟁방지법의 수범자에 대한 연구도 필요하다. 그런데 경쟁제한방지법의 수범자는 사업자인데 반해, 부정경쟁방지법상의 그것은 단순히 者(Wer)라고 규정하고 있기 때문에 兩者 간의 관계가 문제된다.

제3장에서도 앞장에 이어서 비교법적 고찰이 계속된다. 여기서는 유럽공동체 카르텔법과 미국의 연방 반트러스트법, 그리고 일본의 독점금지법상 사업자의 개념에 관해 다루고 있다. 먼저 유럽공동체 카르텔법

상 사업자 개념을 서술하고 있는 제1절에서는 유럽공동체 카르텔법의 내용에 대해 개괄적으로 설명한 다음, 유럽공동체조약 제81조, 제82조, 그리고 기업결합통제령에서 규정하고 있는 사업자 개념에 관한 학설과 판례, 유럽공동체 위원회의 결정 등을 각각 구체적으로 살펴보았다. 제 2절에서는 미국 연방 반트러스트법의 수범자에 관해서 다루었다. 반트 러스트법은 법문상 人(person)을 수범자로 삼고 있어 그 범위가 매우 넓어 보인다. 하지만 동법은 상거래에 참여하고 있는 자에 대해서만 적용되기 때문에, 실제로는 상거래(commerce)라는[6] 개념으로 적용범위를 한정하고 있다. 미국의 학설과 실무는 이를 관할권(jurisdiction)의 문제로 다루고 있다. 동법의 적용범위와 관련하여, 비영리조직은 항상 반트러스트법의 적용대상이 되지 않는지의 문제와 비상업적 활동(특히 정치활동)과 상업적 활동을 어떻게 구별할 것인지에 대해 판례의 입장을 알아보았다. 제3절에서는 일본 독점금지법상 사업자 개념을 검토했다. 사업자 개념과 관련해 볼 때, 일본의 독점금지법은 우리 독점규제법과 가장 유사하다. 사업자와 사업자단체에 관한 정의조항도 가지고 있는데, 이것 역시 내용상으로는 우리 법의 태도와 거의 차이가 없다. 여기서는 사업자의 개념에 관한 일본의 학설과 公正取引委員會의 견해, 그리고 이와 관련된 심결례와 판례를 다루었다. 독일에서와 마찬가지로 국가나 지방자치단체와 같은 公法人 및 自由業者에게도 사업자성을 인정할 것인지의 여부를 주로 논의하고 있다. 그밖에 사업자 개념의 기초 위에 서있는 사업자단체의 개념과 정의에 대해서도 고찰하였다.

　제4장에서는 앞의 두 장에서 고찰한 내용들을 토대로 하여 우리 獨占規制法의 사업자 개념에 관해 검토를 하고 있다. 우선 제1절에서는 동법에서 규정하고 있는 事業者의 定義條項이 제정 이후 어떻게 변천

---

6) 이 논문에서는 미국 연방반트러스트법의 용어 중에서 commerce와 trade 를 구별하기 위하여 前者는 商去來, 後者는 通商으로 번역하였다.

되어 왔는지 그리고 다른 법률에서 사용되는 유사개념들과의 차이점을 살펴보았다. 제2절에서 기존의 국내 학설, 심결례 및 판례를 정리하였다. 그리고 제3절에서는 독점규제법에 타당한 사업자의 判斷基準 및 이 경우 특히 문제될 수 있는 事例들을 구체적으로 검토하였다.

마지막으로 제5장에서 이제까지 이 논문에서 언급된 문제들을 비교·종합하여 정리한 다음에 결론을 내린다.

제2장 비교법적 고찰(Ⅰ): 독일

제1절 사업자 개념의 기초

Ⅰ. 개 관

1957년 7월 27일에 제정되어 1958년 1월 1일에 발효된 독일 競爭制限防止法(Gesetz gegen Wettbewerbsbeschränkungen; GWB)은 그동안 6차례의 개정을 거쳐 오늘에 이르고 있다. 이 법은 몇 개의 조항을 제외하고는 Unternehmen을 수범자로 하고 있다. 또한 독일 문헌들에서는 이와 관련하여 Unternehmer 또는 Unternehmensträger라는 용어도 사용하고 있다. 따라서 독일에서의 사업자 개념에 관한 논의를 살펴보기에 앞서서, 이들 용어의 의미와 차이점을 살펴 본 다음, 우리말로 어떻게 번역해야 할지도 생각해 보기로 한다.

우리 독점규제법과는 달리, 독일 경쟁제한방지법에는 수범자로서 Unternehmen에 대한 定義條項이 없다. 그래서 법제정 이후부터 학계에서는 이 개념을 연구하는 작업이 활발히 진행되었으며,[1] 그 결과 이에 관한 논의가 상당히 진전되어 이제는 어느 정도 정리가 되어 있는 상태이다. 그러나 지금도 Unternehmen의 개념에 대해서 법에서 명문으로 규정하고 있지는 않다. 이는 항상 끊임없이 변화, 발전하는 경제현상에 대응하여 카르텔법의 수범자를 파악하기 위해서이다.

---

1) 대표적인 논문으로는 Harberkorn, Der Unternehmensbegriff in den Vorschriften über Wettbewerbsbeschränkungen, GRUR 1962, S. 449 ff.

Unternehmen은 카르텔법에서만 사용되는 용어는 아니다. 법학의 범위 내에서만 살펴보더라도, 그동안 이를 일반적 법개념으로 추상화시키려는 노력도 있었으며, 전체 경제법에 통일적으로 적용되는 Unternehmen의 개념을 찾으려는 시도도 있었다. 이에 관해서는 우리 사업자 개념의 연구에 도움이 되는 한도내에서만 살펴보고자 한다.

마지막으로, 카르텔법상 Unternehmen의 개념을 정함에 있어서 경제 학적 의미에 있어서 Unternehmen의 개념이 도움이 되는지를 검토한다.

Ⅱ. 용어의 정의

독일어의 unternehmen이라는 동사는 일반적인 언어관용에서 betreiben, beginnen 또는 machen이라는 의미를 가지고 있다.[2] 그리고 그 명사형인 Unternehmen은 Vorhaben이라는 일반적인 의미와 함께 학술적인 의미도 가진다. 그 경우에는 去來(Geschäft) 또는 經營(Betrieb)을 의미한다. 이에 반하여 Unternehmer는 오로지 학문적 영역에 속해 있으며, 그 용어 아래에서 Geschäftsmann 또는 Fabrikant라는 용어를 이해할 수 있다고 한다.[3]

통상적으로 Unternehmen은 목적격(객체)을 의미하고 Unternehmer은 주격(주체)을 나타낸다는 점에서 두 단어는 언어적으로 차이가 있다. 예를 들어 Unternehmer인 U씨가 자신의 Unternehmen인 N을 매각한다고 하는 경우를 생각해 보면 쉽게 이해할 수 있다. 이는 우리말로 '기업가 U씨는 자신의 기업 N을 매각한다'고 바꿀 수 있을 것이다. 따라서 Unternehmen은 企業으로,[4] Unternehmer은 企業家로 해석하는

---

2) Der Duden, Band 7, Etymologie, 1989, zu dem Stichwort „nehmen".
3) Schmude, Der Unternehmensbegriff im Gesetz gegen Wettbewerbsbeschränkungen, Diss. Bonn, 1968, S. 9.

것이 자연스럽다.

그러나 Unternehmer(기업가)라는 용어는 그 의미가 모호하기 때문에, 법률개념을 정하는 경우에는 가능한 한 이를 사용하지 않으려고 한다.[5] 그 대신 이 기업가의 개념을 대체하는 용어로서 Unternehmensträger가 사용된다. 이 용어는 객관적 의미의 기업으로부터, 主觀的, 私的自治的 單一體로서의 人 또는 團體를 구별하여 표현하기 위한 것이다. 이는 처음에는 학술용어로서 사용되다가 최근에는 법문에서도 쓰이고 있다. 예를 들면, 자회사의 모회사에 대한 의존관계에 관한 조항이 1969년 법인세법 제7조a 제1항으로 편입되었는데, 여기에서 지배회사의 주체를 나타내기 위해 "Träger des Unternehmens"라는 용어를 사용하고 있다. 본 논문에서는 Unternehmensträger를 기업가(Unternehmer)와 구별하기 위하여 企業擔當者라고 번역하기로 한다.[6] 독일의 학자들은 기업(Unternehmen)의 주관적인 측면을 객관적인 측면으로부터 떼어내서 부각시키고자 하는 경우에 기업담당자(Unternehmensträger)라는 표현을 점점 더 많이 쓰고 있다.[7] 독일연방헌법재판소도 기업과 기업담당자를 구별해서 쓰고 있다.

앞에서 우리말의 기업으로 번역하기로 한 통상적인 의미의 Unternehmen은 법률적, 학문적 언어관용에서는 그 의미가 달라진다.[8] Unternehmen이라는 개념을 가지고 경쟁제한방지법에서는 객체 내지는 목적격을 나타내려

---

4) Unternehmen은 business, company, corporation, enterprise, firm, under-taking 능으로 번역뇌고 있나(PONS Fachwörterbuch Recht, 2. Aufl., 1998).
5) Rittner, Wirtschaftsrecht, 2. Aufl., 1987, S. 127.
6) 기업담당자란 객관적 의미의 전체 기업을 위해 법적, 경제적으로 책임을 지는 자를 말하며, 자연인이나 법인 또는 법인격없는 사단 등도 기업담당자가 될 수 있지만 주로 회사가 이에 해당된다(Wagner, Unternehmensrecht, 1997, S. 29).
7) Rittner, a.a.O., S. 128.
8) Vgl. Rittner, a.a.O., S. 127.

한 것이 아니라, 이 법에서 규율하는 경쟁제한행위의 주체, 즉 수범자를 나타내고자 한 것이다. 이로써 통상적인 의미와는 분명히 구별된다. 따라서 경쟁제한방지법상 경쟁제한의 주체로서 또는 수범자로서의 Unternehmen은 통상적인 의미의 언어관용과 구별하기 위하여, 事業者로 번역하는 것이 무난하다고 본다.

정리하면, 이 논문에서는 행위의 객체 또는 통상적인 의미로 쓰이는 Unternehmen은 企業으로, Unternehmer는 企業家로, Unternehmensträger는 企業擔當者로, 그리고 독일 경쟁제한방지법의 수범자인 Unternehmen은 事業者로 번역하여 사용하기로 한다.

Ⅲ. 일반적 법개념으로서 기업과 경제법상 기업

1. 일반적 법개념으로서 기업

19세기 말 이래로 독일법학은 경제적 실체인 기업을 다루어 왔다. 처음에는 기업을 불법행위법상 단일체로서 인정해 주거나, 사실상 또는 법률상 이를 양도하는 경우에 법률상 하나의 총체로서 파악하기 위한 필요에서였다.[9] 규범 내에서 企業槪念의 이용이 점점 늘어가면서, 법규범내의 모든 기업 징표에 관한 법학적 논의, 특히 경제적 거래에서의 조직과 활동에 관한 논의가 활성화되었다. 이러한 가운데 법학은 학문적으로 정의되지 않은 채 일반적으로 사용되고 있던 개념과는 관계를 끊게 되었다. 법학은 기업개념을 밝히기 위해 먼저 경제학과의 상호관련성, 특히 경제학적인 과제를 인식하고 분석하는 평가작업을 해야했

---

9) Z. B. bei von Ohmeyer, Das Unternehmen als Rechtsobjekt, 1906;
  Pisko, Das Unternehmen als Gegenstand des Rechtsverkehrs, 1907;
  Isay, Das Recht am Unternehmen, 1910.

다. 기업개념의 논의가 경제학에서 비롯되었다는 점과, 이와 같이 경제학적인 기업개념의 논의가 선행되어야 한다는 점에서는 사실상 경제학이 앞선다. 그 결과 기업개념에 대한 법학적 연구는 경제학상 기업개념의 성과 위에서 이루어지고 있다.[10]

그러나 두 학문이 해결해야 할 과제가 서로 다르기 때문에, 경제학적 기업개념을 법학에 그대로 수용해서는 안된다. 경제학은 경제적 발전과정을 해명함으로써 전체경제 내에서의 전형적인 움직임들을 인식하고 예측하여야 한다. 이 경우에 경제현상들 중에서 비전형적으로 나타나는 사례들은 일반적으로 고려되지 않는다.[11] 이에 반하여 법학적 개념정립에 있어서는 오히려 비전형적인 사례들에 대해서 특별한 관심을 가진다. 또한 법개념은 가능한 한 정확한 내용을 담고 있어야 한다. 나아가 법률상 기업(사업자)개념은 권리와 의무의 담당자 또는 대상으로서의 기업(사업자)을 명백히 규정하고 체계화해야 하는데, 이러한 작업은 경제학과는 직접적으로 관계가 없다. 그러나 법학은 경제학적 기업개념 또는 그 개개의 징표들을 목적에 적합하게 변화시켜 받아들일 수는 있을 것이다.[12]

법학적 기업개념을 밝히려는 노력은 여러 개의 서로 다른 定義들을 만들어 냈다. 왜냐하면 이에 대한 포괄적인 법적 정의를 내리기란 불가능하며, 개별 법영역마다 법규정과 법이론을 위한 실마리로서의 역할이 각각 다르기 때문이다.[13] 따라서 그동안 밝혀진 기업개념은, 각각의 법

---

10) 다른 견해로는 v. Gierke, Das Handelsunternehmen, ZHR 111(1948), S. 1, 5; v. Gamm, Das Kartellrecht im EWG-Bereich, 1961, S. 22.
11) Vgl. Mees, Die Verdingungsordnungen und das Gesety gegen Wettbewerbsbeschrän-kungen, Diss. Mainz, 1960, S. 38; Gandenberger, Was ist ein Unternehmen?, 1963, S. 25.
12) 이에 관해 자세한 것은 Ⅳ에서 다룬다.
13) Schmude, a.a.O., S. 13.

영역 또는 개별 법률에 있어서 기업의 특정한 측면과 연관되어서만 설명되고 있다.

이와 같은 다양한 개념 정의들에서 주목할 만한 두 개의 기업특성을 볼 수 있다. 物的 土臺(Das gegenständliche Substrat)와 특수한 企業的 活動(Die unternemerische Tätigkeit)이 그것이다. 특히 후자는 경쟁제한방지법상 사업자 개념을 이해하는 데에 반드시 필요한 징표이다. 이러한 징표들은 개념정의를 함에 있어서 매우 중요하며, 이들 중 어느 징표를 강조하느냐에 따라서 기업을 매우 동태적으로 파악할 수도 있고 정태적으로 파악할 수도 있다.

이와 같은 점들을 인식하게 되면서, 기업개념을 밝히기 위한 유일한 방법은 존재하지 않으며 관점에 따라 다르게 이해할 수 있음을 깨닫게 되었다. 그러나 다른 한편으로는 법 전체에 포괄적으로 적용되는 기업개념을 정의하려는 시도 역시 점점 더 어려워지게 되었다. 아직까지도 이러한 시도는 성공하지 못하고 있다. 결국 법질서 내에서 일반적으로 통용되는 기업개념이란 정의될 수 없다는 결론에 이르렀다.[14] 기업개념을 어떻게 적용하느냐에 따라 "有機體(Gebilde des Lebens)"인 기업은 서로 다르게 이해되기 때문에, 각 개별법마다 그 법의 의미와 목적을 고려하여 이 개념을 확정할 수밖에 없다.[15]

그러나 이렇게 만들어진 개념은 여러 차례에 걸쳐 문제점을 노출시켰다. 그 때문에 일반적으로 통용되는 기업개념을 만들어 내려는 연구가 항상 새롭게 행해졌다.[16] Raisch[17]와 Raiser[18]는 각각 일반적 기업

---

14) BGHZ 31, 105 = BGH WuW/E 359 „Gasglühkörper".
15) Haberkorn, a.a.O., S. 449 f.
16) Z. B. Passow, Betrieb, Unternehmung, Konzern, Beiträge zur Lehre von den Unternehmungen, Heft 11, 1925, S. 77 ff.; Ballerstedt, Unternehmen und Wirtschaftsverfassung, JZ 1951, 486 ff; Fechner, Das wirtschaftliche Unternehmen in der Rechtswissenschaft, Antrittsvorlesung der Universität

개념을 발전시키려는 시도를 했다. 그러나 이렇게 해서 만들어지는 포
괄적 개념은 당연히 상당히 추상화되어야 했다. 그로 인해 이 개념은
"색깔 없는 形式(farblosen Formel)"이 되어 버리거나, 구체적인 내용
은 없고 단순히 텅빈 형식만 남게될 위험이 컸다. 그래서 이 개념들이
다양성 안에서 일치성을 추구해야 하는 이상형으로서 적합한지에 대한
평가는 상당히 회의적이었다. 그래서 일반적인 기업개념을 발견하려는
노력은 불필요한 것으로 평가되었다. 일반적 사업자 개념을 정의할 수
있다고 믿었던 학자들조차도, 이 개념이 법률용어로서는 전혀 다르게
이용되고 있다는 것을 깨닫게 되었다.

　현실적으로도, 이 개념은 각 개별 법들의 적용범위를 정하기 위하여
이용되고 있다. 그 때문에 기업개념은 이러한 규범들의 목적과 의미에
따라 정해질 수 있고, 그 상이한 목적에 따라 이 개념은 부득이하게 차
이가 날 수밖에 없다.[19] 개별 법에서 기업개념이 해결해야 할 과제가
서로 다르기 때문에, 전체법질서에 유효한 기업개념을 정하기란 불가능
하며[20] 무의미하다. 이런 관점에서 企業法(Unternehmensrecht)으로 하
여금 이제까지 인정되어오던 상법, 사회법 및 경제법의 범주를 대체하
려는 시도에 대해 반대하는 견해가 있다.[21]

　　Bonn, Heft 7, 1942, S. 6, 16; v. Gierke, a.a.O., S. 2.
17) Raisch, Geschichtliche Voraussetzungen, dogmatische Grundlagen und
　　Sinnwand-lung des Handelsrechts, 1965.
18) Raiser, Das Unternehmen als Organisation, 1969.
19) Raiser, a.a.O., S. 115.
20) Raisch, a.a.O., S. 120.
21) Ballerstedt, Was ist Unternehmensrecht?, in: FS für Konrad Duden,
　　1977, S. 15 ff.; Kunze, Unternehmensverband und Unternehmensrecht,
　　in: FS für Konrad Duden, 1977, S. 201 ff.; Schilling, Rechtsform und
　　Unternehmen-Ein Beitrag zum Verhältnis von Gesellschaft-und Unter-
　　nehmensrecht, in: FS für Konrad Duden, 1977, S. 537 ff.; Reinhardt,
　　Vom Gesellschaftsrecht zum Unternehmensrecht?, in: FS für Hart-

이와 같이 사업자에 대한 통일적인 법률개념이 존재하지 않기 때문에, 서로 다른 여러 법개념으로부터 상위개념을 추론하려는 시도를 하게 되었다. 이를 위해서는 그 최대공약수를 찾아내는 것이 핵심이다. 그런데 이렇게 해서 규정된 개념이 구체적인 경우에 있어서 기업개념의 한계를 설정하는데 도움을 줄 수 있을지는 의문이다.[22) 이러한 일반적인 개념은 각 개별 법에서 개념을 확정하는 것이 아니라, 오히려 그 개념의 해석에 의존하게 될 것이기 때문이다.

2. 경제법상 기업(사업자)

전체 법영역에 통일적으로 적용되는 기업개념의 정립은 불가능할 뿐만 아니라 불필요하다는 것은 위에서 밝혀졌다. 이와 마찬가지로 전체 경제법에 있어서도 통일적으로 적용되며 확정적인 기업개념을 찾으려는 시도는 불가능한 것으로 받아들여지고 있다.[23) 그럼에도 불구하고 경제법은 기업에 대한 기능적인 기본개념을 필요로 한다. 이러한 개념은 기업이 현대 경제법에서 가지고 있는 전체 경제적 기능으로부터 나온다.

경제법에서 기업개념은 재화와 용역을 생산하는 독립적이며 경제적인 생산공동체를 의미한다. 이 공동체는 기업담당자(Unternehmensträger)에 의해서 형성되는데, 기업담당자라 함은 전체 사업자를 법적으로 경제적으로 책임지는 주체를 말하며 통상 자연인, 법인, 또는 이들의 단체로 구성된다. 기업은 독립적이다. 즉 기업담당자는 원칙적으로 기업과 관련된 결

---

mann, 1976, S. 213 ff.; Koppensteiner, Wirtschaftsrecht, Inhalts-und funktionsbezogene Überlegungen zu einer umstrittenen Kategorie, in: Rechtstheorie, 1973, S. 18 ff.

22) Langer, Der Begriff Unternehmen im GWB, Diss. Berlin, 1978, S. 6.
23) Rittner, a.a.O., S. 124.

정을 자유롭게 할 수 있다는 의미이다. 이러한 기업개념 자체의 특성을 결정하는 두 가지 요소는 財貨와 用役의 生産과 經濟的 獨立性인데, 이 점에 있어서는 경제학에서의 기업개념과 일치한다.[24]

이처럼 독립적이며 원칙적으로 자치적인 단일체라는 점에서 사업자는 營業所(Betrieb)와 구별된다. 영업소는 일정한 독립성을 가지고 외부에 설치된 기업의 일부이다.[25] 기업은 여러 개의 영업소를 가질 수 있으며, 독일 상법에서는 이를 支店(Zweigniederlassung) 또는 支社(Filiale)라고 한다(법 제13조 이하). 영업소는 특히 노동법에서 특별한 의미를 가진다. 특히 대규모 기업인 경우에 근로자들의 이해관계는 영업소와 상당한 관계가 있기 때문이다. 이러한 이해관계의 규율은 經營組織法(Betriebsverfassungsrecht)에서 하고 있다.

경제법상 기업개념은 어느 정도 制度的 內容을 가진다. 경제법상 기업개념은 일정한 전체 경제적 과제, 특히 재화와 용역의 생산을 할 수 있는 設備(Einrichtung) 자체를 의미하며, 이는 國家行政 또는 직업인 자신이 직접 직업상 서비스를 제공하는 自由業과 구별된다.[26]

한편 경제법에서는 主體로서의 事業者槪念(der subjektive Unternehmens-begriff)과 社會的 結社로서의 企業(das Unternehmen als „sozialer Verband")이 중요한 역할을 한다.

적지 않은 법규정들에서 주체로서의 사업자 개념을 발견할 수 있다. 이것은 단순히 사업자라고 줄여서 표현되고 있지만, 실은 사업자적 특

---

24) Vgl. z. B., Vogel u. Rittner, Art. „Unternehmung", Staatslexikon, 6. Aufl., 7. Bd., 1962, S. 1158 ff.; Kosiol, Einführung in die Betriebswirts-chaftslehre, 1968, S. 28 f.; R. B. Schmidt, Wirtschaftslehre der Unternehmung, 1969, S. 41.
25) Rittner, a.a.O., 125.
26) 사업자와 자유업자의 차이에 관해서는 Rittner, Unternehmen und Freier Beruf als Rechtsbegriffe, 1962 참조.

성을 가진 관련기업담당자를 고려하고 있는 것이다. 예를 들어 경쟁제
한방지법 제1조에서 事業者라고 명시하고 있는 경우에, 이를 가지고 사
업자적으로(unternehmerisch) 활동하는 모든 법주체를 포괄해야 한다.
여기서의 사업자는 活動槪念(Tätigkeitsbegriff)으로서 기능하는데, 특히
이것은 처음부터 아예 주체로서 다루어진 상법의 상인개념과 비교된
다.[27] 따라서 주체로서의 사업자 개념은 법주체의 모든 행동에 대해
경쟁제한방지법 제1조와 같은 일정한 법규정을 적용할 것을 토대로 하
고 있다. 그 결과 이 개념은 고유한 제도적 기능(die institutionelle
Funktion)을 가지고 있지 않다. 입법자는 주체로서의 사업자 개념을 법
률의 적용범위를 확정하기 위해 이용하는데, 그럼에도 불구하고 통상
그 요건을 비교적 상세히 정의하지는 않는다. 입법자는 일반적으로 주
체로서의 사업자 개념을 두 가지로 이용할 수 있다. 순수한 활동개념으
로 이용하는 것과 제도적 내용을 담고 있는 활동개념으로서 이용하는
것이다.

  전자는 오로지 활동 자체에만 관심을 두고 있으며 주체에 대해서는
그밖의 요건을 정하고 있지 않다. 그래서 교회단체[28], 노동조합, 스포
츠연맹, 지역의료보험조합(AOK) 등도 역시 사업자적으로 활동을 하는
한 경쟁제한방지법 제1조의 사업자에 해당된다. 반면에 후자는 적어도
기본토대로서 일정한 제도적 조직을 필요로 한다. 예를 들어 독일 주식
법 제15조의 企業이 이에 해당한다는 것이 다수 견해이다.[29] 입법자가
이 두 가지 중에 어느 것을 의도하고 있는지는 오로지 개별 법규범을
해석하는 과정을 통해서만 확정될 수 있다.[30]

---

27) Rittner, a.a.O., S. 129.
28) WuW/E BGH 127, 131.
29) 이에 관하여는 Zöllner, ZGR 1976, 1 ff., 9 ff. 참조.
30) Rittner, a.a.O., S. 130.

마지막으로 많은 사람들, 예를 들어 근로자, 사원이나 소유자(Inhaber),
채권자, 조달업자 등이 참가하고 있는 社會的 結社로서 또는 社會的 組織
으로서의 사업자도 존재한다. 이 개념은 기업에 참가하고 있는 다양한 참
가자들을 사회적 결사로서의 기업의 구성원으로서 묶어준다. 독일에서는
기업을 이렇게 이해하는 것에 대해 이제까지 두 번에 걸쳐 사회·경제학
적 논의에서 법학적 논의로 옮겨간 적이 있다. 어느 정도 강제적이기는 했
지만, 두 번 모두 단지 법정책적 문제로서만이 아니라 심지어 이로 인해
현행법의 해석이 변경되기도 했다.31) 사회적 결사로서의 사업자에 대한
관념은 확실히 법정책적이나 법사회적으로 시사점을 준다. 그렇지만 경영
조직법과 기타 노동법상 현상들을 제외한 그밖의 실정법에서는 '事業者團
體(Unternehmensverband)'를 법규정의 기초로 삼고 있지는 않다.

Ⅳ. 법해석에 있어서 경제학적 기업개념의 불필요성

사업자 개념은 경제학에서 발생하여 법질서 속으로 편입된 개념이
다.32) 따라서 이에 대한 법학적 논의를 하는 경우에, 경제학과 어떤 관

---

31) 한 번은 Fechner, Die Treubindungen des Aktionärs, 1942, S. 62 ff.:
   ders., Das wirtschaftliche Unternehmen in der Rechtswissenschaft,
   1942, S. 16; 다른 한 번에 대해서는 Raiser, a.a.O., insbes. S. 165 ff.; 이
   둘 모두에 관해서는 Rittner, Die werdende juristische Person, 1973, S.
   289 ff., 306 f. (Rittner, Wirtschaftsrecht, 2. Aufl., 1987, S. 130.에서 재
   인용).

32) Raisch, Zu den grundsätzlichen Aufgaben der Rechtswissenschaft
   gegenüber den neuen Aktiengestz, JZ 1966, S. 554; ders., Geschichtliche
   Voraussetzungen, dogmatische Grundlagen und Sinnwandlung des
   Handelsrechts, 1965, S. 121; v. Gierke, a.a.O., S. 5; Nordmeyer, Der
   Unternehmensbegriff im Konzernrecht, Diss. Köln, 1970, S. 11; Miegel,
   Der Unternehmensbegriff des Aktiengesetzes 1965, 1970, S. 42.

런이 있지 않을까하는 추측을 할 수 있다.[33] 그러나 개념의 의미를 탐
구함에 있어서, 현재 사용되고 있는 동일한 단어로부터만 그 의미를 추
론하려고 하는 것은 법학적 개념규정의 특수성을 잘못 이해하고 있는
것이다.

　법학내에서 형성된 전문개념을 제외하고는, 통상 규범형성을 위해 다
른 학문분야에서 사용하고 있는 비슷한 개념에서 그 근거를 찾으려는
시도를 하게 된다. 이러한 비슷한 개념은 일정한 사실관계를 법적으로
파악하기 위한 규범을 형성하는데에 기여한다. 그리고 그 개념은 법규
범 안으로 포섭됨과 동시에 특별한 의미와 목적을 갖게 된다. 이렇게
형성된 개념은 원래의 의미와는 다른 별도의 법개념을 가지게 된다. 이
렇게 해서 생겨진 의미의 변화는 오로지 법학적 방법론에 의해서만 이
해될 수 있다. 그 때문에 법학적 인식추구는 늘 독자적인 지위에서 독
자적인 수단을 가지고 출발해야 한다.[34] 물론 이것이 법학자는 다른
학문적 토대를 전혀 고려해서는 안된다는 것을 의미하는 것은 아니다.
오히려 이러한 고려가 목적론적 틀 안에서 가끔 필요하며 심지어는 반
드시 필요한 경우도 있다.[35]

　경제학과 법학을 비교해 볼 때, 두 학문은 완전히 다른 방법론을 사
용한다는 점에서 뚜렷한 차이가 있다. 경제학적 개념들은 단지 경제적
관련성을 표현하기 위한 수단이다. 그래서 이를 위해 평균적인 현상의
결과를 기초로 하고, 비슷한 사실관계를 개념적으로 정리하며,[36] 모호

---

33) Giesecke, Die rechtliche Bedeutung des Unternehmens, in: FS für
　　Ernst Heymann, Bd. 2, 1940, S. 118.
34) Rinck, Wirtschaftswissenschaftliche Begriffe in Rechtsnormen, in: Recht
　　im Wandel, FS Carl Heymanns Verlag, 1965, S. 367; Dahm, Deutsches
　　Recht, 2. Aufl., 1963, S. 59 f.
35) Langer, a.a.O., S. 12.
36) Brecher, Das Unternehmen als Rechtsgegenstand, 1953, S. 8; Miegel,

한 경우들을 의식적으로 외면하는 전형적인 개념정의를 한다.[37]

이에 반하여 법개념은 항상 법적 결과와 연관이 있다.[38] 경제가 일정한 생활관계의 분석을 문제삼는 곳에서, 법학은 當爲의 法則(Sollens-Sätzen)을 가지고 이를 다루어야 한다.[39] 法的 安定性에 기인하여 법학적 개념규정이 되어야 하고, 이 때 모호한 경우들을 고려해야 한다.[40] 동일한 경제적 사실관계를 취급하는 경우에, 법학과 경제학 사이의 이러한 서로 다른 방법론으로 인하여, 다른 학문 안에 있는 개념을 받아들이는 것은 좀처럼 고려되지 않는다.[41] 따라서 사업자 개념 역시 경제학적 개념을 수용하는 문제에 대해서는 고려할 필요가 없다.[42]

또한 법학적 해석은 전체 법학적 개념과의 관련 속에서 이루어질 수 있다는 것을 명심해야 한다. 이 때 어느 정도의 관련성을 필요로 하느

a.a.O., S. 44.

37) Rinck, a.a.O., S. 368; Herrnring, Der Unternehmensbegriff im Aktiengesetz vom 6. 9. 1965, Diss. Hamburg, 1970, S. 9.
38) Gandenberger, a.a.O., S. 25; Giesecke, a.a.O., S. 120; Brecher, a.a.O., S. 8.
39) Brecher, a.a.O., S. 8; Miegel, a.a.O., S. 44.
40) Rinck, a.a.O., S. 368.
41) 두 학문 사이의 상이한 방법론을 강조한 연구로는, Conig, Wirtschafts-wissenschaften und Rechtswissenschaften, in: Das Verhältnis der Wirtschaftswissenschaft zur Rechtswissenschaft, Soziologie und Statistik, 1964, S. 2; Mestmäcker, Das Verhältnis der Wirtschaftswissenschaft zur Rechtswissenschaft im Aktienrecht, im gleichen Band, S. 103; 이 두 저자가 경제학적인 인식의 고려를 요구하는 경우에도, 이것이 여기의 글과 모순되는 것은 아니다.
Mestmäcker, a.a.O., S. 105는 특정한 이익충돌은 경제학에 관한 "재수용없이" 이해될 수는 없다고 하고 있다. 이는 Mestmäcker도 역시 경제학을 단지 법문제를 해결하기 위해 (당연히 꼭 필요한 수단으로서) 이용하고자 했다는 것을 나타낸다.
42) 이미 언급된 저자들 외에도 Rittner, Unternehmen und Freier Beruf als Rechtsbegriffe, 1962, S. 9.

냐는 일괄적으로 말할 수 없으며, 개별적인 경우에 따라 따르다.[43] 이는 각각의 사례에서 결정될 수 있을 뿐이다. 또한 다수의 학술용어로서 사용될 뿐 아니라 일반적인 용어로도 사용되는 경우에는, 그 개념은 자신만의 고유한 학문적인 특성을 잃은 것이다.[44] 즉 그 다의성으로 인해서 학문분야에서는 더 이상 특수한 학술용어로서의 기능을 담당할 수 없게 될 것이다. 법학 내에서 이러한 다의적인 개념은, 다른 학문분야에서는 그 개념을 어떻게 정하고 있는지와 관계없이, 오로지 법적 기준을 통해서만 해석되어야 할 것이다.[45]

事業者槪念에 관한 논의가 바로 여기에 해당한다. 이 개념은 일상생활에서는 완전히 비경제학적으로 이용되고 있다. 법학에서도 도대체 경제학과는 아무 관련없이 그 용어를 이용하고 있다. 따라서 경제학적 사업자 개념과의 연관성은 존재하지 않는다. 그 때문에 사업자 개념의 규정을 위해서, 경제학적 시도를 수용할 필요는 없다.

제2절 경쟁제한방지법상 사업자 개념의 형성과 전개

카르텔령[46] 제1조에서 최초로 카르텔이 법적으로 정의되었는데, 여기서 정의된 카르텔은 사업자라는 개념을 알지 못했다. 즉 그 당시에는 사업자라는 개념이 법률에 명시되어 있지 않았다. 그러나 당시의 학자

---

43) Vgl. Rinck, a.a.O., S. 363 ff.
44) Rinck, a.a.O., S. 373 ff.
45) Rinck, a.a.O., S. 374.
46) Verordnung gegen den Mißbrauch wirtschaftlicher Machtstellungen vom 2. November 1923 (RGBl. I S. 1067 ff., berichtigt RGBl. I S. 1090).

들은 자신들의 카르텔에 관한 연구논문에서 카르텔참가자를 언급해야
할 필요가 있는 경우에는 사업자(Unternehmen)라는 용어를 사용하였
다.[47] 그러나 이에 대한 어떠한 합의나 의견일치가 있었던 것은 아니
다. 그 사이에는 사업자 개념의 범위에 대한 문제도 확정되지 않았으
며, 그 당시의 카르텔법에 있어서 사업자 개념에 관한 심화된 연구도
없었다. 카르텔령이 시행되던 당시에는 사업자 개념이 별로 의미가 없
는 것으로 여겨졌다.[48]

그렇지만 카르텔령 제10조에서 하나의 예외를 찾아볼 수 있다. 여기
서는 „Unternehmungen"이라는 용어가 명시적으로 사용되었다. 학자들
은 이를 좁게 해석하려고 했다.[49] 왜냐하면 이 조항은 경제력을 남용
할 것을 요건으로 하고 있었는데, 이러한 경제력 남용행위는 어차피 좁
은 의미의 사업자 개념에 해당하는 주체들에 의해서나 실현될 수 있는
것이었기 때문이다.[50] 또한 카르텔령 제10조의 적용과 관련해서, 이른
바 자유업(freien Berufe)에 관한 논의도 이미 일어나고 있었다.[51] 그
럼에도 불구하고 카르텔령이 시행되는 동안에는 독일 경쟁제한방지법

---

47) 예를 들면, v. Brunn, Grundzüge des Kartellrechts, 1938, S. 19; R.
    Wolff, Die Kartell-Notverordnung, in: Kartell-Rundschau, 1930, S. 509
    ff. (522).
48) Lukes, Kartellvertrag, S. 76 m. w. N.; 同旨 BGHZ 31, 105 (109) =
    WuW/E 359 „Gasglühkörper".
49) 예를 들어, Isay-Tschierschky, Kartellverordnung, 1925, §10 Anm. 7
    은, 사업자라 함은 노동력과 물적재화에 의해 생업에 종사하는 조직이
    라고 한다. 또한 Callmann, Das deutsche Kartellrecht, Kommentar,
    1934, §10 Anm. 14은, 사업자라 함은 유형 또는 무형의 재화로 이루어
    져 있으며, 이윤획득을 위하여 지속적인 활동을 하고, 외부적으로는 재
    화의 생산, 가공, 판매를 하는 조직체라고 한다.
50) Niederleithinger, Die Stellung der Versorgungswirtschaft im Gesetz
    gegen Wettbewerbsbeschränkungen, 1968, S. 21.
51) Callmann, §10 Anm. 15; Isay-Tschierschky, §10 Anm. 7.

상 사업자의 기원이 될 만하다고 여겨질 사업자 개념은 아직 존재하지
않았다.

　제2차 세계대전에서 독일이 패전한 이후, 1945년 8월 2일의 포츠담협정
제3편 제12조에 근거하여 미국, 영국, 프랑스의 군정당국은 자신의 점령
지역에서 시행될 법령을 각각 선포했다.[52] 이는 카르텔, 신디케이트, 트러
스트 및 기타 독점적 합의에 의하여 나타나는 과도한 경제력집중을 제거
하려는데 목적이 있었다. 내용과 입법기술면에서 보아, 미국과 영국 군정
당국이 같은 내용으로 공포한 법령은 미국의 반트러스트법을 모방한 것
이었다. 즉 몇 개의 일반조항을 가지고 경쟁제한적인 모든 협정을 금지하
는 방식이었다. 반면에 프랑스 군정당국에 의해 시행된 법령은 대륙법적
사고에 기초하고 있었다. 이 중에서 단지 프랑스점령지역의 명령 제96호
만이, 동명령 제2조와 제5조를 통해 사업자(Unternehmen)라는 용어를
사용했다. 미국점령지역의 법률 제56호와 영국점령지역의 명령 제78호에
서는, 사업자가 아니라 人(Personen)이라는 용어를 사용했다.[53] 이러한
人에 대해서는 동령 제5조 Ⅸ에서 명문으로 규정하고 있었다. 그렇지만
그 범위가 너무 포괄적이어서, 이를 통한 수범자의 범위에 대한 제한이란
생각할 수 없었다. 결국 점령지법령하에서의 사업자 개념도 역시 아무런
역할을 하지 못했다. 따라서 제2차 대전 이후에 제정된 점령지법령들에서
도 경쟁제한방지법이 수용할 만한 카르텔법상 사업자 개념은 형성되지
않았다.

　그러던 중 1952년에 경쟁제한방지법의 정부초안이[54] 마련되었다. 이는
요스텐(Josten)초안에 그 기초를 두고 있었으며, 체계와 내용에 있어서

---

52) 권오승, 기업결합규제법론, 법문사, 1991, 53면.
53) Militär-Regierungsgesetz Nr. 56(amerikanische Zone); Verordnung Nr.
　　78(britische Zone); Verordnung Nr. 96(französische Zone); sämtlich
　　abgedrukt bei Rowedder, Kartellrecht, 1954.
54) WuW 1952, S. 432 ff.

현행법과 비슷하였다. 특이한 점이 있다면, 정부초안 제2조 내지 제5조에 규정된 네 가지 예외를 제외하고는 모든 카르텔을 금지하고 있다는 점이 었다.55) 현행법과 비교해 볼 때, 카르텔금지에 대한 예외를 좁게 인정하

---

55) (제1조) 사업자가 공동의 목적을 위하여 체결하는 계약과 사업자단체의 결의는, 경쟁을 제한함으로써 생산 또는 재화나 서비스의 거래를 위한 시장관계에서 영향을 미치기에 적합한 경우에는 무효이다. 다만 동법에서 허용하는 경우(제2조 내지 제5조)에는 그러하지 아니하다.

　　(제2조) 제조업 단계에 있어서 장기간의 수요변화에 기인해서가 아니라 일시적으로 판매량이 감소하는 결과, 참가사업자의 사업 또는 본질적 사업부문이 폐쇄되는 것을 피하기 위하여, 제1조의 규정에 의한 계약 또는 결의가 불가피하다는 것을 신청자가 입증하면, 카르텔당국은 이를 허가할 수 있다.

　　(제3조) 제1조의 규정에 의한 계약 또는 결의가 경제과정의 합리화에 기여하고, 특히 기술적 경제적 또는 조직적인 면에서 참가사업자의 생산력이나 경제성을 실질적으로 향상시키며, 이를 통하여 수요의 충족을 개선하는데 적합한 경우에는, 카르텔당국은 이를 허가할 수 있다. 이러한 계약 또는 결의가 합리화의 성취를 위해 불가결하지 않은 제한을 하고 있거나, 특히 합리화가 참가사업자와는 별개로 성취될 수 있는 경우에는, 이를 허가해서는 아니된다.

　　(제4조) ① 가격을 단일하게 형성하거나 가격설정방법을 단일하게 정하거나 또는 참가사업자의 판매량이나 생산량을 제한하는 합의 또는 공동의 조달조직 또는 판매조직(신디케이트)은, 제3조에 의해 허가되어서는 안된다.
　　② 전항은 부산물의 이용을 위해 세워진 공동의 조직에는 적용되지 않는다. 경제적 또는 기술적인 관점에서 다른 방법으로는 그 부산물의 가치있는 이용이 불가능해야 한다.

　　(제5조) ① 신청자가 제1조의 규정에 의한 계약 또는 결의가 다음을 충족시킨다는 것을 입증하는 경우에는, 카르텔당국은 이를 허가할 수 있다.
　　　1. 해외무역을 보호하거나 촉진시키기에 적합할 것. 특히 경쟁자들과 세계시장에서 동법 또는 다른 국가의 이와 상응하는 규정에 속하지 아니하는 경쟁조건을 동등하게 함으

고 있음을 알 수 있다. 이 정부초안은 전반에 걸쳐서 사업자와 사업자단
체라는 용어를 사용하고 있었다. 그러나 이에 대한 정의규정은 없었다.
정부초안과 관련해서 의회와 학계는 주로 카르텔금지에 관하여 논의했
다.56) 즉 카르텔을 금지하는 경우에 원인금지주의를 취할 것이냐 아니면
폐해규제주의를 취할 것이냐를 주로 문제삼았다. 카르텔 행위자로서 사
업자가 언급되기는 했지만 논의의 대상은 아니었다.57)

이 초안은 연방의회가 강력한 기업결합통제에 반대함에 따라 기업결합에
대한 감시만을 하기로 한 것을 제외하고는,58) 부차적인 요소들만이 약간 수
정헌법된 다음에, 경쟁제한방지법(Gesetz gegen Wettbewerbsbes-chrän-
kungen)이라는 이름으로 1957년 7월 27일 공포되어 1958년 1월 1일부터 시
행되었다. 여기서 사업자 개념과 관련해서는, 정부초안 제1조의 내용에 "또
는 사업자단체"라는 용어가 추가되었다.59) 이는 조직체들(Organizationen)

로써 해외무역을 보호하거나 촉진시키기에 적합할 것, 그
리고
2. 국제조약에서 독일연방공화국이 승인한 재화 또는 서비스
에 관한 무역원칙을 침해하지 아니할 것.
② 독일연방공화국 내에서의 재화와 서비스에 관한 거래에
대해서는 전항의 규정이 적용되지 아니한다.
56) Rittner, Wettbewerbs-und Kartellrecht, 6. Aufl., 1999, S. 123-125.
57) Vgl. Günther, Entwurf eines deutschen Gesetzes gegen Wettbewer-
bsbeschränkungen, WuW 1951, S. 17 ff.
58) 자세한 것은, 권오승, 기업결합규제법론, 54면 이하; 권오승(역), 독일
경쟁법, 법문사, 1997, 142면 이하 참조.
59) (제1조) ① 사업자 또는 사업자단체가 공동의 목적을 위하여 체결하는
계약과 사업자단체의 결의는, 경쟁을 제한함으로써 생산 또는
재화나 서비스의 거래를 위한 시장관계에서 영향을 미치기에
적합한 경우에는 무효이다. 동법에서 허용하는 경우(제2조 내
지 제5조)에는 그러하지 아니하다.
② 법인의 사원총회의 결의도 그 구성원이 사업자인 경우에는
이를 사업자단체의 결의로 본다.

사이의 협정도 동조에 포함된다는 것을 분명히 하기 위해서였다.[60] 또한 정부초안과 비교해 볼 때, 제2항이 신설되었다. 이 때를 즈음하여 학계에서는 다른 법률과 구별되는 독립적인 법으로서 경쟁제한방지법에 특유한 사업자 개념을 찾기 위한 노력이 본격적으로 시작되었다.[61]

그 이후 독일 학계에서는 사업자 개념에 관한 논의가 점차 두 가지 방향으로 전개된다. 하나는, 사업자를 절대적 사업자와 상대적 사업자로 구별하여 판단기준을 다르게 적용하는 것이다. 특히 Rittner, Möschel, Müller-Henneberg 교수들이 자신들의 교과서나 저서에서 사업자를 이와 같이 구분하여 서술하고 있다.[62] 다른 하나는, 사업자를 기능적으로 파악하는 입장인데, 통상 이른바 기능적 사업자 개념이라고 부른다. 여기서 기능적 (funktionell)이라는 단어는 제도적인(institutionell) 것에 대한 반대의 의미로 사용된 것이다.[63] 이는 사업자 개념을 적극적이고 구체적으로 정하는 것이 아니라, 구체적인 사례에서 경쟁제한방지법의 역사·체계·목적에 비추어 그 의미를 파악한 다음, 문제된 행위자가 동법의 수범자에 해당되는지의 여부를 판단하는 것이다. 이 입장은 주로 판례에 의해 발전되고 있다.[64]

경쟁법은 전세계적으로 불확정적인 법개념을 많이 사용하고 있다.[65]

---

60) Müller-Henneberg, Gemeinschaftskommentar, 1958, §1 Anm. 1.
61) 대표적인 연구로는, Haberkorn, Der Unternehmensbegriff in den Vorschriften über Wettbewerbsbeschränkungen, GRUR 1962, 449 f.; Langen, Kommentar zum Kartellgesetz, 3. Aufl. 1958, S. 55.; Muller-Henneberg, a.a.O.,§1 Anm. 2 ff.
62) Rittner, a.a.O., S. 137 ff.; Möschel, Recht der Wettbewerbsbeschränkungen, 1983, S. 69 ff.; Müller-Henneberg, a.a.O., 3. Aufl., 1972, §1 Anm. 8에서는 Muß-Unternehmen과 Kann-Unternehmen이라는 용어를 사용하고 있다.
63) v. Gamm, Kartellrecht, 2. Aufl., 1990, S. 64는 '사업자개념은 － 제도적이 아니라 － 기능적으로 정해진다'고 하고 있다.
64) BGH GRUR 1977, 739, 741 „Architektengebühren"; 1978, 489, 490 „Gaststättenverpachtung" 참조.

이러한 개념들을 적극적으로 규정하는 것은 불가능할 뿐만 아니라 불필요하다. 왜냐하면 경제라는 규율대상은 지속적으로 변화하는 속성을 가지고 있기 때문이다. 그래서 Möschel 교수는 "바람직한 반트러스트 규정들이라고 해서 단순히 확정적이고 상세하며 분명한 것은 아니다"는 말을 인용하고 있다.[66] 사업자 개념 역시 이러한 불확정 개념 중의 하나이다. 이 불확정 개념을 정확하게 파악하기 위해 사업자를 절대적 사업자와 상대적 사업자로 나누기도 하고, 이른바 기능적 사업자 개념이 등장하기도 했다. 그러나 개별적인 사례에서 구체적 타당성을 중요시한다는 점에서 이들은 공통점이 있다.

제3절 사업자 개념의 기능적 이해

I. 서 설

경제학, 경영학, 사회학과 같은 사회과학들은 자신들의 각각 서로 다른 목적에 따라 서로 다른 사업자 개념을 사용하고 있다. 이러한 것들은 법적인 의미의 사업자와 동일한 개념이 아니다. 또한 사업자 개념은

---

65) Möschel, Schutzziele eines Wettbewerbsrechts, in: FS für Fritz Rittner zum 70. Geburtstag, 1991, S. 405. 여기서 사용된 '경쟁법'이라는 용어는 카르텔법과 좁은 의미의 경쟁법인 부정경쟁방지법을 모두 포괄하고 있다.
66) Möschel, a.a.O., S. 405 (Sound antitrust rules are simply not amenable to fixed, detailed, articulation: 미국 상원의원인 Thurmond, Hatch와 Simpson이 1989년 가격고정에 대한 소비자보호법안을 제안하면서 사용한 표현을 Möschel 교수가 인용함).

일상의 언어관용이나 경제학적 관념 또는 다른 법률에서 넘어 온 개념 내용의 도움을 받아서 확정될 수 있는 것이 아니다.[67] 그 때문에 경쟁제한방지법상의 사업자 개념은 다른 학문 분야나 다른 법률들과는 별도로 정의되어야 한다는 것은 이미 살펴보았다.

독일 경쟁제한방지법상 거의 모든 규정들은, 행위주체가 사업자 또는 사업자단체일 것을 명백한 요건으로 함으로써, 행위주체라는 관점에서 스스로를 명확하게 한계 지우고 있다. 즉 카르텔법은 모든 자에게 적용되는 것이 아니라 사업자로서의 특성을 가진 자연인과 단체에게만 적용된다.

그러나 여기에는 예외가 있다. 우선 동법 제22조(권장금지)가 그것이다.[68] 이러한 예외규정들은 행위주체로서 모든 권리주체를 상정하고 있다. 따라서 수범자의 범위에 관해서 제한을 두지 않는다. 또한 사업자로 간주되지 않을 수도 있는 동법 제17조(라이센스계약)상의 발명가와 노하우 소유자가 예외적으로 수범자로 간주된다.[69] 물론 발명가와 노하우 소유자가 상거래에서 '지식'의 제공자로서 활동하고 이것을 시장에 내어놓는 한, 사업자 개념은 당연히 여기에까지 미친다.[70] 또한 동법 제80조와 제81조의 과징금규정 역시 제한없이 적용되어야 한다.

그리고 사업자 개념에는 한계를 설정하는 기능이 있다. 이 기능은 사

67) KG WuW/E OLG 322 „Vereidigte Buchprüfer Ⅱ" = BB 60, 385.
68) Emmerich, Kartellrecht, 8. Aufl., 1999, S. 17.
69) Immenga/Mestmäcker, GWB Kommentar zum Kartellgesetz, 2. Aufl., S. 73.: 제20조(현행법 제17조)에서는 행위주체가 사업자일 것을 요건으로 하지 않는다. 그러나 Rittner, a.a.O., S. 250 교수는 이러한 예외가 불필요한 것이라고 한다. 실제로 경쟁제한방지법상의 사업자만이 제20조상의 계약을 체결할 것이며, 동조 제1항 전단부에서 "상거래에 있어서 제한"이라고 명시하고 있기 때문이다. 앞으로 살펴보겠지만 상거래에 참가하고 있는 자는 당연히 사업자에 포섭된다고 보고 있다.
70) Vgl. WuW/E BGH 1253, 1257 „Ganser-Dahlke".

업자 개념에서 특히 사적소비, 종속적 업무를 수행하고 있는 근로자 및
고권적 행위를 제외시키는 기능을 한다.[71]

사업자의 개념은 경제학상의 용어인 企業(Unternehmung)에서 유래
하는 것으로서, 이것은 매우 추상적인 차원에서 특히 家計(소비자)에
대한 대응개념으로 사용된다.[72] 이미 살펴본 대로, 근대 독일 카르텔법
은 그러한 개념을 경쟁정책의 기본관념과 더불어 경제학에서 받아들였
다. 그 결과 좁은 의미의 소비자, 즉 경제적으로 단지 수요자로서만 등
장하는 자연인[73]과 사업자단체에 준하는 소비자단체[74]는 사업자로 파
악되지 않는다. 따라서 소비자들의 계획적인 단체행위가 현저하게 시장
에 영향을 미치는 경우, 예를 들어 소비자단체의 보이콧[75]은 경쟁제한
방지법 제21조(보이콧금지, 기타 경쟁제한행위금지) 제1항의 적용을 받
지 않는다. 동조가 적용되기 위해서는, ①사업자와 사업자단체(보이코
트 권유자)는, ②다른 사업자와 사업자단체(권유의 상대방)에게, ③특
정한 사업자(보이코트의 상대방)를 부당하게 침해할 의도로, ④이 특정
한 사업자에 대한 공급이나 구매를 차단할 것을 요구해야 한다는 구성

---

71) Mestmäcker/Immengar, a.a.O., S. 73.
72) 예를 들어 Eucken, Die Grundlagen der Nationalökonomie, 8. Aufl., 1965,
    S.87: "관념형으로서의 거래경제는 기업과 가계로 구성되어 있다"
    (Rittner, a.a.O, S. 137에서 재인용).
73) BGH WuW 1971, 136, 137 = WuW/E BGH 1142 „Volksbühne II":
    "사적인 최종소비자"를 의미한다. 부정경쟁방지법상의 소비자개념은
    일부 이와 다르다.
74) Vgl. BGH WuW 1982, 789 = WuW/E BGH 1919, 1923 „Preisvergleich".
75) 보이콧(Boykott)이라 함은 특정한 사업자 또는 그 밖의 자를 통상적
    인 거래에서 조직적으로 차단하는 것을 말한다(Rittner, a.a.O. S. 44).
    이는 아일랜드의 토지지배인인 Chales Cunningham Boycott이 자신의
    소작인들이 아일랜드 토지연맹의 유혹으로 집단사직을 한 이래로, 반
    대자들의 조직적이고 집단적인 차단 행동을 일컫는 용어가 되었다
    (Staudingers Kommentar, 1998, §826 Rdnr. 405.).

요건을 충족해야 하기 때문이다. 즉 이 경우 세 가지 측면에 사업자 또는 사업자단체가 모두 참가하고 있어야 한다. 결국 소비자단체의 보이코트는 부정경쟁방지법 제1조(一般條項)나76) 독일 민법 제826조(良俗을 違反한 故意의 加害)에 의해77) 규율된다. 이 두 조항은 請求權競合의 관계에 있다. 가해자가 경쟁하려는 의도를 가지고 행위를 했기 때문에 부정경쟁방지법도 적용된다는 사실이 혹시라도 그 가해자에게 유리하게 작용해서는 안되기 때문에, 加害意思가 있는 특수한 사례들을 규율하고 있는 민법 제826조가 부정경쟁방지법 제1조의 뒤로 물러나서는 안된다.78)

근로자와 그들의 단체인 노동조합도 그 자체로서는 카르텔법의 적용을 받지 않는다. 이들이 종속적이며 지시에 따라 업무를 수행하는 한, 독립적인 시장참가자로 간주될 수 없기 때문이다.79) 게다가 카르텔법은 처음부터 단결의 자유나 단체협약제도를 문제삼으려 하지 않았으며 문제삼을 수도 없었다.80)

또한 사업자 개념은 高權的 行爲(das hoheitliche Handeln)를 경쟁제한방지법의 적용으로부터 제외시키는 기능을 한다.81) 경쟁제한방지법은 제98조 제2항에 의하여 재산의 전부나 일부를 국가가 소유하고 있

---

76) Rittner, a.a.O., S. 137.

77) Immenga/Mestmäcker, a.a.O., S. 73.

78) Staudingers Kommentar zum Bürgerlichen Gesetzbuch mit Einführungsgesetz und Nebengesetzen, 1998, §826 Rdnr. 381.

79) Immenga/Mestmäcker, a.a.O., S. 74.

80) Vgl. Monopolkommission, 10. HG, 1994, Tz. 883. 그러나 노동조합이 임금협상에서 시장규율에 대하여 합의를 한 경우에는 아마 다를 것이다: BAG WuW 1990, 41 = WuW/E VG 347(기각); Kulka, Kollektives Arbeitsrecht und Kartellrecht, WuW 1987, S. 5 f.; Nacken, Tarifverträge über das Ende der Arbeitszeit und §1 GWB, WuW 1988, S. 484 f.

81) Mestmäcker/Immengar, a.a.O., S. 74; Rittner, a.a.O., S. 137.; vgl. Emmerich, Der Wettbewerb der öffentlichen Hand, 1971, S. 9.

거나 국가에 의하여 관리 또는 운영되는 기업, 즉 공기업는 적용되지
만, 국가 또는 지방자치단체의 고권적 행위에는 적용되지 않는다.[82]

Ⅱ. 절대적 사업자와 상대적 사업자

위의 예외적인 경우를 제외하면, 사업자를 절대적 사업자와 상대적
사업자로 나눌 수 있다.

1. 絶對的 事業者

절대적 사업자[83]란 모든 商事會社와 그밖에 법적으로 독립된 사법상의
기업담당자를 의미한다.[84] 여기서 중요한 것은 상법 및 회사법상의 형식
적인 구성요건이고, 그 사업자가 다른 사업자에게 종속되어 있는지 또는
더 이상 시장에서 활동하지 않고 있는지 여부는 중요하지 않는다.[85]

절대적 사업자의 활동은 모두 사업자적 활동으로 간주된다. 여기서의
사업자 개념은 활동개념이 아니다. 절대적 사업자는 언제나 그리고 모
든 영역에서 사업자이며, 사무실용품이나 원재료 등을 구입하는 경우와
같은 수요활동에 있어서도 역시 사업자이다.[86] 그러므로 이들은 비교
적 쉽게 경쟁제한방지법의 적용대상에 포함되며, 또한 가장 일반적이고
중요한 카르텔법의 受範者이다.

---

82) 유럽공동체 카르텔법에서도 마찬가지이다.
83) Müller-Henneberg, a.a.O.,§1 Anm. 8: „Muß-Unternehmen“.
84) Möschel, Recht der Wettbewerbsbeschränkungen, 1983, S. 69.
85) Vgl. KG WuW 1982, 405, 406 = WuW/E OLG 2601, 2602.
86) Vgl. Rittner, Die Ausschließlichkeitsbindungen nach dem Gesetz gegen
    Wettbewerbs-beschränkungen, DB 1957, S. 1093.

그리고 저축금고(Sparkasse), 州銀行(Landesbank), 건축금고(Bauspar-
kasse), 공법상의 보험기관(die öffentliche Versicherungsanstalt)과 같이 공
법상 독립적인 기업담당자들도 절대적 사업자에 해당한다.[87]

2. 相對的 事業者

상대적 사업자[88]라 함은 어느 특정한 영역에서만 그 활동의 사업자
성이 문제되는 개인이나 단체 또는 기타 독립적인 단일체를 말한다. 독
일연방대법원은 단지 상대적 사업자만을 機能的으로 보는 듯한데,[89]
이는 곧 活動槪念으로서의 사업자를 의미한다.

자연인은 재화나 서비스의 제공자로서 독립적으로 활동하는 경우에
만 사업자로 인정된다. 그러나 私的消費者 또는 근로자로서의 자연인은
동법의 적용대상이 되지 않는다. 가장 중요한 사례는 영업활동에 대해
서만 상행위법의 적용을 받는 개인상인(Einzelkaufleute)이다. 이들의
활동이 영업활동에 해당하는 한, 수요활동을 하는 경우에도 이들을 사
업자로 본다. 수공업자나 소규모영업자 등과 같은 개별사업자의 경우도
마찬가지이다.[90] 음악학교의 알선으로 학생들을 소개받아 가르치는 음
악교사[91], 그리고 자동판매기 설치계약을 체결하는 경우나[92] 장래의

---

87) Möschel, a.a.O., S. 69; Rittner, Wirtschaftsrecht, 2. Aufl., 1987, S.
190 ff.
88) Müller-Henneberg, a.a.O., §1 Anm. 8: „Kann Unternehmen". 판매세법
(Umsatzsteuerrecht)에서의 상대적 사업자개념에 대해서는 DB 1985,
792 참조.
89) Rittner, Wettbewerbs-und Kartellrecht, 6. Aufl., S. 138, Fn. 21;
BGH WuW 1980, 261 = WuW/E BGH 1661 = NJW 1980, 1046
„Berliner Musikschule".
90) 기업의 규모에 따라 자명하게 정해지는 것은 아니다. 개인기업으로도
충분하다: BGH NJW 1973, 94 = WuW 1973, 126, 127 = WuW/E
BGH 1246, 1247 „Feuerlöschanzüge" 참조.

임차인에게 맥주공급에 있어서 구속력있는 의무를 부과하는 경우의[93]
음식점의 임대인도 사업자로 본다. 사소유자가 음식점을 임대하는 행위
도 사업자적 행위로 본다.[94] 著作權 또는 保護權(Schutzrecht)의 상업
적 이용도 이에 해당한다.[95] 그러나 그 한계를 설정하기 어려운 경우
가 가끔 있다. 예컨대 실제로 방이나 단독주택의 사적인 임대와 영업적
인 임대를 구별하기란 어려울 것이다.[96]

사업자적 목적을 주로 추구하지 않는 사법상의 단체의 경우에, 판례
는 실질적으로 문제된 행위의 경제적 중요성과 정도를 고려한다. 그러
나 구체적 사례에서 이러한 활동을 보다 정확하게 규명하기란 개인의
경우보다 더 어려운 때가 있다. 여기서 문제되는 것은 단순한 소비자로
서의 수요활동이 아니라 공급활동이다. 그래서 함부르크 민중극단협회
가 회원들을 위해 공연티켓을 구입하는 독립적인 영업활동을 하는 경
우에는 사업자로 본다.[97] 그밖에 독일축구협회가 광고와 관련된 업무
를 하는 경우,[98] 연방제약산업협회가 의사나 약사들에게 배부하기 위
하여 광고물로서 제품목록을 제작하는 경우나[99] 개사육사단체가 특정
한 품종의 개를 사육하는 방법을 포괄적으로 규율하는 경우에는[100]

---

91) WuW/E BGH 1661, 1663 „Berliner Musikschule".
92) WuW/E BGH 1521 „Gaststättenverpachtung".
93) WuW/E BGH 1745 „Mallendarer Bürgerstube".
94) WuW/E OLG 888 „Gaststättenpacht"; offengelassen in WuW/E
    BGH 1745 ff. „Mallendarer Bürgerstube".
95) WuW/E BGH 1069 „Tonbandgeräte"; OLG München WuW/E OLG
    2504.
96) 이 점에서 KG WuW 1992, 538, 541 = WuW/E OLG 4914, 4917
    „Mustermietvertrag II"는 그 범위를 지나치게 넓게 인정하고 있다.
97) BGH WuW 1971, 136, 137 = WuW/E BGH 1142, 1143 „Volksbühne
    II".
98) KG WuW/E OLG 1429, 1431 „DFB".
99) WuW/E BGH 1740 „Rote Liste".
100) WuW/E BGH 1725 „Deutscher Landseer Club".

사업자에 해당한다. 자동차 검사업무를 수행하는 자동차정기검사협회(Technischer Überwachungsverein: TÜV)의 수수료책정은 시장지배적 지위남용에 관한 조항인 동법 제19조의 규율을 받는다.[101] 증권거래소법상 증권거래소도 영업활동을 하는 한도 내에서는 사업자이며, 그 거래소가 사단인지 공법상의 법인인지 여부와는 상관없다.[102]

공법상의 단체와 기관이 사업자처럼 경제거래에 참가하고 있는 경우에는, 그의 高權的 任務에도 불구하고 사업자로 취급될 수 있다. 예컨대, 제본업자나 다른 사업자와의 계약을 통하여 찬송가의 판매를 조직하고 있는 종교단체,[103] 회원들에게 의료도구의 제공에 관한 사법상 계약을 체결한 사회보험담당자 또는 治療浴 등을 제공하기로 하는 계약을 체결하는 一般地域醫療金庫(Allgemeine Ortskrankenkassen),[104] 사적인 의료보험회사와 경쟁제한방지법 제1조의 의미의 카르텔 계약을 체결하는 補償保險(Ersatzkassen)[105]등이 이에 해당된다. 이러한 경우에는 통상 경쟁제한방지법 제20조(차별금지, 부당한 방해금지) 제1항과 제2항이 문제된다.[106] 라디오 방송국과 텔레비젼 방송국의 광고 분야에 대해서도 경쟁제한방지법이 적용된다.

자유업과 국가 또는 지방자치단체는 상대적 사업자 개념에 특수한 문제를 제기한다. 이에 관해서는 후술한다.

---

101) BKartA TB 1975, S. 79 und 1977, S. 76.
102) Rittner, Wirtschaftsrecht, 2. Aufl., 1987, S. 585 ff.
103) 카르텔령 제78호에 관한 BGHZ 19, 72, 79 = WuW 1956, 227, 230 = WuW/E BGH 127, 130 „Gesangbuch" 참조.
104) Vgl. WuW/E BGH 442, 449 f. „Gummistrümpfe": BGHZ 69, 59 = WuW 1978, 149 = WuW/E BGH 1493, „Med. Badebetrieb".
105) Vgl. BGHZ 64, 232, 234 = WuW 1975, 575, 577 = WuW/E BGH 1361, 1363 „Krankenhauszusatzversicherung".
106) Möschel, a.a.O., S. 70.

Ⅲ. 이른바 기능적 사업자 개념

1. 사업자 개념의 역할

일반적인 다른 법개념들과 마찬가지로, 독일경쟁제한방지법상 사업자는 다른 법률상의 기업개념과 관련성이 거의 없다. 政府草案에서도 "이 개념은 가령 영업세법(Gewerbesteuerrecht) 또는 영업령(Gewerbeordnung)의 원칙에 따라 형성되어서는 안된다"고 명시하고 있다.[107] 판례와 학설도 일치하여 이에 찬동하고 있다.[108] Von Gierke가 그의 기업개념에 관한 연구에서 밝힌 바와 같이,[109] 통일적인 법학적 사업자 개념을 정립하기 위한 노력의 결과, 법문상 사업자라는 槪念(Anknüpfungsbegriff)은 다음의 세 가지 중 하나로서 작용한다는 인식이 정립되었다.

첫째는 영업활동(Betriebstätigkeit)이고, 둘째는 영업활동으로 인해 생겨난 활동부문(Tätigkeitsbereich)이다. 이것은 기업의 객관적 측면으로서, 협의의 기업이라고도 한다. 협의의 기업은 경제적 단일체로서의 독립적인 면이 있으며, 법적 거래, 즉 양도 또는 담보의 대상이 될 수도 있다. 그리고 마지막은 고용주와 근로자간의 경영협의체(Betriebsgemeins-chaft)이다. 그런데 여기서는 경영협의체는 고려되지 않는다. 왜냐하면 이 것은 카르텔법상의 사업자 개념을 정하는데 있어서 아무런 역할도 하지 못하기 때문이다. 따라서 카르텔법상 법개념인 사업자를 위해서는 두 가지 기본징표가 남는다. 즉, 사업자는 특정한 활동, 즉 행위와 관련지어서 이해될 수 있거나, 아니면 이러한 활동을 위한 조직 또는 그 활동의 결과

---

107) Reg. Begr. Teil C, zu §1 Ziff. 1 c, abgedr. in Gemeinschaftskom-
    mentar, 1. Aufl., S. 1075.
108) Vgl. WuW/E BGH 359 „Gasglühkörper"; Müller-Henneberg, GK,
    §1 Rdnr. 5.
109) V. Gierke, a.a.O., S. 7 ff.

인 조직으로서 對象的(gegenständlich) 側面을 표시하기 위한 개념으로
이해될 수 있다.[110] 이 기본징표들을 인식하는 경우에, 만일 대상적 고찰
방법을 택한다면 사람들은 객관적이고 정태적이며 제도적인 사업자 개념
이나 단순히 대상적인 사업자 개념에 관해 이야기를 할 것이다. 이에 반하
여 행위관련적 고찰방법을 택하는 경우에는, 주관적이고 동태적이며 기능
적인 사업자 개념을 이야기할 것이다.[111] 카르텔법에 있어서 대상적인 사
업자 개념이나 기능적인 사업자 개념은 하나의 개념쌍으로서 중요한 위치
를 차지하고 있다.[112] 여기서 경쟁제한방지법이 그 개념을 대상적으로 이
해하고 있느냐 또는 기능적으로 이해하고 있느냐 하는 문제는 동법의 사
업자 개념과 그 범위를 밝히는데 있어서 매우 중요하다.

2. 경쟁제한방지법상 기능적 이해의 근거

경쟁제한방지법의 역사, 목적, 체계를 살펴보면, 동법상 사업자 개념
이 기능적으로 이용되고 있다는 것을 알 수 있다.[113] 사업자 개념을 고
려함에 있어서 법률자료들이 그렇게 풍부하지는 않지만, 이 자료들은
"생산 또는 상거래상 활동을 하고 있으면 충분하다"고 명확히 밝히고
있다.[114] 게다가 정부초안에서는, 이러한 활동이 바로 사업자임을 나타
내는 행위가 된다고 밝히고 있다. 또한 "생산 또는 재화와 서비스의 거

---

110) Giesecke, a.a.O., S. 121.
111) 이러한 구별에 대한 상세한 것은, Giesecke, a.a.O., S. 119 ff.; Miegel,
     a.a.O., S. 98; Mees, a.a.O., S. 39 ff.; Niederleithinger, a.a.O., S. 26 ff.;
     Schmude, a.a.O., S. 14 ff.
112) Mees, a.a.O., S. 42 ff.; 전문용어의 구분에 관해서는, Köhler, „Betrieb"
     und „Unternehmen" in wirtschaftsverfassungsrechtlcher Sicht, JZ
     1953, S. 713 (718) 참조.
113) Langer, a.a.O., S. 18.
114) Reg. Begr. Teil C, zu §1 Ziff. 1 c, abgedr. in GK, 1. Aufl., S. 1075.

래에 있어서 계약을 통한 경쟁의 제한을 방지하려는"115) 법의 목적은,
법을 통하여 일정한 행동양식을 배제하려 한다는 것을 분명히 하고 있
다. 그러나 이러한 법의 목적에서는 일정한 행동방식을 배제시키기 위
하여, 사업자라는 용어로 표시되는 자가 갖추어야 하는 자격징표로서의
대상적 기준은 보이지 않는다.116) 즉 일정한 조직형태로부터가 아니라,
행위의 유형으로부터 법적으로 중요한 특성을 가진 행위가 추론된
다.117) 이것은 경쟁제한방지법의 체계를 통하여도 알 수 있다. 경쟁제
한방지법은 기본조항인 제1조에서는 동법의 모든 실체규범들과 마찬가
지로, 이 조항의 수범자를 사업자라고 명시하고 있다. 경쟁제한방지법
의 모든 실체규범들은 법기술적으로, 어떠한 狀況(Zustände)이 아니라
일정한 行動方式(Verhaltensweisen)과 관련되어 있다. 즉 사업자 자체
가 아니라 사업자의 행동방식이 이러한 조항들의 규율대상이 되고 있
는 것이다.

학자들은 사업자 개념에 관한 비교연구를 통해서 아주 일반적인 명
제를 개발해 냈다. 즉 사업자 자체가 규범의 대상이 되는 경우에는 대
상적 기준이 항상 결정적으로 중요하다는 것, 그리고 반대로 사업자 개
념이 기능적으로 이용되는 경우에는 특정한 행동방식에 대해 책임을
지는 자를 사업자라는 개념으로 표시한다는 것이다.118) 이러한 명제들

---

115) Reg. Begr., a.a.O.
116) Niederleithinger, a.a.O., S. 27; Schmude, a.a.O., S. 46; Langer, a.a.O.,
    S. 18; Schwarz, Die Wirtschaftliche Betätigung der öffentlichen Hand
    im Kartellrecht, 1969, S. 56.
117) Hill, Zur Rechtsprechung des Kartellsenats, in: 25 Jahre Bundesgeri-
    chtshof, 1975, S. 178.
118) Mees, a.a.O., S. 39-44; 상세한 것은, Miegel, a.a.O., S. 99, nach
    Untersuchung der Unternehmensbegriffe im BGB, HGB, UWG,
    GWB, Gewerbeordnung sowie der Steuergesetzgebung; 동일한 결론
    으로는, Niederleithinger, a.a.O., S. 27; Schmude, a.a.O., S. 21;

이 일반성을 갖는다고 단정지을 수는 없지만, 경쟁제한방지법상 사업자 개념에 대한 이제까지의 연구들에 기초해 볼 때 이러한 명제가 타당했음을 확인할 수는 있다.

그러나 이와 같은 일반적인 분석으로 경쟁제한방지법상 사업자 개념의 이해를 위하여 필요한 요소들을 밝혀낼 수는 없다. 경쟁제한방지법에 있어서 중요한 것은, 다른 법률에서 사업자의 개념이 어떻게 사용되는지가 아니라, 바로 경쟁제한방지법 자체의 역사, 목적, 체계가 될 것이다. 그런데 동법의 歷史, 目的, 體系, 이 세가지의 해석관점 모두가 경쟁제한방지법이 사업자 개념을 기능적으로 사용하고 있음을 확인해 준다.[119]

각각의 법률개념들은 그 개념자체로부터 완전히 명확하게 규정되지 않는 한, 체계적이고 목적론적인 관점아래에서 규범 내에서의 역할에 따라 해석되기 때문에, 그러한 법개념들을 기능적인 개념으로 나타낼 수 있다.[120] 이러한 해석방법이 경쟁제한방지법상 사업자 개념에서만 특유한 것은 아니다.

3. 실무에 있어서 기능적 사업자 개념의 수용

오늘날 독일의 판례 및 행정실무에서는 실제로 아무런 다툼없이 사업자 개념을 기능적으로 이해하고 있다. 법원은 사업자 개념을 오로지 행위와 관련된 징표를 통해서만 규정하고 있다. 그에 따라 "순수하게 私的 需要充足을 위한 것만은 아니면서 職業活動의 영역 내에서 일어나는 모든 活動"은 경쟁제한방지법 제1조의 의미에서 사업자로 간주될

Schwarz, a.a.O., S. 54 ff.
119) Langer, a.a.O., S. 20.
120) Langer, a.a.O., S. 21.

수 있다.[121] 독일연방대법원의 일관된 판례에 의하면, 사업자 개념은 "상거래상의 어떠한 활동"을 통해서도 충족될 수 있다.[122] 판례는 처음 부터 일관되게 오로지 상행위적 활동을 사업자적 특성의 기초로 삼고 있다. 이는 연방대법원이 경쟁제한방지법상 사업자 개념을 기능적으로 이해하고 있다는 의미이다.[123]

독일 연방카르텔청도 행정실무에서 행위관련적 사업자 개념을 일관되게 인정하고 있다. 이미 1961년판 활동보고서에서 연방카르텔청은 "순수하게 私的인 수요충족을 위한 것은 아니면서 職業活動의 영역 내에 있는 모든 獨立的인 活動은 그 法的 形態와 利潤追求의 의도가 있었는지를 불문하고" 사업자적 활동으로 간주했다.[124] 1971년판 활동보고서에서 연방카르텔청은 "기능적 사업자 개념"을 명시적으로 인정했으며, 이를 통해 공공기관이 조달업무를 하는 경우를 사업자로 다루었다.[125] 이러한 논리는 일관되게 적용되어서, 저작권자가 자신의 작품을 상품으로 이용하는 경우, 그 순간부터 그를 사업자로 간주했다.[126] 그리고 비영리단체인 독일축구연맹(DFB: Deutscher Fußball-Bund)이 자신의 계약상대방의 제품을 광고하는 경우에도 이를 사업자로서 행동하는 것으로 간주했다.[127] 국영기관인 제2독일국영방송(ZDF: Zweites

---

121) KG WuW/E OLG 322 (323) „Vereidigte Buchprüfer Ⅱ": KG WuW/E OLG 1429 (1431) „Deutscher Fußball-Bund".

122) WuW/E BGH 442 „Gummistrümpfe": WuW/E BGH 1246 „Feuerwehrschutzanzüge": WuW/E BGH 1253 (1257) „Nahtverlegung": Emmerich, Die höchstrichterliche Rechtsprechung zum GWB, ZHR 139 (1975), S. 476 (478 ff.).

123) WuW/E BGH 1474 (1477) „Architektenkammer".

124) TB 1961, S. 61.

125) TB 1971, S. 23.

126) WuW/E BKartA 704 „Verwertungsgesellschaften".

127) TB 1972, S. 75.

Deutsches Fernsehen)이 저작물사용권(Urheberverwertungsrecht)을 취득하는 경우에도, 사업자로서 활동하는 것으로 인정했다.[128]

학계도 사업자 개념에 대한 이러한 해석에 대해 대체로 찬동하고 있다. 즉 어떠한 형태로든 경제거래에 참여하고 있지 않으면 사업자라고 할 수 없다고 한다. 객관적 사업자 개념을 대표하는 학자들도 이를 인정하고 있다.[129]

따라서 경쟁제한방지법상 사업자 개념과 관련하여 완전히 일치를 보고 있는 것은, 사업자 개념에 있어서는 일정한 행위방식이 중요한 징표로 여겨진다는 점이다.

Ⅳ. 경쟁제한방지법의 목적과 보호대상

1. 개인보호와 제도보호

制度保護와 個人保護. 이 두 개념은 경쟁제한방지법을 제정할 때부터 국회에서 이에 관한 논의가 있은 이래로, 경쟁제한방지법상의 의미와 목적에 관한 논의를 지배하고 있다.[130] 즉 경쟁제한방지법을 가지고서 경쟁이라는 제도를 보호하려는 것인지, 아니면 경제적 힘을 통한 위협

---

128) TB 1974, S. 75.

129) Magen, Gesellschaftsrechtliche Wettbewerbsverbote und Kartellrecht, NJW 1961, S. 147; 여기서 客觀的(Objektiv)이라는 의미는 對象的 (gegenständlich)이라는 뜻과 유사한 의미로 사용되고 있다. 이러한 객관적인 사업자개념을 주장하는 학자들은 사업자를 "경제거래에 지속적이고 능동적으로 참여하려는 독립적이며 조직적인 단일체로" 정의한다(Schmude, a.a.O., S. 46, 각주 1 참조).

130) Vgl. Würdinger, Freiheit der persönlichen Entfaltung-Kartell-und Wett-bewerbsrecht, WuW 1953, S. 721 ff.

앞에서 개인의 자유를 보호하려는 것인지 여부가 다투어졌다.[131]

個人의 自由保護는 단순히 競爭制度가 보호됨으로 인한 반사적 효과가 아니라, 경쟁제도의 전제요건이다.[132] 이들은 서로가 서로를 구속하며, 마치 동전의 앞뒷면과 같다.[133] 경쟁을 비로소 가능케 해주는 자유를 위하여, 경쟁제한방지법은 카르텔금지, 기업결합금지, 시장지배적 사업자의 지위남용금지와 같은 다른 용어들을 가지고 경쟁을 보호해 주고 있다. 결국 원칙적으로는 이 두 개가 모두 경쟁제한방지법의 목적이라고 할 수 있다.[134] 다만 이 중에 어느 것이 법의 1차적인 목적이냐를 질문할 수 있을 뿐이다.

생각건대, 自由는 민주사회질서에서 누구도 이를 위한 또 다른 정당성을 요구하지 않는 근본적인 가치인데 반해, 경쟁은 그렇지 않다. 競爭은 그 자체가 가치있는 것이 아니라, 오로지 보다 높은 목적을 위해서 보호되는 것뿐이다.[135] 따라서 제도 그 자체로서의 경쟁은 경쟁제한방지법의 1차적인 보호목적으로서 고려될 수 없다. 그보다는 경쟁을 통한 또는 경쟁에 의해 추구되는 자유보호라는 목적이 더 중요하다.

---

131) 독일연방대법원은 경쟁제한방지법 제1조는 경쟁자를 위한 보호규범이라고 해석하였다(WuW/E BGH 1362 „Krankenhauszusatzversicherung").
132) Hoppmann, Zum Schutzobjekt des GWB, in: Wettbewerb als Aufgabe. Nach zehn Jahren Gesetz gegen Wettbewerbsbeschränkungen, 1968, S. 102 ff. Fn. 55.
133) Mestmäcker, Über das Verhältnis des Rechts der Wettbewerbsbeschränkungen zum Privatrecht, AcP 168 (1968), S. 235 (245); Hoppmann, a.a.O., S. 102 f.
134) Rittner, a.a.O., S. 132.
135) Vgl. Säcker, Zielkonflikte und Koordinationsprobleme im deutschen und europäischen Kartellrecht, 1971, S. 14 ff., 20 ff.

2. 자유보호와 복지극대화 사이의 목적충돌

경쟁제도와 개인의 자유보호는 동전의 양면과 같다는 것은 이미 살펴본 바와 같다. 그러나 이것은 福祉極大化와 個人의 自由保護라는 문제와는 다른 의미를 가진다. 실무상으로 이 두 가지 목적들은 매우 자주 충돌되곤 한다. 이러한 경우 통상적으로 둘 중 어느 하나는 보장되고 다른 하나는 희생되고 만다.[136] 경쟁에 있어서와는 달리, 최적의 소비자복지는 대체로 그 자체가 가치있는 것처럼 보인다. 이러한 관점에서 競爭의 自由保障的 機能과 最適의 消費者福祉 중에 어떤 것이 우선하는가에 대해 의문이 생긴다.

이러한 경쟁제한방지법의 보호목적에 관한 연구는 오로지 동법 자체안에서 이루어져야 한다. 이러한 문제에 대한 대답을 함에 있어서는, 경제이론보다는 경쟁제한방지법 자체가 고려되어야 하기 때문이다. 이러한 관점에서 경쟁제한방지법의 법문, 역사 및 체계를 살펴보면, 자유보호가 우선한다는 것을 분명히 알 수 있다.[137] 이것은 동법의 명칭에서부터 벌써 알 수 있다. 즉 동법은 '경제복지촉진법'이나 '소비자복지극대화법'이 아니라, 경쟁제한을 방지하기 위한 법률이다. 소비자복지의 극대화라는 경제정책적 효과는 경제참가자(경제활동에 참가하는 자)의 자유보호를 통하여 실현될 것이 기대된다. 그리고 원칙적으로 자유로운 활동을 통하여 경제참가자들의 자유가 보호되는 만큼만 소비자는 보호된다. 그러나 그 반대는 성립하지 않는다. 또한 경쟁제한방지법의 관념상 복지극대화는 어떠한 경우에도 개인의 자유를 위한 필수적인 전제는 아니다.[138]

---

136) Säcker, a.a.O., S. 14ff. (20 ff.); Möschel, Das Wirtschaftsrecht der Banken, 1972, S. 339 ff.; Schmidt, US-amerikanische und deutsche Wettbewerbspolitik gegenüber Marktmacht, 1973, S. 42 ff.

137) 보다 자세한 것은, Hoppmann, a.a.O., S. 12 ff.

널리 퍼져있는 오해와는 달리, 消費者保護는 카르텔법의 직접적인 목적이 아니며, 소비자는 단지 간접적으로만 보호될 뿐이다. 왜냐하면 계획실패의 위험을 안고 있는 계획경제 아래에서보다는 경쟁경제 아래에서, 보다 효율적이고 보다 확실하게 그리고 보다 싼 가격으로 소비자를 배려할 수 있기 때문이다. 따라서 카르텔법적으로 허용되지 않는 행위들로 인해 직접 소비자들에게 유리한 결과가 나타난다고 해서, 그러한 행위가 정당화되지는 않는다.[139] 만일 경쟁자들간에 가격을 올리지 않기로 하거나[140] 또는 가격을 내리기로 합의를 하는 것은, 가격을 올리기로 하는 합의와 마찬가지로 카르텔법 위반이다. 이와 같이 가격을 내리는 행위가 허용된다면 단기적으로는 소비자에게 유리한 것처럼 보이지만, 결국은 재화나 용역의 공급에 있어서 지속적인 능률향상을 기대하는 공정한 경쟁 대신에 카르텔 참가자들의 자의가 작용할 것이기 때문이다.

3. 카르텔금지에 있어서 경쟁제한방지법상 제3자 보호적 성격

개인의 자유가 경쟁제한방지법의 중요한 보호목적으로서 확고한 지위를 차지하여야 함은 이미 앞에서 살펴보았다. 그렇다면 이러한 보호는 누구의 행동의 자유를 위한 것인가? 카르텔합의에 참가한 자들인가? 아니면 경쟁자나 수요자, 공급자와 같은 제3자인가? 이에 대해서는 대체로 第3者의 行動의 自由가 경쟁제한방지법의 보호목적이라고 보고 있다.[141]

---

138) Langer, Der Begriff Unternehmen im GWB, Diss. Berlin, 1978, S. 28.
139) Bechtold, Kartellgesetz Kommentar, 1993, S. 11.
140) OLG München WuW/E 4444 ff. „Rationalierungsboni".
141) Vgl. Immenga/Mestmäcker, a.a.O., S. 67; Schmude, Der Unternehmens-

카르텔 참가자들 내부관계에서의 이해관계는 독일 민법 제242조(信義誠實原則)와 제138조(良俗違反)의 범위 안에서 보장될 수 있고 계약체결 당사자간의 사적자치에 맡겨질 것이기 때문에,[142] 경쟁제한방지법에서 이를 따로 다룰 이유가 없다고 한다. 반면에 카르텔합의의 제3자의 경우는 사정이 다르다. 문제된 카르텔을 통해서 그의 행동의 자유가제한되기 때문에, 이를 보호할 필요가 있다. 따라서 第3者의 自由領域에 대한 侵害는 카르텔을 금지하는 중요한 근거가 된다. 카르텔협정으로 인해 발생하는 유해한 결과를 막는 것은 경쟁제한방지법의 중요한임무이다.[143] 따라서 입법자가 경쟁제한방지법의 의미와 목적을 사업자개념을 위한 중요한 해석기준으로 삼고 있는 경우에, 제3자의 자유보호는 동법의 목적으로서 고려되어야 한다.

제4절 사업자의 구성요소

독일 연방대법원은 처음에는 "商去來에 있어서 모든 活動"이 사업자개념의 요건이라고 일관되게 판시하였다.[144] 즉 독일연방대법원은 제도적인 사업자 개념이 아니라 기능적인 사업자 개념으로 판단을 한 것이며,[145] 학설도 이에 동의했다. 기능적인 사업자 개념에서 특징적인 것

　　begriff im Gesetz gegen Wettbewerbsbeschränkungen, Diss., 1968, S. 23
　　ff.; Langer, a.a.O., S. 31 ff.
142) Möschel, Recht der Wettbewerbsbeschränkungen, 1983, S. 74.
143) Säcker, a.a.O., S. 24; Lukes, Der Kartellvertrag, 1959, S. 122 ff., 213
　　ff., 253 ff.,
144) Vgl. BGH GrZS WuW/E BGH 1469 „Autoanalyzer" = BGHZ 67,
　　81; WuW/E BGH 1325 „Schreibvollautomat" = NJW 74, 2236.
145) WuW/E BGH 1474, 1477 „Architektenkammer" = GRUR 77, 739;

은, 그 개념정의가 사업자 자체를 고려하는 것이 아니라 상거래에 있어서의 행위를 고려한다는 것이다. 그러므로 어떤 행위주체가 사업자인지에 대한 물음은, 그 행위주체가 사업자로서 행동하고 있는지 아니면 행동할 수 있는지를 묻는 것이나 마찬가지이다.

판례는 사업자 개념을 매우 넓게 보고 있으며, 학설도 법의 보호목적을 가능한 한 포괄적으로 실현하기 위하여 사업자 개념을 넓게 해석하고 있는 견해가 우세하다.[146] 여기서는 판례와 학설에 의해 받아들여지고 있는 사업자 개념의 징표들에 대해 상세히 살펴보고자 한다.

Ⅰ. 오로지 순수한 私的 需要活動은 아닐 것

사업자 개념이 가지고 있는 한계설정기능을 제대로 수행하도록 하기 위해서, 독일연방대법원은 사업자의 요건을 더욱 구체화해야 했다. 왜냐하면 사적 소비자(der private Verbraucher)가 수요자로서 '상거래'에 참가하는 경우에 이를 사업자로 본다면, 이는 법률의 목적에 반하기 때문이다. 그래서 사업자 개념의 내용을 '상거래에서 순수하게 사적인 소비를 위한 것만은 아닌 모든 활동'[147]이라고 이해함으로써 일단 그 한계를 그어야 했다.[148] 만일 사인이 재화와 용역을 제공하는 경우에는 당연히 그는 사업자로 간주된다. 이러한 활동에 있어서는 경쟁의 자유

WuW/E BGH 1841, 1842 „Ganser-Dahlke".

146) Emmerich, Kartellrecht, 8. Aufl., 1999, S. 17; Möschel, a.a.O., S. 68.; Schmude, a.a.O., S. 40.

147) „jede nicht lediglich dem privaten Verbrauch dienende Tätigkeit im geschäftlichen Verkehr"

148) Langen/Niederleithinger/Schmidt, Kommentar zum Kartellgesetz, 6. Aufl., 1983, Tz. 9.

보호가 개인행동의 자유 보호에 우선하기 때문이다.[149] 그러나 경쟁제
한방지법의 인적 적용범위에서 사적 소비자를 배제하기 위해서 여기에
언급한 논거는 사적 공급자(der private Anbieter)의 경우에는 적용되
지 않는다. 이 때문에 판례는 음악강의를 하거나,[150] 영업장소나[151] 음
식점을[152] 임대하거나, 특허 또는 노하우를 이용하도록 하는[153] 私人
에게는 사업자성을 인정하고 있다.

이 경우에 그러한 활동의 범위는 사업자 개념을 가지고서는 결정할 수
없다는 점이 지적되었다.[154] 오히려 사인에 의해 이루어지는 중요하지 않
은 사업자적 행위는, 그 행동이 시장관계에 미치는 영향이라는 징표를 통
해서 배제시키는 것이 적당할 것이다.[155] 결국 어떠한 동일한 급부제공
(예를 들면 방을 임대하는 경우)에 대해 개인적 공급인지 아니면 영업적
공급인지는 사업자 개념을 가지고는 구별할 수 없다. 왜냐하면 이는 보조
도구(Hilfskonstruktionen)를 위해서 유용한 정의(praktikable Definition)
를 포기하는 결과에 이르게 할 수 있기 때문이다. 예를 들면, 영업임대인
의 통상적인 업무 활동[156] 또는 그러한 활동의 계속성(Nachhaltigkeit)이
나 계획성(Planmäßigkeit)이[157] 여기의 보조 도구가 될 수 있다. 이러한
기준은 일반적인 사업자 개념에 있어서 이용될 수는 없다. 법원도 앞에서
인용한 판례에서[158] 지속적으로 활동하지 않는 私人을 사업자로 인정했

---

149) Immenga/Mestmäcker, a.a.O., S. 75.
150) WuW/E BGH 1661, 1663 „Berliner Musikschule" = NJW 80, 1046.
151) OLG Düsseldorf WuW/E OLG 1793 „Vergütungsabrede".
152) OLG Düsseldorf WuW/E OLG 888 „Gaststättenpacht".
153) WuW/E BGH 1253, 1257 „Nahtverlegung" = BB 73, 59; 이와 비
　　슷한 사례로는 „Reuter-BASF" EG-Kommission WuW/E 678 = ABl.
　　EG Nr. L 254 v. 12. 9. 1976, S. 40 zu Art. 85 EWGV 참조.
154) WuW/E BGH 1246, 1247 „Feuerwehrschutzanzüge" = NJW 73, 93.
155) Gandenberger, a.a.O., S. 105.
156) Langen, a.a.O., Tz. 10.
157) Schmude, a.a.O., S. 81.

다. 또한 사업자는 문제된 활동을 主業으로 하고 있을 필요도 없다.[159]

이와 같이 실무에서는 활동의 계속성이나 계획성이 한계설정을 위해 동원되기도 한다. 그러나 이러한 것들을 사업자 개념을 정의하기 위한 보편적인 기준으로 삼을 수는 없다. 오늘날에는 활동의 계속성이나 계획성은 중요하지 않다는 것이 지배적인 견해이다.[160] 독일연방대법원도 상행위를 계속적으로 할 필요는 없다고 판시했다.[161] 그렇지 않으면, 영세수공업자간의 가격담합은 그들의 활동의 계속성으로 인하여 사업자로 간주되어 경쟁제한방지법 제1조가 적용되는 반면에, 토지 소유자가 토지를 임대 또는 양도함에 있어서 가격담합을 하는 경우에 그는 土地市場에 단지 이따금씩만 참가하는 것이 되어 동법의 적용대상이 되지 않을 것이다.[162] 또한 사업자가 상업용 토지를 추가적으로 사들이는 경우에, 이는 계속적으로 토지를 구입하는 것이 아니기 때문에 비사업자적 활동으로 여겨질 수 있을 것이다.[163] 이러한 사례들은, 계속성과 계획성이 일부 중요한 경쟁제한행위를 정당한 근거없이 경쟁제한방지법의 적용범위로부터 배제시키기 때문에 불필요한 기준이라는 것을 말해 주고 있다.

또한 개인(Einzelmann)도 그가 사적 공급자인 경우에는 경쟁제한방지법의 적용을 받는다. 그래서 1인기업(Ein-Mann-Unternehmen)도 동법의 적용대상이 된다.[164] 종업원이 몇 명이나 있는지 또는 상업등기부

---

158) 각주 151과 152.
159) OLG Düsseldorf WuW/E OLG 1793 „Vergütungsabrede".
160) Gandenberger, a.a.O., S. 104; Möschel, a.a.O., S. 68; Schwarz, a.a.O., S. 58 f.
161) WuW/E BGH 359, 361 = BGHZ 31, 105 „Gasglühkörper".
162) Gandenberger, a.a.O., S. 105.
163) Schwarz, a.a.O., S. 59.
164) WuW/E BGH 1661, 1663 „Berliner Musikschule" = NJW 80, 1046; OLG Stuttgart WuW/E OLG 1299, 1301 f.

에 등기를 했는지 여부는 문제되지 않는다.[165] 그러나 이러한 것들은
시장에 영향을 미치기에 적합한지 여부를 검토하는 단계에서는 중요한
역할을 할 것이다.[166]

Ⅱ. 독자성

"상거래에 있어서 모든 활동"에는 비독립적으로 상행위를 하는 자
또는 기업의 일부도 포함될 여지가 있기 때문에, 사업자 개념을 좀 더
명확하게 규정지을 필요가 생겼다. 이것이 경쟁은 자치적인(autonome)
市場參加者들에 의해 유지된다는 경쟁제한방지법의 정신에도 부합한다.
따라서 오직 독립적인 시장참가자들만이 경쟁을 제한해서는 안된다는
경쟁제한방지법상의 의무를 부담하게 된다. 이러한 이유로 사업자 개념
을 정하는데 있어서 獨自性(Selbständigkeit)이라는 기준이 보충되었다.
그래서 사업자 개념은 '상거래에 있어서 오로지 사적인 소비에만 이용
되는 것을 제외한 모든 獨自的 活動'으로 파악되었다.[167] 여기서의 독
자성이란 사업활동과 관련된 결정을 자유롭게 할 수 있다는 의미이다.
종업원이 자신의 고용주를 위하여 경쟁제한적 협정을 맺는 경우, 그는
독자성이 없기 때문에 사업자라고 할 수 없다. 오로지 고용주만이 권리주
체로서 인정되며, 결국 그 경쟁제한적 협정은 고용주에게 귀속된다. 그러
나 과징금절차에 있어서는, 종업원 자신이 이에 대해 책임을 질 수 있다.
사업자 개념은 과징금절차와는 관계가 없기 때문이다. 그러나 종업원이
자신의 부업을 운영하면서 자신의 計算으로 독자적으로 경제활동에 참가

---

165) OLG Stuttgart WuW/E OLG 1299, 1302.
166) Immenga/Mestmäcker, a.a.O., S. 76.
167) WuW/E BGH 1841, 1842 „Ganser-Dahlke"

하여 상행위를 하는 경우에는 경쟁제한방지법상의 사업자가 될 수 있다.[168] 그리고 기업의 개별 部署(Abteilung), 支店(Filiale) 또는 子工場(Zweigwerk)과 같이 단지 조직상으로만 독립적이고 법적으로는 독립적이지 않은 기업의 일부도 원칙적으로는 사업자가 아니며, 이들의 행위는 기업담당자에게 귀속된다.

그러나 위에서 언급한 사례들을 제외하면, 독자성이라는 기준은 오해를 불러 일으킬 여지가 충분하다. 왜냐하면 독자성 기준은 개별 사례들의 사정에 따라 법적 또는 경제적 독립성이나 권리능력까지도 요구하는 것으로 이해될지도 모르기 때문이다. 그래서 Fikentscher 교수는 독자성이라는 기준을 완전히 포기하자고 제안한 바 있다.[169] 그러나 이 제안은 받아들여지지 않았다. 만일 독자성 기준을 포기했다면, 콘체른 및 콘체른 사업자에 관한 논의와 연관된 난점은 간단히 해결되었을 것이다. 또한 경쟁제한방지법은 시장에서의 자치적인 경쟁주체를 근거로 한다는 관념도 불필요해졌을 것이다. 그러나 경쟁제한방지법상의 사업자는 자신의 결정에 근거한 시장참가자이어야 한다는 점에서 이 독자성이라는 기준은 필요하다.[170]

이에 반하여 시장참가자의 法的 組織形態는 부차적인 의미만을 가진다. 특히 독자성 기준은 민법상의 권리능력을 가질 것을 무조건적인 전제조건으로 하지 않는다. 권리능력 없는 사단도 자신의 결정에 근거해서 시장에서 독자적으로 행동할 수 있기 때문이다. 즉 경쟁제한방지법상의 사업자 개념을 위해서는 法的 形態 뿐만 아니라 權利能力도 중요하지 않다. 만일 권리능력을 기준으로 삼는다면, 이는 제도적 사업자 개념의 특성을 다시 수용하는 결과가 될 것이다. 경쟁제한방지법은 신

---

168) Langen, a.a.O., Tz. 10.
169) Urteilsanmerkung WuW/E BGH 365.
170) Vgl. Schmude, a.a.O., S. 42.

사협정이나 동조적 행위와 같은 순수한 사실상의 행동양식도 고려하고 있기 때문에, 동법의 수범자는 私法의 수범자와는 달리 권리를 행사하고 의무를 부담하는 자일 필요가 없다. 오히려 문제된 대상이 일정한 경쟁제한방지법상 금지규정의 수범자일 수 있는지가 더 중요하다. 이는 권리능력없는 사단에 있어서도 마찬가지이다. 과징금절차에서는 권리능력없는 사단을 위하여 활동한 자연인에게 책임을 물을 수 있기 때문에, 이 단체에 대하여 경쟁제한방지법상의 금지를 관철하더라도 난점이 생기지 않는다.

경제적 또는 법적 독립성이라는 개념들은 콘체른과 개별 콘체른 사업자에 관련지어서 사업자 개념을 논의하는 경우에 중요한 역할을 한다. 그럼에도 불구하고 이런 개념들의 도식적인 적용은, 콘체른이라는 특수한 사례에 있어서 현실에 부합하는 결과를 가져오지는 못한다. 콘체른 내부에서의 경쟁에 관한 평가는 사업자 개념의 문제가 아니라, 制限할 수 있는 競爭(ein beschränkungbarer Wettbewerb)의 문제와 관련해서 논의되어야 할 것이다.

Ⅲ. 시장참가의 방법

市場參加의 방법과 관련해서는 두 가지가 문제된다. 첫째로, 시장참가가 지속적으로 이루어지고 있지 않는 경우에, 사업자성을 단지 일시적으로만 인정해야 하는지의 문제가 있다. 이는 원칙적으로 가능하다. 사업자성이란 엄격히 말해서 단지 당해행위와 관련된 자를 사업자로 다룰 것인지 여부의 문제에 대한 대답이기 때문이다. 그렇지만 실무에서는 사업자 개념이 어느 정도 지속되어야 한다고 보고 있다. 그렇지 않으면 일시적으로 시장에 참가한 조직에 대해서도 곧바로 경쟁제한적

합의를 한 것으로 보아야 할 경우가 있을 수 있기 때문이다. 이는 장래의 시장참가를 위해 경쟁제한을 하는 경우에도 마찬가지이다. 판례와 학설은 이러한 사례들을 潛在的 事業者(das potentielle Unternehmen) 槪念을 통하여 이해하고 있다. 따라서 잠재적 사업자는 일시적으로 시장에 참가하는 사업자와 장래의 사업자를 포괄하는 개념으로 이해할 수 있다. 이러한 사례들에 있어서, 사업자성을 인정하기 위해서는 장래의 시장참가의 가능성이 있으면 족하다고 한다.[171] 그러나 시장참가의 추상적인 가능성만으로는 충분하지 않으며, 기업담당자가 머지않아 실제로 사업자로서 활동할 가능성이 있어야 한다.[172]

그래서 판례는 어떠한 사업자가 생산활동을 중지했고 소유주는 나이가 많아서 생산활동을 다시금 시작할 의도를 가지고 있지 않다고 할지라도 이미 보유하고 있는 기계, 자금, 상표 및 고정고객을 고려해 볼 때, 머지않아 다시 독자적으로 시장경제 거래에서 활동할 수 있는 상태에 있는 경우에 사업자성을 인정했다.[173] 독일연방대법원은 여기서 문제된 유한책임회사가 다시 예전의 활동을 개시할 수 있는 지위에 있다는 점을 사업자성을 인정하는 이유로 들었다. 또한 상거래활동을 했었던 어떠한 회사가 그 시점 이후에 카르텔에 참가하였고, 여전히 자산을 보유하고 있으며 유한책임출자의 형태로 자본참여를 하고 있는 경우에, 연방카르텔청은 그 회사를 계속 존속하고 있는 것으로 간주했다.[174] 카르텔당국은 사업자로서 활동할 의도를 객관적으로 인식할 수 있으면 사업자성을 인정하고 있다.[175] 결국 사업자성은 생산활동이나 영업활동

---

171) LG Dortmund WuW/E LG/AG 467; Immenga/Mestmäcker, a.a.O., S. 77.
172) Langen/Bunte, Kommentar zum deutschen und europäischen Kartellrecht, Bd. 1, 8. Aufl., 1998, §1 Rdnr. 23.
173) WuW/E BGH 359, 360 „Gasglühkörper" = BGHZ 31, 105.
174) WuW/E BKartA 1389, 1392 „Butter-Exportkontor".

을 개시하는 시점이 아니라, 이를 위한 구체적인 준비를 하는 경우에 이미 사업자성을 인정하고 있다.[176]

둘째로, 將來의 事業者(das künftige Unternehmen)의 경쟁제한에 관한 합의가 문제될 수 있다. 여기서 장래의 사업자는 시장참가를 위한 현재 어떠한 행동도 전혀 하고 있지 않다. 이러한 경우에 이 새로운 시장참가자의 추상적인 시장참가 가능성만으로는 사업자성을 인정하기에 충분치 않으며,[177] 그 가능성이 구체적이어야 한다.[178] 어느 市가 자신이 운영하는 항구를 임대하고 있으며 스스로는 그 항구를 이용하고 있지 않는 경우에, 그 시에 대하여 사업자성이 인정된 예가 있다. 당해 시가 언제라도 항구를 스스로 이용할 수 있는 가능성이 있고, 그러므로써 사업자로 활동할 수 있었기 때문이다.[179]

또한 근로자가 근로관계의 종료 후를 대비해서 競業禁止를 하기로 합의를 하는 한, 그도 역시 경쟁제한방지법의 사업자로 간주된다.[180] 그밖에도 企業讓渡契約이나 분할계약(Auseinandersetzungsvertrag)에 있어서의 경업금지 및 회사에서 퇴사한 사원의 경우에도 마찬가지이다.

Ⅳ. 정 리

사업자 개념의 기능은 개인적 소비, 국가의 고권적 행위, 비독자적인

---

175) WuW/E KRT 50. (Tagung der Kartellreferenten des Bundes und der Länder)
176) OLG Düsseldorf, 8. 7. 1969 „Biesenkate" WuW/E OLG 1005, 1006; BGH, 9. 4. 1970 „Biesenkate" WuW/E BGH 1113.
177) WuW/E LG/AG 225, 226 „Rinderbesamungsgenossenschaft".
178) LG Dortmund WuW/E LG/AG 467.
179) KG WuW/E OLG 357, 359 „Hafenpacht" = DB 61, 95.
180) Immenga/Mestmäcker, a.a.O., S. 78.

근로자들의 행위를 경쟁제한방지법의 적용범위로부터 배제시키는 것이다(한계설정기능). 이와 동시에 사업자 개념은 모든 경제부문과 경제단계에서 경쟁을 포괄적으로 보호하려는 경쟁제한방지법의 목적에 부합해서 매우 넓게 해석된다.

경쟁제한방지법상 사업자는 절대적 사업자와 상대적 사업자로 나눌 수 있다. 절대적 사업자는 사업자성 판단이 쉬운데 비해, 상대적 사업자는 전체적으로 사업자성을 판단할 수 없고 각 활동마다 이를 판단해야 하는 어려움이 있다. 이 문제를 해결하기 위해 독일 실무계에서는 경쟁제한방지법상 사업자를 기능적으로 파악하게 되었다.

이에 따르면, 경쟁제한방지법상 사업자는 활동개념으로서, 이 활동은 재화와 용역의 생산과 분배에 있어서 독자적이면서, 순수하게 개인적 수요를 위한 것만도 아니고, 수익활동의 영역밖에 있는 것도 아닌 모든 활동을 의미한다. 이러한 활동을 행하는 자의 법적 형태가 무엇인지 또는 이윤획득의사가 있는지의 여부는 중요하지 않다. 따라서 公益事業者도 경쟁제한방지법의 적용대상에 포함된다. 또한 이미 경제생활에 적극적으로 참여하고 있는 자의 행위 뿐만 아니라, 머지 않아 경제생활에 참가할 가능성이 있는 잠재적 사업자도 경쟁제한방지법의 규율을 받는다. 이는 사업자적 활동을 아직 하고 있지 않는 잠재적 사업자가 미리 카르텔에 참가함으로써, 자신이 사업자가 되게 될 장래의 경쟁을 제한할 수 없게 하려는 것이다.[181]

이밖에 문제된 자가 항상 그리고 모든 관점에서 볼 때 사업자라야 경쟁제한방지법의 적용대상이 되는 것은 아니다. 해당 사건에서 그가 사업자적으로 활동하는 것으로 충분하다. 그는 私人일 수도 있고 高權

---

181) BGHZ 31, 105 (109 ff.) = NJW 1960, 145; OLG Koblenz, NJW-RR 1989, 1057 (1059).

行爲者(Hoheitsträger)일 수도 있다. 사인 또는 고권행위자는 항상 어떠한 행위를 통해서 다른 사업자와 함께 경쟁에 참여하고 있기 때문에, 조세법 및 그밖의 경제법에 있어서와 마찬가지로 경쟁제한방지법도 준수해야 한다.[182] 마찬가지로 비영리단체도 개별 경제거래에 있어서 다른 사업자와 함께 경쟁에 참가하는 한, 동법이 적용된다.

제5절 개별 사례

Ⅰ. 사업자로서 콘체른

1. 서 설

콘체른(Konzern)의 본질적인 징표는, 주식법 제18조 제1항 1문에 의하면 다수의 사업자의 연합이 다른 사업자의 單一한 指揮(einheitliche Leitung) 아래에 있는 것이다. 콘체른의 사업자성에 관한 문제는 아직 명확하게 결론이 나지 않고 있다. 콘체른은 통상적으로 법인격을 갖추고 있지 않는데, 이 점이 특히 문제되고 있다.[183] 이와 같은 콘체른이 사업자성을 갖출 수가 있는지 여부의 문제는 構造的 競爭制限(strukturelle Wettbewerbsbeschränkungen)의 영역에서는 경쟁제한방지법 제36조(기업결합 판단에 관한 원칙들) 제2항을 통하여 쉽게 판단된다. 그러나 契約에 의한 競爭制限(vertraglichen Wettbewerbsbeschränkungen)에 있어서, 카르텔이

---

182) Emmerich, a.a.O., S. 18.
183) Loewenheim/Belke, Gesetz gegen Wettbewerbsbeschränkungen, Kommentar, 4. Aufl., 1977, Rdnr. 27; ähnlich Langer, a.a.O., S. 43.

나 경영시스템의 시장효과를 판단해야 할 경우에는 이 문제가 중요하다.

개별 콘체른 사업자가 경쟁제한방지법 제3조의 專門化카르텔에 참가하고 있는 경우 이로 인해 시장지배적 지위가 형성되거나 강화되지의 여부를 판단해야 하는데, 이 때 동일한 부문에서 활동하면서 당해 카르텔에 참가하지 않고 있는 자매회사들의 市場占有率도 고려해야 할 필요가 있다.[184) 사업자가 동법 제4조의 의미에 있어서 중소 규모의 사업자로서의 인정을 받음에 있어서나, 동조의 카르텔을 통해 경쟁을 실현하거나, 또는 동법 제16조 후단의 의미에서 수직적 계약을 실행하는 경우에도 마찬가지이다. 즉 이러한 사례들에 콘체른 사업자가 참가한 경우에 콘체른 자체를 고려하지 않는다면, 이는 정당하지 못하다. 回避可能性(Umgehungsmöglichkeit)이 생길 것이기 때문이다. 예를 들어 단일한 지휘하에 있는 법률상 독립된 다수의 사업자들에 속해 있는 생산공장을 나눔으로써, 모든 자회사들의 시장점유율을 원하는대로 일정하게 유지할 수 있다.[185) 또한 서로 독립적으로 행동하는 여러 개의 자회사들을 통하여 동법 제16조 후단에서 의미하는 배타적 구속행위와 유사한 구속을 할 수도 있을 것이다. 왜냐하면 자회사들의 배타적 구속행위를 매번 따로 고려하는 경우에는 경쟁에 실질적인 영향은 미치지 않는 것으로 나타날 수 있기 때문이다. 이러한 부당한 결과는 전체 콘체른을 참가사업자로 평가함으로써 막을 수 있을 것이다. 입법자가 사업자로서의 콘체른이라는 문제를 오로지 기업결합통제에서만 해결하려고 했다고 해서(경쟁제한방지법 제36조 제2항), 위에서 살펴본 문제들을 처음부터 고려할 필요가 없는 것으로 보아서는 안된다.

---

184) Immenga/Mestmäcker, a.a.O., S. 78.
185) Vgl. WuW/E BGH 1608, 1612 f. „WAZ" = BB 79, 1418.

2. 법인격 없는 콘체른 문제

콘체른은 통상 고유한 법인격이 없는 企業組織이다. 콘체른법에 관한 문헌을 보면, 垂直的 콘체른(Unterordnungskonzern)은 결코 민법상의 조합이 아니지만, 水平的 콘체른(Gleichordnungskonzern)에 대해서는 이를 인정하고 있다.[186] 그렇지만 법적 조직형태는 문제되지 않는다. 그렇지 않으면 경쟁제한방지법을 적용할지의 문제에 있어서 적당한 형상(Gestaltung)으로 콘체른을 변형시킬 수 있기 때문이다. 이 때문에 전체 콘체른의 사업자성을 판단하기 위해서는 다른 기준이 있어야 한다. 기능적 사업자 개념에 따라서 콘체른의 시장행태에 중점을 두는 경우, 주식법 제18조상의 '單一한 指揮'가 중요한 요건으로 고려될 수 있다.[187] 그리고 단일한 지휘란 순수히 사실적으로 행해지는 것이기 때문에, 이 경우 권리능력의 문제는 의미가 없다.

실제로 수직적 콘체른 뿐만 아니라 수평적 콘체른도 상거래에 참가할 수 있다. 권리능력없는 콘체른이라고 해서 경쟁제한방지법 제1조의 紳士協定이나, 다른 시장참가자들과 동법 제25조 제1항의 同調的 行爲를 맺지 못하는 것은 아니다.[188] 따라서 콘체른은 경쟁제한방지법의 수범자로서 다루어져야 한다. '계속적인 단일한 지휘'는 개별 콘체른 사업자뿐만 아니라 콘체른 자체도 동법상의 사업자 개념에 포함시키는 것을 정당화시켜준다.[189]

---

186) Werner, Der aktienrechtliche Abhängigkeitstatbestand, 1979, S. 66; Rehbinder, Konzernaußenrecht und Allgemeinesprivatrecht, 1969, S. 76 ff.
187) Möhring, Unternehmenszusammenschlüsse in Kartellrechtlicher Sicht, GRUR 66, 645, 647; Schroeder, Die Anwendung des Kartellverbotes auf verbundene Unternehmen, WuW 88, 274, 276.
188) Vgl. Haberkorn, Behandlung von Konzernunternehmen nach Art. 65 des Montan-unionvertrages, NJW 1960, 86, 87.

콘체른은 법인격 없이도 카르텔법에 포섭될 수 있는 조직형태이다. 경쟁제한방지법 제81조 이하의 과징금절차규정은 자연인뿐만 아니라, 秩序違反法(das Gesetzes über Ordnungswidrigkeiten) 제30조에 의해 개별 콘체른사업자도 고려하고 있다. 이에 반하여 권리능력없는 콘체른의 책임은 배제된다. 그러나 이것은 여기서 나타난 사업자의 개념을 침해하는 것은 아니다. 왜냐하면 경쟁제한방지법 제81조는 자연인의 행위와 관계있는 것이지 사업자 개념과 관련이 있는 것은 아니기 때문이다.190) 그러나 콘체른 指導部(Konzernspitze)를 위하여 행동하는 자들은 스스로 직접 책임을 진다.

異議節次(Beschwerdeverfahren)나 抗告節次(Rechtsbeschwerdeverfahren)와 같은 카르텔당국의 절차에 있어서, 경쟁제한방지법 제77조는 권리능력없는 단체도 참가할 수 있다고 규정하고 있다. 그러나 권리능력있는 사업자가 존재하는 경우에는, 이 사업자가 우선적으로 절차에 참가하는 자로 간주된다.191) 이는 개별 콘체른 사업자가 관련당사자가 된 경우에는 개별 절차에 참가할 수 있다는 것을 의미한다.192) 그리고 수평적 콘체른은 민법상 조합으로서 동법 제77조에 따라 參加能力(Beteiligtenfähigkeit)이 있다. 그러나 수직적 콘체른은 스스로 참가능력을 가지지 못하는데,193) 그렇다고 이것이 사업자로서 그의 자격과 대치되는 것은 아니다. 사업자 자체는 동법 제77조에서는 언급되고 있지 않다. 사업자는 그 자체로는 권리능력을 가질 필요가 없기 때문이다. 그래서 행정절차나 이의절차에서는 동

---

189) Haberkorn, Können konzernmäßige Zusammenschlüsse unter §1 GWB fallen?, WRP 1967, 39, 41.
190) Vgl. Langen, a.a.O., Tz. 5.
191) KG WuW/E OLG 469, 472 „Fensterglas Ⅲ" = DB 62, 1106, 1137, 1138.
192) 경쟁제한방지법 제54조 제2항 2호 및 3호.
193) Immenga/Mestmäcker, a.a.O., S. 81.

법 제1조 이하의 의미에서의 사업자가 아니라, 기업담당자(Träger der Unternehmen)가 참가한다. 여기서 콘체른사업자는 기업담당자로 간주된다. 그래서 명확히 파악할 수 없는 조직형태라는 논거를 가지고는 콘체른의 사업자성을 부인할 수 없다. 왜냐하면 경쟁제한방지법상 행정절차나 이의절차는 사업자 개념과 연결되는 것이 아니라 바로 企業擔當者와 연관이 있기 때문이다. 이에 반하여 사업자 개념은 문제된 경쟁제한에 의해 발생한 시장점유율을 구체적으로 평가하는 경우 또는 회피시도(Umgehungsversuchen)를 방지하는 데에 그 의미가 있다.

3. 콘체른의 경쟁법적 자격요건

콘체른이 존재하는지 여부에 관하여는, 이미 언급한 바와 같이 먼저 주식법을 고려하여 판단해야 하는데, 특히 동법 제18조 제1항의 의미에서의 단일한 지휘가 있는지에 의해 판단된다. 주식법 제17조 제2항과 관련된 제18조 제1항 3호에 의해 다른 사업자 주식의 과반수를 확보하고 있는 사업자인 경우에는 콘체른으로 추정된다. 그렇지만 영향력 행사를 안하기로 하는 이른바 不干涉契約(Entherrschungsverträge)을 통하여 이러한 推定은 깨어질 수 있다.[194] 그러나 이러한 계약이 존재하고 있는지를 객관적으로 확인하기가 어렵다. 게다가 이러한 계약은 합의에 의해 取消되거나 중대한 사유에 의해 解除될 수도 있다. 그래서 독점위원회는 합병통제의 영역에서는 이러한 계약을 아예 고려하지 않거나, 추정의 반증으로 인정하지 않는다.[195] 이것은 합병통제 영역에서뿐만 아니라 원칙적으로 계약에 의한 경쟁제한에 콘체른이 참가하는

---

194) Emmerich/Sonnenschein, Konzernrecht, 6. Aufl., 1997, S. 51.
195) Monopolkommission, Hauptgutachten Ⅰ Tz. 868 ff.; kritisch auch BMWi WuW/E BMWi 165, 167 „Veba-BP".

경우에도 적용되어야 한다. 합병통제에 있어서 시장효과를 평가하는 경우에 있어서와 마찬가지로, 사업자성은 채권법상 계약들을 통하여 지속적으로 배제될 수 없다. 카르텔법의 관점에서는 從屬性 推定 및 콘체른 추정의 持續性(Verstetigung)을 필요로 한다. 이는 잠재적 사업자에 있어서 실무상으로 어느 정도 사업자자개념의 계속성을 요구하고 있는 것과 같다.

II. 사업자로서 개별 콘체른 회사

외부관계에 있어서 콘체른회사는 제3자와 상거래를 하는 경우에 사업자로서 표시된다.[196] 그러나 내부관계에 있어서 어떤 콘체른 사업자가 콘체른의 다른 사업자와 경쟁제한적인 협정을 체결하는 경우에, 그 콘체른 사업자도 역시 사업자로 간주되는지에 대해서는 다툼이 있다.

일부 문헌들에서는 이를 부인하고 있다. 콘체른 자회사는 오로지 법적으로만 독립적일 뿐이고 경제적으로는 독립적이지 않기 때문이라고 한다.[197] 콘체른 자회사의 경제적 독립성은 콘체른 지도부의 指示權(Weisungsrecht)에 의해 저지된다. 설령 이러한 일이 발생하지 않는다고 할지라도, 이러한 일의 조정에 개입하는 것은 공권력의 임무라고 할 수 없을 것이다.[198] 이에 반하여, 콘체른지도부가 자기의 지시권을 실

---

196) Harms, Konzerne im Recht der Wettbewerbsbeschränkungenm, 1968, S. 158; Müller-Henneberg, a.a.O., Anm. 15.
197) Harms, a.a.O., S. 158; Müller-Henneberg, a.a.O., Anm. 15; Müller/ Giessler/Scholz, Wirtschaftskommentar: Kommentar zum Gesetz gegen Wettbewerbsbeschränkungen (Kartellgesetz), 4. Aufl., 1981, Rdnr. 41, 42; Rinck/Schwark, Wirtschaftsrecht, 6. Aufl., 1986, Rdnr. 251.
198) Müller-Henneberg , a.a.O., Anm. 15 a. E.

제로 행사하고 있는지의 여부에 따라서 콘체른 사업자를 사업자로 인
정할지를 결정해야 한다는 유력한 견해가 있다. 지시권이 실제로 행사
되지 않는 한, 콘체른사업자도 역시 내부관계에 있어서 경쟁제한방지법
제1조상의 사업자로 간주되어야 한다고 한다.[199] 여기서의 결정적인 문
제는 그러한 계약이 사실상 경쟁제한을 통해서 시장에 영향을 미치기
에 적합한지의 여부 또는 단지 콘체른결합의 결과, 즉 단일한 지휘에
따른 지시권 행사의 결과로 경쟁제한이 발생한 것인지의 여부이다. 오
로지 사업자 개념의 한계내에서만 해결책을 찾으려고 한다면, 이 문제
는 왜곡될 수 있다. 오히려 개별적인 사례에 있어서, 법적으로는 독립
되어 있는 콘체른 개별 사업자들의 결속력이 參加關係(die Beteili-
gungsverhältnisse), 즉 持分取得을 통해서 형성된 콘체른결합을 넘어서
서, 매우 긴밀한 經濟的・競爭的 單一體를 이루고 있는지의 여부가 문
제삼아야 한다. 따라서 위의 견해는 사업자 개념에다가 경쟁제한의 요
건징표 검토 문제, 특히 여기서는 제한가능한 경쟁이 존재하는지를 검
토해야 하는 문제를 무리하게 부담시키고 있는 것이다.[200] 그리고 다른
한편으로는 콘체른 지도부의 동의하에서는 경제적으로 독립하여 시장
에서 행동할 수 있기 때문에, 콘체른 사업자도 적어도 잠재적 사업자로
서 경쟁제한방지법 제1조상 사업자 개념에 해당된다는 것을 고려하지
않고 있다. 사업자 개념은, 콘체른 지도부가 실제로 지배력을 행사했는
지, 만일 그렇다면 어느 정도나 행사했는지에 따라서 좌우될 수는 없
다. 왜냐하면 이것은 콘체른지도부가 상황에 따라 임의로 바꿀 수 있기
때문이다.[201] 독일 연방대법원은 경영권양도계약을 통하여 현실적으로
시장참가가 불가능한 사업자를 잠재적 사업자로 보았다.[202] 이 경우에

---

199) Gandenberger, a.a.O., S. 114 bis 115.
200) Vgl. v. Gamm, a.a.O., §1 Rdnr. 11.
201) Vgl. WuW/E BGH 1523, 1524 = BGHZ 69, 334.

콘체른이 형성되어 있었던 것은 아니지만, 이 사업자의 시장참가는 콘체른 회사의 경우에서보다 훨씬 더 엄격하게 제한되어 있었다. 그럼에도 불구하고 연방대법원은 이를 사업자로 간주했던 것이다.

이러한 이유들로 인해서 콘체른 사업자 역시 내부관계에 있어서 경쟁제한방지법 제1조의 사업자로서 간주되어야 한다. 이 경우에 콘체른 사업자의 법적 독립성은 충분하다고 인정된다. 왜냐하면 그 자신의 고유한 조직 안에서 형성된 意思(Willen)를 근거로 하여 경제적 거래에 참가하고 있기 때문이다. 그리고 보다 낮은 단계의 사업자들에게 영향력을 행사하려고 하는 콘체른 지도부가 이러한 意思에 실제로 영향력을 끼쳤다고 할지라도, 이로 인해 콘체른 사업자의 사업자성이 부인되지는 않는다. 따라서 콘체른 내부의 협정은 경쟁제한방지법 제1조에 의한 심사대상이 된다. 왜냐하면 이러한 협정은 동법 동조의 의미에서의 사업자에 의해 맺어지는 것이기 때문이다.

콘체른의 내부관계에 있어서의 경쟁제한과 관련하여, 판례는 사업자 개념에 초점을 맞추는 해결방식을 점점 지양하고 있다.[203] 즉 경쟁제한방지법 제1조를 위반한 계약에 있어서, 이는 경쟁제한행위와 관련이 있다고 한다. 그러나 경쟁제한행위가 단지 콘체른결합의 부산물일 뿐인 경우에는, 동조 위반이 아니라고 판시하고 있다.

III. 법인격없는 회사

法人格없는 會社(Gesellschaften ohne Rechtpersönlichkeit)의 事業者性은 콘체른의 경우와 비슷하게 다루어지고 있다. 이들이(民法上의 組

202) WuW/E BGH 359, 361 „Gasglühkörper" = BGHZ 31, 105.
203) OLG Frankfurt WuW/E OLG 3600, 3601 „Guy Laroche".

合, 合名會社, 合資會社)204) 스스로 독립적으로 상거래 활동을 하고 있
으며 앞으로도 계속 활동할 수 있는 경우에는, 통상 그 자체를 경쟁제
한방지법 제1조의 사업자로서 자격이 있다고 평가한다.205)

그 외에 商事會社의 無限責任社員도 동법의 사업자로 간주된다. 이들
은 자신의 책임하에 회사를 운영하고 있기 때문이다.206) 그래서 개인상
인(Einzelkaufmann)207)이 다른 상인들과 함께 합명회사를 설립했다고
해서, 그의 사업자성이 상실되는 것은 아니다. 또한 人的會社의 사원의
경우와 마찬가지로, 1人企業이 행하는 개인적 소비부분은 당연히 사업
자적 활동으로부터 제외시켜야 한다.208)

그래서 사원과 회사 사이의 競業禁止(Konkurrenzverbote)에 대한 합
의가 있는 경우에, 사업자성에 흠결이 있다는 이유를 들어 그 합의를
동법 제1조의 적용범위에서 제외할 수는 없다. 이 경우 개별적인 사례
마다 경쟁제한을 통하여 시장관계에 영향을 미쳤는지의 여부를 검토해
보아야 할 것이다.209) 이러한 사안에서 참가자들은 스스로 임의대로 일
정한 조직형태(인적회사 또는 조합)를 선택하는데, 이로 인해서 경쟁제
한방지법의 강행규정들이 회피되어서는 안된다고 독일연방대법원은 강

---

204) 우리나라와 일본, 프랑스에서는 株式會社와 有限會社뿐만 아니라 組
合의 실체를 갖춘 合名會社와 合資會社까지도 법인격을 인정하고 있
다. 이에 반하여 독일에서는 주식회사와 주식합자회사, 유한회사 등의
物的會社에 대해서만 법인격을 인정하고 있다(최기원, 新會社法論(第
9大訂增補版), 박영사, 1999, 51면).

205) Vgl. Langer, a.a.O., S. 37, 38; Langen, a.a.O., Tz. 7.

206) Rinck/Schwark, a.a.O., Rdnr. 250.

207) 사원없이 또는 오로지 익명조합원(stille Gesellschafter)만으로 자신의
영업을 하는 상인을 말한다(독일 상법 제18조 제1항 참조).

208) Vgl. Niederleithinger, a.a.O., S. 27, Fn. 60; Müller-Henneberg, a.a.O.,
Anm. 9 a. E.

209) WuW/E BGH 1517, 1518 „Gabelstapler" = BGHZ 70, 331; Belke,
Grundfragen des Kartellverbots, ZHR 143 (1979) 74, 90.

조하고 있다.[210)

有限責任社員의 사업자성은 오로지 구체적인 경우에 있어서 그들이 상거래 활동을 하고 있는지의 여부에 따라서 판단될 수 있다.[211) 合資會社의 사원이라는 것만으로 곧바로 이러한 유한책임사원에 대한 사업자성을 인정할 수는 없다. 그러나 유한책임사원이 합자회사의 외부에서 사업자적으로 활동하는 경우에는 곧바로 경업금지가 효력을 발생하고, 이들은 적어도 잠재적 사업자로는 간주될 수 있다. 合名會社에 자본참가한 사원에 관한 독일연방대법원의 Kino/Bonbonniére 판결에 따르더라도, 합자회사와 유한책임사원들간의 경업금지는 경쟁제한방지법 제1조에 포섭된다는 논리가 성립된다.[212)

Ⅳ. 대리상

代理商(Handelsvertreter)이 사업자성을 갖는지는 명확하지 않다. 이들은 사업자의 판매조직에 불과할 수도 있기 때문이다.[213) 대리상의 경제적 독립성 여부를 고려한다면, 이들의 사업자성은 부인되어야 할 것이다.[214) 게다가 독일 상법 제84조에 의해 인정되는 대리상의 商人性

---

210) WuW/E BGH 1313, 1315 „Stromversorgungsgenossenschaft" = BB 74, 1221; WuW/E BGH 519, 522 „Kino/Bonbonniére" = BGHZ 38, 306; WuW/E BGH 1517, 1519 „Gabelstapler" = BGHZ 70, 331.

211) bejahend Rinck/Schwark, a.a.O., Rdnr. 250; TB 63, 57 „Taschenbuchverlag".

212) Immenga/Mestmäcker, a.a.O., S. 82.

213) vgl. EuGH Slg. 75, 1663, 2015 = WuW/E EWG/MUV 347, 368 „Europäische Zuckerindustrie".

214) Fischer, Laufende Kundendienst-Inspektionen bei Personenkraftwagen zu Festpreisen und neue Wettbewerbsgesetz, DB 58, 887, 889; Kleemann, Die kartellrechtliche Beurteilung von vertikalen Ausschließlichkeitsverträ-

(Kaufmannseigenschaft)으로부터 경쟁제한방지법상의 사업자성을 추론해 낼 수도 없다.[215] 독일 상법 제84조 제1항에서 정하고 있는 대리상의 독립성도 1차적으로는 그의 개인적 자유에 관한 것이지 경제적 자유와 관련이 있는 것은 아니며, 그의 경제적 독립성에 관해서는 동조에서 아무런 언급이 없다.[216]

대리상이 실제로는 사업자를 위해서 활동하는 販賣仲介人의 모습을 띠는 경우에, 콘체른 사업자의 경우와 마찬가지로 여러 단계의 경제적 독립성이 존재할 수 있기 때문에, 경제적 독립성이라는 징표는 이 경우에 도움이 되지 않는다. 오히려 법적 독립성과 시장에서의 행태에 기초하여 대리상을 경쟁제한방지법상의 사업자로 간주하여야 한다.[217] 이 때 계약으로부터 또는 독일 상법 제82조 제1항으로부터 파생된 경업금지와 경쟁제한방지법 규정들과의 일치가능성이 검토되어야 할 것이다.[218]

한편 從屬的인 商事代理人은 당연히 사업주의 회사에 편입될 수 있으며, 그는 이 회사에서 상행위보조자의 경우와 마찬가지로 경제적 단일체를 형성한다는 관념은[219] 뭔가를 오해하고 있는 것이다. 콘체른도 역시 경제적 단일체를 형성하고 있지만, 그렇다고 개별 콘체른 사업자

---

gen im Gemeinsamen Markt, DB 62, 1631 bis 1632.

215) a. A. Rittner, Die Wettbewerbsverbote der Handelsvertreter und §18 GWB, ZHR 135 (1971) 289, 299.

216) Ruß, Heidelberger Kommentar zum Handelsgesetzbuch, 5. Aufl, 1999, S. 264.

217) Meissner, Die Auslegung des §15 GWB im Hinblick auf Preisbindungen im Rahmen von Interessenwahrungsverhältnissen, Diss. Hamburg 1965, S. 19 bis 20; Cramer, die Wettbewerbsverbote von Handelsvertretern und ihre kartellrechtliche Beurteilung, FIW-Schriftreihe Heft 6, 1972, S. 91.

218) ebenso für Art. 85 EWGV: EuGH Slg. 75, 1663, 2024 f. = WuW/E EWG/MUV 347, 372 „Europäische Zuckerindustrie".

219) EuGH Slg. 1975, 1663, 2016 = WuW/E EWG/MUV 347, 368 Erwägungen 478 bis 481 „Europäische Zuckerindustrie".

의 사업자성을 부인할 필요는 없다. 대리상도 그렇게 다루어져야 한다.

V. 이윤획득 또는 영리활동을 목적으로 하지 않는 조직

利潤獲得의 意圖가 있었는지의 여부는 사업자 개념에 있어서 본질적인 징표가 아니다. 公益組織(die Gemeinnützige Organization)도 역시 시장 참가자로서 활동하면서 경쟁제한행위를 할 수 있기 때문이다.[220] 公共事業者(die öffentliche Hand, public enterprise)는 통상 이윤획득의 목적을 가지고 있지 않음에도 불구하고, 경쟁제한방지법 제130조 제1항에 의해 곧바로 동법의 적용을 받는다. 공법상의 단체들도 사업자로서 활동할 수 있다.[221] 그래서 근로자들의 사회보험담당기관(Sozialversicherungsträger)이 추가적인 급부를 지출하거나,[222] 약사, 안경사, 조제사 등과의 관계에 있어서는[223] 영리추구의 의도는 없었지만 시장에 참가하여 활동하고 있기 때문에, 사업자로 간주된다. 프랑크푸르트 고등법원도 역시 병원경영자(Krankenhausträger)와 의료보험의사협회(kassenärztliche Vereinigung) 사이에 지급되는 對價關係를 고려하여, 이들을 사업자로 보았다.[224]

---

220) KG WuW/E OLG 307, 308 „AOK", bescharänkt durch WuW/E BGH 419 „AOK" = BGHZ 34, 53; KG WuW/E OLG 2028, 2030 „Hundezuchtverein".

221) WuW/E BGH 442, 444 „Gummistrümpfe" = BGHZ 36, 91; OLG Düsseldorf WuW/E OLG 1523, 1526 bis 1527 „Krankenhaus-Zusatzversicherung II" = DB 74, 1228; bestätigt durch WuW/E BGH 1361, 1363 = BGHZ 64, 232; WuW/E BKartA 2150, 2152 „Bevorzugung von Ausbildungsbetrieben".

222) OLG Düsseldorf WuW/E OLG 1523, 1526 bis 1527.

223) WuW/E BGH 675, 678 „Uhrenoptiker"; WuW/E BGH 1423, 1425 „Sehhilfen" = NJW 76, 230; OLG Stuttgart WuW/E OLG 1740, 1741 „Badeinstitut".

이에 반하여 의료보험의사의 치료행위에 관한 병원측의 허가문제(die Frage der Zulassung eines Krankenhauses)는 경쟁제한방지법이 아니라 오로지 帝國保險法(Reichsversicherungsordnung; RVO) 제371조의 적용을 받는다.[225] 여기서는 공법적으로 규율된 기초관계가 문제되기 때문에, 결국 제국보험법을 통해서 규율되며 경쟁제한방지법 제20조 제1항에 의한 카르텔법적 고려는 하지 않는다.[226] 이와 관련해서 만하임 지방법원은 병원에 의해 발생하는 급부의 형태는 일반적으로 공법적으로 규율되는 의사들의 치료행위라는 現物給與(Sachleistung)[227]에 속하고, 따라서 이는 사업자적 활동으로서 간주할 수 없다고 판시했다.[228] 이 사례에서는 제국보험법 제370조에 의해 판단을 하는 경우에 被告인 지역의료보험조합(AOK)은 사업자적으로 활동하지 않으며, 오로지 이러한 이유로 인하여 경쟁제한방지법 제26조 제2항이 적용될 수 없다고 판단했다.[229] 그러나 항상 그런 것은 아니다. 병원, 특히 사립병원은 아주 흔하게 상거래에 참가하기 때문이다.

한편 國庫活動(Fiskus)이 상거래상의 활동에 해당되는 경우에는 이를 사업자로 본다.[230] 이는 국방부(國防行政部門)에 대해서도 마찬가지로 적용된다.[231] 결국 국가 자체가 경쟁제한방지법상 사업자가 될 수도 있

---

224) OLG Frankfurt WuW/E OLG 1976, 1977 „Ambulante ärztliche Sachleistungen“.

225) LG Mannheim WuW/E LG/AG 457 „Herzklinik“.

226) Vgl. OLG Frankfurter WuW/E OLG 1976, 1977 „Ambulante ärztliche Sachleistung“.

227) 사회보험 등에서 현금으로 이루어지지 않는 대신 현물로 이루어지는 보험급부.

228) WuW/E LG/AG 457 „Herzklinik“.

229) Vgl. Mestmäker/Immenga, a.a.O.,§98 Abs. 1 Rdnrn. 29 f.

230) WuW/E BGH 1385 „Heilquelle“ = BGHZ 65, 147; OLG Düsseldorf WuW/E OLG 4391, 4392.

231) Vgl. WuW/E BGH 1581 „Bundeswehrheime“ = NJW 79, 1208

다.[232] 이 경우에 상거래 활동이라는 징표는 국가의 사회사업상의 급부 제공을 경쟁제한방지법의 적용범위로부터 제외시키는 역할을 한다.[233]

그밖에도 스포츠團體(Sportverein)를 생각해 볼 수 있다. 이들은 독일 민법 제21조상의 非營利團體이지만, 현실적으로는 중요한 경제주체가 되어버렸다.[234] 이 단체들이 대가를 받고 운동경기를 개최하거나,[235] 선수들을 '사오거나 파는' 활동을 하거나,[236] 또는 팀의 선전효과를 상업적으로 이용하는 한,[237] 이러한 단체가 私法上 어떻게 분류되는지와는 관계없이 사업자로서 간주되어야 한다. 또한 누군가가 스포츠용품 전시회를 열어 놓고 거기에 전시하려는 자에게 전시장의 매장을 제공하는 경우에도, 그는 사업자로서 활동하는 것이다.[238] 그밖에 프로 선수들이 자신의 운동실력을 시장에 내놓아 돈벌이를 하는 한, 이들도 사업자로 간주된다.[239] 그러나 아마츄어 선수들은 돈벌이가 금지되어

Leits., 여기서는 오로지 私法上 手段에 대해서만 판단되었다. 그러나 법집행이라는 측면에서 볼 때, 현실적으로 국방부를 사업자로 보는데 에 어려움이 있을 것이다(권오승, 경제법, 1999, 법문사, 140면 각주 6 참조).

232) WuW/E BGH 1661, 1663 „Berliner Musikschule" = NJW 80, 1046; OLG Celle WuW/E OLG 3564, 3565 „Krankentransportdienste".

233) Vgl. LG Mannheim WuW/E LG/AG 457 „Herzklinik"; Langen, a.a.O., Tz. 9.

234) Vgl. Heckelmann, Der Idealverein als Unternehmen?, AcP 179 (1979) 1 ff.

235) Vgl. WuW/E BGH 2406, 2408 „Inter Mailand-Spiel" = NJW 87, 3007 = BGHZ 101, 100; OLG Frankfurt GRUR 83, 517, 518; WuW/E BKartA 357, 359 „Berufsboxer" = BB 61, 657; Müller-Henneberg, a.a.O., Anm. 8 a. E.

236) Heckelmann, a.a.O., S. 29.

237) KG WuW/E OLG 1429, 1431 „DFB" = BB 76, 619.

238) WuW/E BGH 1027, 1028 „Sportartikelmesse II" = BGHZ 52, 65.

239) WuW/E BKartA 357, 359 „Berufsboxer" = BB 61, 657; 이와 관련 된 자유업의 문제점에 관하여는 다음의 Ⅵ에서 살펴본다.

있기 때문에 사업자적으로 활동할 수 없다. 그렇지만 아마츄어 스포츠단체(Amateursportverein)가 운동경기 개최를 위해 시장에서 활동하는 경우에는, 당연히 사업자로 간주될 수 있다. 스포츠 영역에서 자신의 회원들의 이익을 대변하는 경우에는, 이를 사업자적 활동으로 보지 않는다. 이러한 이유로 사이클연맹이 독일 스포츠연맹을 제소한 사건은 民事法에 따라 판단되었다.240)

찬송가책의 저작권자인 교회협의회(Synodalverband)가 찬송가책의 제작에 관한 계약을 체결하고 상대방으로부터 대금지불을 약속받는 경우에, 교회협의회는 경쟁제한방지법상의 사업자로서 활동하는 것이다.241) 이 단체가 통상 정신적인 목표를 추구하고 있는지에 관한 점은, 공법상의 단체가 공익을 추구하고 있는지에 관한 점과 마찬가지로 명확히 인식되기 어려우며,242) 또 이에 대한 명확한 인식을 요하지도 않는다.

공법상의 단체인 放送局(Rundfunkanstalten)도 역시 경쟁제한방지법의 사업자로서 간주될 수 있다. 이는 통상 사법상의 합자회사로서 설립되어 방송국을 도와 광고업을 수행하는 그의 자회사뿐만 아니라, 방송국 자체에 대해서도 마찬가지로 적용된다.243) 유럽공동체 법원은 회원

---

240) BGHZ 63, 282; hierzu Rinck, Einwirkung des Kartellrechts auf das allgemeine Privatrecht, FS für Wieacker, 1978, S. 476, 480. 하지만 너무 넓은 의미의 스포츠난제는 통상적으로 사업자로서 간주되지 않는다.

241) WuW/E BGH 127, 131 „Gesangbuch Ⅴ" = BGHZ 19, 72.

242) Immenga/Mestmäcker, a.a.O., S. 84.

243) WuW/E BKartA 2273, 2275 „Sportübertragungen"; KG WuW/E OLG 4267, 4269 „Sportübertragungen"; OLG Müchen WuW/E OLG 215 „Werbefunk" = DB 57, 1150; zum Dekartellierungsrecht vgl. auch WuW/E BGH 1469, 1471 „Autoanalyser" = BGHZ 67, 81 m. w. N.

국들의 방송국들을 사업자로 간주하였고, "자신들의 업무를 수행함에
있어서 경제활동이 필연적으로 따르는 한" 유럽공동체조약 제81조 이
하 및 제86조의 적용을 받는다고 판시했다.[244] 독일 카르텔법도 이에
따르고 있다. 그래서 광고활동 뿐만 아니라 방송국의 전체 수요활동도
경쟁제한방지법의 규율대상이 된다. 그래서 예를 들면, 필름의 구입 및
스포츠 경기나 음악공연의 중계권을 따내는 경우 등에 있어서 동법의
적용을 받는다.[245]

자동차정기검사협회(TÜV)의 업무와 같이 국가로부터 위탁을 받아
서 업무를 수행하는 경우가 있다. 이것도 역시 경제활동에 참가하여 행
해지는 국가의 업무활동이기 때문에 사업자성을 인정하는데 어려움이
없다. 그래서 이들과 시민과의 법률관계, 흔히 대금규정과 관련하여 지
나치게 높은 대가를 요구하는 경우에는 경쟁제한방지법 제19조의 시장
지배적지위남용금지 규정에 의해 규율할 수 있다.[246]

勞動組合은 비독립적인 근로자들의 단체로서 통상적으로 사업자가
아니며,[247] 이 단체가 근로자들의 이익을 대변하는 경우에 그 활동이
경쟁제한방지법의 의미에서 用役(gewerbliche Leistung; commercial
service)이라고 할 수도 없다. 그렇다고 해서 이것이 노동조합은 사업자
적으로 활동할 수 없다는 것을 의미하는 것은 아니다. 노동조합이 장례
비적립금고(Sterbekasse)를 설립한다면, 이는 노동조합이 보험시장에서

---

244) EuGH Slg. 74, 409, 430 = WuW/E EWG/MUV 337, 338 „Giuseppe
    Sacchi"; WuW/E EV 1447 „Magil TV Guide"; WuW/E EV 1478,
    1480 „Filmeinkauf deutscher Fernsehanstalten".
245) BGH WuW/E BGH 2627 „Sportübertragungen"; KG WuW/E OLG 4267,
    4269 „Sportübertragungen"; vgl. hierzu EG-Kommission, 9. Bericht 1980,
    S. 87 „London Weekend Television"; sowie Immenga/Mestmäcker, a.a.O.,
    S. 2182 ff.
246) Vgl. TB 77, 76 f.
247) Rittner, Wirtschaftsrecht, 2. Aufl., 1987, S. 238.

서비스를 제공하는 것이다. 이 경우에 노동조합은 영리를 목적으로 하지 않는다는 점을 근거로 하여, 경쟁제한방지법상의 사업자 개념으로부터 벗어날 수 없다.[248] 이는 기껏해야 완전히 사적이고 조합 내부적 활동이라는 것에 대한 간접증거가 될 수 있을 뿐이다. 물론 이러한 판결에 대하여 비판이 있다.[249] 그러나 이 비판은 잘못된 것이다. 장례비적립금고의 활동을 私的 家計의 수요활동과 비슷하게 보았기 때문이다. 그러나 장례비적립금고는 오히려 공급자로서 활동했다고 볼 수 있다. 私的 供給者도 역시 사업자 개념에 포섭된다.[250] 또한 장례비적립금고가 오로지 자신의 조합원들만을 상대하려고 했다는 점이 사업자성을 배제시키지는 못한다.[251] 한편 이밖에도 노동조합이 결과적으로 보아 市場規律的 賃金契約(marktregelnde Tarifverträge)의 체결을 요구하는 경우에는 사업자로서 다루어질 수 있다.[252]

VI. 자유업자 및 자유업자단체

변호사, 의사, 건축사, 회계사 등과 같은 自由業者도 카르텔법의 적용대상이 되는지에 대해서 오래 전부터 다툼이 있었다. 자유업자에 대해서는 경쟁제한방지법이 적용되지 않는다는 주장이 오랫동안 우세했다.[253] 그러나 오늘날에는 자유업자단체의 강한 반대에도 불구하고, 이

---

248) OLG Hamburg WuW/E OLG 79, 80 „Gewerkschafts-Sterbekasse" zum Dekartel-lierungsrecht.
249) Müller-Henneberg, a.a.O., Anm. 8.
250) Immenga/Mestmäcker, a.a.O., S. 72.
251) Vgl. WuW/E BGH 1142, 1143 „Volksbühne II".
252) Immenga, Grenzen des kartellrechtlichen Ausnahmebereiches Arbeitsmarkt, 1989, S. 46 ff.; Kulka, Kollektives Arbeitsrecht und Kartellrecht, WuW 87, 5, 17.

들을 카르텔법의 수범자로 인정하고 있다. 독일연방의회 경제위원회가 제2차 카르텔법 개정(1973) 의견서에서 자유업에 대한 일괄적인 예외 는 필수적인 것이 아니라고 분명히 밝혔기 때문이다.[254]

종래의 지배적 견해의 중심되는 주장은, 이러한 영역에 있어서는 입법 자 스스로가 의도적으로 職業法(Berufsrecht) 또는 身分法(Standesrecht) 의 규정들을 통하여 경쟁을 제한했다는 것이다. 그래서 자유업에 종사하 는 자들에게는 경제적 조종원리(Lenkungsprinzip)로서이 경쟁이 적어도 1차적으로 고려되어서는 안된다는 것이다.[255] 자유업에 종사하는 것은 원 칙적으로 개인의 직업활동 실현이라는 점에서, 기업결합이나 생산수단의 최적이용을 지향하는 사업자적 활동과는 커다란 차이가 있다고 한다.[256] 이러한 견해는 초기 자유주의사상에서 유래한 것으로서,[257] 오늘날에도 유지되고 있다.[258] 그러나 이 견해는 어느 정도 후퇴했고, 그러면서 기능 적 사업자 개념이 확산되었다. 이 개념에 따르면 사업자는 더 이상 物的, 人的 生產手段을 갖추고 있을 필요가 없다. 그래서 제도적으로 파악된 사 업자와 사인의 활동을 통해 나타나는 자유업 사이의 대립은 의미를 상실

---

253) R. Schmidt, Freie Berufe und Kartellgesetz,, Diss. Köln 1969, S. 50; Rittner, Unternehmen und freie Beruf als Rechtsbegriffe, Recht und Staat in Geschichte und Gegenwart, Heft 261/262, 1962, S. 34 ff.
254) Unterrichtung des Ausschusses für Wirtschaft zu dem Entwurf eines Zweiten Gesetzes zut Änderung des GWB, BTDrucks. 7/765 (Bericht 1973), S. 13; s. hierzu auch den Bericht der Bundesregierung über die Lage der freien Berufe BTDrucks. 8/3139, S. 22.
255) Rittner, a.a.O., S. 36.
256) Rittner, a.a.O., S. 21 ff.; Deneke, Die freien Berufe, 1956, S. 36; R. Schmidt, a.a.O., S. 60.
257) BVerfGE 10, 354 ff. = WuW/E VG 99, 100 „Ärztversorgung".
258) Michalski, Das Gesellschfts-und Kartellrecht der berufrechtlich gebun-denen freien Berufe, 1989, S. 427 m. w. N.; Ring, Wettbewerbsrecht der freien Berufe, 1989, S. 146 ff.; Möschel, a.a.O., S. 71.

했다. 오히려 오늘날에는 시장에서의 활동성 여부가 중요한 역할을 한다. 이러한 관점에서 본다면, 자유업자와 전통적 의미의 사업자 사이의 본질적인 차이는 존재하지 않는다.[259)]

自由業者團體는 주로 가격을 談合하거나 價格勸奬(Preisempfehlungen)과 같은 경쟁제한행위를 점점 더 활발하게 하고 있다. 연방카르텔청은 이미 1959년에 연방공인회계사협회의 가격권장에 대해서 조사에 착수했던 적이 있다.[260)] 치과의사협회는 치료비규정 속에 포함되어 있는 비용변경의 여지를 자신들에게는 유리하고 소비자들에게는 부담이 되도록 좁혔었다.[261)] 1963년에는 Baden-Württemberg 주의 약사회에 의한 할인금지가 논란이 되었던 적이 있었는데, 이 사례에서 약사들은 사업자로 간주되었다.[262)] Niedersachsen 주의 건축사협회 사건도 대표적인 사례이다. 이 협회는 건축사업무에 대하여 규정된 최고보수를 최적보수로 정했던 것이다. 여기서도 건축사가 사업자로 간주되었다.[263)]

자유업자단체에 의한 경쟁제한행위의 또 다른 사례로서는, 자유업자단체가 외부에 대해서 보이콧을 행사하거나, 또는 오로지 자신의 단체에 소속해서만 활동을 하도록 하는 것이다. 직업권투선수가 부당한 대우를 받지 않기 위해서는 독일 직업권투연맹에 소속되어야만 했다. 이에 관한 연방카르텔청의 심결이 있는데, 그 권투선수는 자유업에 속함에도 불구하고 사업자로 간주되었다.[264)] 또한 의료보험조합의사단체

---

259) Immenga/Mestmäcker, a.a.O., S. 86.

260) WuW/E BKartA 50 „Vereidigte Buchprüfer" = BB 59, 540; KG WuW/E OLG 322 „Vereidigte Buchprüfer Ⅱ" = BB 60, 385.

261) TB 61, 49.

262) OLG Stuttgart WuW/E OLG 545, 551 bis 552 „Rabattverbot der Apothekerkammer"; OLG Bremen WuW/E OLG 4367, 4368 „Proben apothekenüblicher Waren".

263) WuW/E BGH 1474, 1476 bis 1477 „Archtektenkammer" = GRUR 77, 739.

(eine kassenärztliche Vereinigung)와 주의사협회(Landesärztekammer)
가 자신들의 회원들에게 특정회사의 의료품인 실험기구를 이용하지 말
것을 지시한 사례에서 의사를[265] 사업자로 보았다. 수의사도[266] 역시
사업자로 간주된다. 이들 직업단체는 외부에 대해 보이콧을 해서는 안
된다.

연방의사법(Bundesärzteordnung) 제1조 제2항에 따르면 의료업은 영
업이 아니라고 규정하고 있다.[267] 그러나 카르텔법에서는 이 점에 큰
비중을 두어서는 안된다.[268] 이 조항과 관련하여 법원은 의사에 대한
사업자성을 인정하기 위해, 의사는 영업(Gewerbe)은 아니지만 수익활
동(Erwerb)이라는 다소 궁색한 주장을 했다.[269] 그러나 여기서는 앞에
서 살펴본 통상적으로 인정되고 있는 사업자 개념 즉, "상거래에 있어
서의 모든 독립적인 …… 활동"으로 충분하다. 의료활동이 상거래의 영
역 밖에서 행해지는 경우는 오로지 반대급부를 완전히 포기한 경우에
만 인정될 것이다.[270]

결국 자유업 종사자나 이들의 단체에 대해 경쟁제한방지법을 적용할 수
있다는 점은 이제는 원칙적으로 의문의 여지가 없다. 그러나 여기에는 직
업법을 통해 그 직업종사자들 사이의 경쟁이 실질적으로 제한되고 있지
않아야 한다는 전제가 깔려 있다.[271] 연방변호사법 제59조b에 근거해서

264) WuW/E BKartA 357, 359 „Berufsboxer" = BB 61, 657.
265) KG WuW/E OLG 1687, 1689 bis 1690 „Laboruntersuchung" =
     NJW 76, 1798; WuW/E BGH GrZS 1469, 1470 „Autoanalyzer" =
     BGHZ 67, 81.
266) WuW/E BGH 647, 650 bis 651 „Rinderbesamung" = BGHZ 42, 318.
267) 변호사도 마찬가지이다(연방변호사법 제2조 제2항 참조).
268) ähnlich Gandenberger, a.a.O., S. 58 f.
269) KG WuW/E OLG 1687, 1689 „Laboruntersuchungen" = NJW 76,
     1798.
270) 이에 관하여는 Langen, a.a.O., Tz. 9.
271) Emmerich, Kartellrecht, 8. Aufl, 1999, S. 19.

변호사대표자회의에서 1996년에 결정되어 1997년 3월부터 효력이 발생하고 있는 직업령(Berufsordnung)이 그러한 직업법적 규제에 관한 대표적인 예이다. 이 직업령은 변호사들의 경쟁에 관한 규정을 두고 있기는 하지만, 이로 인해 경쟁제한방지법의 적용가능성은 배제된다. 이러한 점에서 볼 때, 이 직업령은 변호사들간의 경쟁을 제한하고 있다고 볼 수 있다.

이렇게 직업령이 경쟁제한방지법에 대해 우선하기 위해 모든 경우에 깔려있는 전제는 그 직업령이 실효성이 있어야 한다는 점이다. 이를 위해서는 무엇보다 유럽공동체법, 독일기본법 및 (州法에 의한 직업령인 경우에는) 경쟁제한방지법에 위배되어서는 안된다. 자유업자단체는 직업령상의 규정이 존재하는 경우에는 충분한 법률상 근거없이도 고권적으로 활동할 수 있다는 주장이 있다.272) 이 경우 경쟁제한방지법은 적용될 수 없다는 결과가 된다. 그러나 이런 주장은 근거가 미약하다. 충분한 법률상 수권없이 경쟁제한적인 직업령의 규율을 받고 있는 자유업자단체들은 통상의 사업자단체와 다름없이 활동하는 것으로 보아야 하며, 따라서 당연히 경쟁제한방지법의 적용을 받아야 한다.273)

실정법 규정들 또는 법률의 위임에 의해 제정된 규정들은 경쟁제한방지법으로 규율할 수 없다. 그래서 이러한 규정들에 의해 대금이나 보수가 확정되는 경우에도 역시 경쟁제한방지법은 개입할 수 없다. 그렇지만 이 경우에 분명한 법률상 수권이 존재하는지가 검토되어야 한다. Niedersachsen의 건축사협회는 자신의 회원들에게 행정행위를 통하여 최고가격으로 정해져 있는 요금규정에 따른 요율보다 낮게 요금을 책정하지 말도록 의무를 부과했다. 1970년의 Niedersachsen 건축사법 제9

---

272) OLG Stuttgart, NJW-RR 1992, 551 = WuW/E OLG 4726; Messer, Standesrecht-liches Wettbewerbsverbot des Rechtsanwaltes und Kartellrecht, in: FS für Pfeiffer, 1988, S. 973; Michalski, a.a.O., S. 88, 420, 431 ff.

273) Emmerich, a.a.O., S. 20.

조 제1항 5호에 따르면 건축사협회는 당연히 건축사들의 직업상 의무를 정하고 그 이행을 감독할 수 있지만, 이로부터 최고가격 규정을 최저가격으로 바꿀 수 있는 권한을 받은 것으로는 볼 수 없다.[274] 사업자단체의 내부관계에서 행해진 이러한 조치는 그 회원들에게는 高權的 性格(行政行爲)을 가진 것으로 보일 염려가 있기 때문에, 특히 경쟁제한방지법의 적용범위에 해당된다는 점이 강조되어야 한다.[275]

법원은 위에서 언급한 Laboruntersuchungen 판결에서[276] 價格競爭이나 心理的 抑壓競爭(Verdrägungswettbewerb)의 排除 및 廣告禁止가 연방의사법 제11조, 제12조 및 제20조 의해 허용된다고 판시했다.[277] 그러나 직업법이 경쟁제한에 관한 명문규정을 두고 있지 않는 한, 자유업 종사자는 다른 사업자들과 마찬가지로 경쟁제한방지법의 규율을 받는다.[278] 이들에게 직업법의 바깥에 있는 경쟁영역까지 내어 줄 수는 없기 때문이다.[279]

직업법상 규정에 근거하여 가격이 경쟁의 판단기준에서 제외되는 경우에는 제한가능한 경쟁이 이미 존재하지 않기 때문에, 경쟁제한방지법이 적용될 수 없다는 생각은 잘못된 것이다. 가격이외에 다른 판단기준들, 가

---

274) WuW/E BGH 1474, 1476 = GRUR 77, 739 „Architektenkammer": Harms, Gebührenwettbewerb unter Architekten und Rechtsanwälten? Zur Anwendung des GWB auf Freie Berufe, NJW 76, 1289, 1293 Fn. 62.
275) Möschel, a.a.O., S. 72.
276) 각주 252 참조.
277) KG WuW/E OLG 1687, 1689 „Laboruntersuchungen" = NJW 76, 1798.
278) WuW/E BGH 2326, 2328 „Guten Tag-Apotheke Ⅱ" = NJW 87, 1484 = GRUR 87, 178: OLG Bremen WuW/E OLG 4367, 4368 „Proben apothekenüblicher Waren".
279) Canenbley, Urteilsanmerkung zu „Architeken-Gebühren", GRUR 77, 739, 744.

령 급부의 질,280) 연방변호사비용령 제3조, 제12조 및 제21조와 같은 비구
속적 영역에서의 가격,281) 및 전체 수요활동282)은 여전히 경쟁제한방지법
의 규율을 받는다.283) 또한 많은 자유업에 있어서 직업법상의 규정이 아
예 없거나 아니면 부수적인 규정들만이 남아있다는 점도 명심해야 할 것
이다.284) 그리고 무엇보다도 자유업 종사자들을 경쟁제한방지법의 적용
범위로부터 제외하려고 한다면, 全體民主秩序가 신분질서에 의해 대체될
위험이 발생할 염려도 있다.285) 연방참의원(Bundesrat)은 이미 예전에 이
러한 위험에 대해 경고한 바 있다.286) 그밖에도 자유업자를 경쟁제한방지
법상의 사업자로 간주하는 것이 그들 자신의 보호에도 효과적이라는 것을
여러 판결들에서 볼 수 있다.287)

VII. 학자, 예술가 및 발명가

學問活動과 藝術活動은 상거래의 영역밖에 있지만, 이들을 경제적으

---

280) KG WuW/E OLG 1687, 1689 bis 1690 „Laboruntersuchungen" =
NJW 76, 1798.

281) Rauschenbach, Die Entwicklung des deutschen Kartellrechts 1977,
NJW 78, 185, 186.

282) WuW/E BGH 1325 bis 1326 „Schreibvollautomat" = NJW 74,
2236.

283) Vgl. Lammel, Wettbewerbsrecht contra Standesrecht, WuW 84, 853,
866 f.

284) Vgl. WuW/E BGH 1661, 1663 „Berliner Musikschule" = NJW 80,
1046 sowie v. Godin, Kartellrechtliche Behandlung von Verträgen
über gewerbliche Schutzrechte, BB 58, 64.

285) Benkendorff, Freie Berufe und Kartellgesetz, WuW 56, 20, 30 bis 31.

286) Vgl. Deutsches Verwaltungsblatt, 54, 669, 670.

287) WuW/E BGH 647, 650 „Rinderbesamung" = BGHZ 42, 318; 1253,
1257 „Nahtverlegung" = BB 73, 59; 1325 „Schreibvollautomat"= NJW
74, 2236.

로 이용하는 것은 경쟁제한방지법상 사업자적 활동에 해당된다.[288] 자신의 정신적 창조물을 시장에 내어놓는 자도 카르텔법에 의한 규율을 받아야 한다.[289] 그래서 학자나 예술가가 자신들의 창작물의 이용과 관련해서 체결하는 계약은 경쟁제한방지법의 규율을 받는다. 이는 특히 저작권이나 저작물보호에 관한 계약 및 발명이나 노하우에 관한 라이센스계약에 적용된다.[290]

발명가가 자신의 발명이나 노하우를 상거래에서 용역으로 제공하는 한 이들은 이미 사업자로 간주되어, 사인에게도 적용되도록 규정되어 있는 경쟁제한방지법 제17조와 제18조 뿐만 아니라, 그밖의 규정들도 전반적으로 적용된다.[291] 그러나 타인에게 자신의 저작물의 이용을 허락하고 그 대가를 받기 전, 즉 利用許諾(verwertung)을 하기 전의 정신적 창조활동은 동법의 적용대상이 되지 않는다. 이에 반하여 私人의 활동을 硏究領域으로 한정해서 본다면, 연구활동에 대한 경쟁제한의 금지가 문제될 수 있다.[292]

예술가들의 활동에 있어서는, 이들이 고용계약에 근거하여 활동하고

---

288) WuW/E BGH 127, 131 „Gesangbuch" = BGHZ 19, 72: OLG München WuW/E OLG 2504, 2505; KG WuW/E OLG 4040, 4044 „Wertungsverfahren"; KG WuW/E OLG 29, 30 „Filmmusik"; WuW/E BKartA 704, 708 „Verwertungsgesellschaften" = BB 63, 916; WuW/E BGH 1142 bis 1143 „Volksbühne Ⅱ".
289) V. Brunn, Der GEMA-Fall, WuW 71, 770, 774.
290) WuW/E BGH 1253, 1257 „Nahtverlegung" = BB 73, 59; Pfeiffer, Ausschließlich-keitsbindungen des Lizenzgebers oder Eigentümers und Kartellrecht, GRUR 69, 400, 402.
291) WuW/E BGH 1253, 1257 „Nahtverlegung" = BB 73, 59; ebenso zum EG-Recht WuW/E EV 623, 624 „AOIP/Beyrad" = ABl. EG Nr. L 6 v. 13. 1. 1976, S. 8.
292) so zum EG-Recht WuW/E EV 678 bis 679, 681 „Reuter-BASF" = ABl. EG Nr. L 254 v. 12. 9. 1976, S. 40.

있는 것인지, 그래서 營業上 給付(gewerbliche Leistung)가 아니라 勞務(Arbeitsleistung)를 제공하는 것은 아닌지를 판단해야 한다. 연방카르텔청은 영화배우의 출연료에 관한 약정을 경쟁제한방지법의 적용범위에서 제외시켰다.293) 아무리 일류배우라 할지라도, 이들은 사업자가 아니라 근로자로 간주되었기 때문이다. 그러나 이러한 결정이 일반화될 수는 없었다. 그래서 그 당시에 연방카르텔청은 대충의 기준이라도 제시하라는 비판을 받았으나, 다행히도 이 사례에서는 문제된 영화배우의 대다수가 근로자로 간주될 수 있었다. 그러나 영화배우들이 예술부문에서 출연하는 것이 아니라, 상업적 영역에서 (공동)책임을 부담하는 때에는 경쟁제한방지법상의 사업자로서 다루어져야 한다. 이 경우에 이들이 전체이윤중에 어느 정도 비율을 차지하는지는 간접증거가 될 수 있을 뿐이다.294)

근로계약에 묶여 있는 예술가라도 그 근로계약의 영역밖에서는 사업자적으로 활동할 수 있다. 그래서 유럽공동체 위원회는 Unitel사와 전속계약을 체결한 Mailänder Scala의 4명의 리드싱어들에게 사업자성을 인정했다.295)

한편 음악저작권협회와 같은 利用許諾團體(Verwertungsgesellschaften)가 경쟁제한방지법의 적용대상인지가 문제된다. 연방카르텔청은 경쟁제한의 구성요건이 충족되지 않았기 때문에 금지되는 카르텔이 존재하지 않는다는 입장을 취한 반면에,296) 유럽공동체 위원회는 그 당시 연방카르텔청이 판단하지 않았던 排他的 拘束에 해당한다고 비판했다.297) 경쟁제한방지

---

293) WuW/E BKartA 502 „Gagenstoppabkommen" = BB 62, 978.
294) WuW/E BKartA 502, 506 a. E., 여기서는 10%까지를 '노동의 대가'로 보았다.
295) ABl. EG Nr. L 157 v. 15. 6. 1978, S. 39 „RAI/Unitel".
296) WuW/E BKartA 704, 709 „Verwertungsgesellschaft" = BB 63, 916.
297) WuW/E EV 331, 333 „GEMA" = ABl. EG Nr. L 134 v. 20. 6. 1971,

법 제102조a의 편입을 통하여, 이 문제는 입법적으로 해결되었다. 따라서 이용단체 그 자체도 역시 독립적으로 시장에서 활동하는 사업자가 되었다. 그러나 이 단체는 오로지 동법 제102조a 제2항에 따른 濫用監督만을 받는다.

Ⅷ. 국가와 지방자치단체

경쟁제한방지법 제130조 제1항 1문은, 소유권의 전부나 일부가 국가에게 귀속되어 있거나 또는 그에 의해 관리·경영되는 사업자에 대해서도 동법은 적용된다고 명시하고 있다. 그래서 오늘날에는 이 조항 및 넓게 인정되는 동법상의 사업자 개념으로부터, 국가 및 그 구성단체들의 경제적 활동에 대해서도 자유업자나 그 단체들의 경우와 마찬가지로 경쟁제한방지법을 적용할 수 있다고 인정하고 있다. 국가가 경제적 거래에 참가하는 경우에 어떤 법형식을 취하고 있는지는 중요하지 않다.[298] 오히려 국가가 어떠한 경제적 행위를 함에 있어서, 허용되는 방식으로 다른 사업자와 경쟁을 하고 있는지 여부가 더 중요하다. 이 문제는 1차적으로는 공법에 따라서 판단되지만, 사법적으로도 의미있다. 왜냐하면 오늘날에는 국가의 경제적 활동에 대한 공법상의 허용한도와 관련해서 상당 부분이 부정경쟁방지법 제1조로 넘어왔기 때문이다. 그

S. 15; ähnlich EuGH Slg. 74, 313, 317 = WuW/E EWG/MUV 331, 312, „SABAM Ⅱ“.

298) BGHZ 36, 91 (102 ff.) = NJW 1962, 196; BGHZ 64, 232 (234 f.) = NJW 1975, 1223 = JuS 1975, 662 Nr. 8; BGHZ 65, 147 (149) = NJW 1976, 194; BGHZ(GS) 67, 81 (84) = NJW 1976, 1941; BGHZ 101, 273 (276 f.) = NJW 1989, 3010; BGH, WuW/E BGH 675; 1661 (1663).

래서 문제된 경쟁관계가 공법이 아니라 사법에 의해 규율되고 있는지
도 추가적으로 고려해야 한다.

이미 언급한 바와 같이 오늘날에는 국가와 지방자치단체라도 경제활동
을 하는 경우에는 경쟁제한방지법의 규율을 받는다. 이는 사업자 개념을
넓게 이해하는 이른바 기능적 사업자 개념으로부터 나온 것이다. 이는 국
가가 재화나 용역의 수요자나 공급자로서 행동하는 경우에 특히 중요하
다. 국가가 이러한 행동을 하는 경우에는 경쟁제한방지법, 그중에서도 특
히 제19조와 제20조가 문제된다.[299] 그러므로 국가는 개별 수요자나 공급
자를 자의적으로 선호하거나 부당하게 대우해서는 안된다.

한편 국가의 고유한 속성이 소홀히 여겨져서도 안되겠지만, 그렇다고
국가나 그에 속한 사업자들이 어떤 공적 목적을 추구함에 있어서 국가가
法定한 경쟁규범들에 구속되지 않는다는 견해는 인정할 수 없다.[300] 이런
견해는 법적 구속을 국가의 처분에 맡기는 것으로서, 독일 基本法 제3조
제1항(평등원칙) 및 경쟁제한방지법 제130조 제1항에 합치되지 않는다.
경쟁제한방지법의 적용에 대한 예외는 단지 유럽공동체조약 제86조 제2
항에서만 고려된다. 즉 국가나 그 사업자에게 법률로써 특별한 임무를 부
과했는데, 경쟁제한방지법을 위반하지 않고서는 도저히 이 임무를 달성할
수 없는 경우이다.[301] 이러한 사례는 아직까지는 나타나지 않고 있다. 각
州의 복권사업자들간의 카르텔도 카르텔금지규정(경쟁제한방지법 제1조,
유럽공동체조약 제81조 제1항)의 규율을 받고 있다.[302]

---

299) Emmerich, a.a.O., S. 23.
300) Ebenso Möschel, a.a.O., S. 73; WuW/E BGH 1661 (1663); LG
　　 Hamburg, WuW/E LG/AG 615 (619 f.); BKartA, WuW/E
　　 BKartA 2150 (2153).
301) Zustimmend KG, WuW/E OLG 5821 (5838).
302) 6차 개정논의 당시에는 경쟁제한방지법 제31조(스포츠) 이외에도 복
　　 권사업을 위해 보다 넓은 새로운 적용제외영역을 동법에 편입시키자

그밖에 이미 앞에서 살펴 보았듯이 군사용품을 조달하는 경우나[303] 재화를 공급하는 경우에[304] 있어서의 연방정부, 그리고 학교용 교재나 건축자재를 구입하는 경우[305] 또는 대형마켓의 관리자로서 활동하는 경우의[306] 지방자치단체들도 경쟁제한방지법의 적용을 받는다. 이렇게 함으로써 결국 사적 공급자는 국가나 지방자치단체의 수요력의 남용으로부터 실질적으로 보호받게 될 것이다.

또한 補償保險(Ersatzkasse)이나 의료보험조합의사단체를 포함한 사회보장보험담당기관이 의약품이나 의료보조기구들을 제조 또는 판매하는 경우 및 추가보험이나 의료상의 현물급여를 제공하는 경우에는 사업자적으로 행동하고 있는 것이다.[307] 지방자치단체가 용역을 제공하는 경우, 예를 들어 표지판 제작업자에게 사업장을 임대하거나 또는 병원 관리자로서 활동하는 경우에도 마찬가지로 사업자로 간주된다. 그리고 지방자치단체가 방송국을 위해서 경제활동을 하는 경우, 방송물의 수요자나 경제적인 보조자로서 행동하는 경우 뿐만 아니라 그밖에도 전체적인 활동에 걸쳐서 사업자로서 간주되며, 특히 사설 방송기관과 경쟁 관계에 있는 경우에는 더욱 그러하다.[308][309]

는 논의가 진지하게 검토됐었다(Bundestagsdrucksache 13/10633).

303) OLG Frankfurt, WuW/E OLG 4354.
304) OLG Frankfurt, WuW/E OLG 3134.
305) OLG Düsseldorf, WuW/E OLG 3613, 3873; WuW/E DER 150; LG Berlin, WuW/E LG/AG 537.
306) OLG Karlsruhe, GRUR 1988, 718 = WuW/E OLG 4260.
307) BGHZ 36, 91 (100 ff.) = NJW 1962, 196 이래 일관된 판례의 입장이며, 최근에는 OLG Schleswig, NJW-RR 1996, 1068.
308) Emmerich, in: Steiner(Hrsg.), Sport und Medien, 1990, S. 57.
309) 그밖의 사례에 대해서는 권오승 역, 독일경쟁법, 법문사, 1997, 179면 이하 참조.

제6절 사업자단체

어떠한 행위주체가 사업자단체인지를 판단하는 경우에는, 먼저 그 사업자의 단체가 상거래상 행한 자신의 활동으로 인하여 이미 하나의 사업자로 간주되고 있지는 않은지의 여부를 먼저 검토해야 한다. 예를 들면 協同組合(Genossenschaft)이 이러한 사례에 해당될 것이다. 통상 협동조합은 그 자체로서 시장에 참가하고 있기 때문이다.[310] 이에 해당하지 않는 경우에야 비로소 사업자단체인지의 여부가 문제될 것이다.

Ⅰ. 사업자단체와 비사업자단체의 구별

이미 개념적으로 보아 비사업자단체는 이제까지 검토한 구성요건요소를 충족하고 있지 않다. 그래서 消費者團體와 같은 사적 수요자들의 단체는 경쟁제한방지법의 규율을 받지 않는다.[311] 물론 이러한 단체가 상거래 활동을 하는 경우에는, 사업자성이 문제된다. 예를 들면, 사적 소비자들의 공동구매가 이에 해당할 것이고, 이러한 공동구매가 자신의 회원들을 위한 상거래 관계에 국한되는 경우에도 마찬가지이다.[312]

注文代行人(Sammelbesteller)들이 사업자단체와 비사업자단체의 경계

---

310) Vgl. WuW/E BGH 2271, 2273 „Taxigenossenschaft" = GRUR 86, 747；
WuW/E BGH 2341, 2342 f. „Taxizentrale Essen" = GRUR 87, 564；
WuW/E BGH 1313, 1314 „Stromversorgungsgenossenschaft" = BB 74,
1221；Müller-Henneberg, a.a.O., Anm. 21；Langen, a.a.O., Tz. 15.
311) WuW/E BGH 1919, 1923 „Preisvergleich" = NJW 81, 2304 = GRUR
81, 658；OLG Hamburg WuW/E OLG 2092.
312) WuW/E BGH 1142, 1143 „Volksbühne Ⅱ"；Schwarz, a.a.O., S. 84
ff.；Müller/Giessler/Scholz, a.a.O., Rdnr. 44.

선상에 놓여 있는 대표적인 사례이다. 주문대행인은 외부적으로 독립해서 시장에서 활동하고 있고, 오로지 그의 사적 소비만을 충족시키려는 것도 아니기 때문에, 사업자로 간주될 수 있다. 주문대행인이 다른 사인의 수요를 충족시킨다는 점이 그를 소매상인과 마찬가지로 경쟁제한방지법의 적용대상이 되게 할 수 있다. 그가 사적 수요자에게도 공급자로서 행동했다는 것 외에도, 예를 들어 어느 통신판매회사의 모든 주문대행인들이 앞으로는 판매가격의 20%의 이윤이 보장되는 경우에만 활동하기로 하고 그렇지 않은 경우에는 다른 통신판매회사와 거래하기로 합의한다면 경쟁제한방지법 제1조의 구성요건을 충족하는 것이 되어, 이러한 경우에는 사업자로 간주된다.

Ⅱ. 사업자단체

使用者團體(Arbeitgeberverbände)는 사업자단체인 반면에, 勞動組合은 사업자단체가 아니라는 것이 법률의 태도이다.[313] 후자는 근로자들의 단체로서 비사업자로 간주된다. 그러나 고유한 상거래 활동을 하는 경우에는 당연히 사업자가 될 수 있다.[314] 이렇게 서로 다르게 다루어지는 이유는, 사용자단체는 자신의 구성원들의 사업자적 행위를 조정할 수 있지만, 노동조합은 그렇지 않기 때문이다. 한편 사용자단체와 노동조합이 임금계약을 체결하는 경우에는 경쟁제한방지법 제1조의 의미에서의 상거래 활동이라는 징표가 존재하지 않을 수 있는데, 이 때에는

---

313) Loewenheim/Belke, Gesetz gegen Wettbewerbsbeschränkungen, Kommentar, 4. Aufl., 1977, Rdnrn. 11 und 29.
314) OLG Hamburg WuW/E OLG 79, 80 „Gewerkschaft-Sterbekasse" zum Dekartel-lierungsrecht.

경쟁제한방지법의 적용가능성을 더 이상 고려하지 않는다. 이에 반하여 임금계약이 동시에 관련사업자들에게 경쟁을 제한시키는 경우에는 동법 제1조의 요건이 충족된다.[315]

한편 사업자단체가 되기 위해서는 최소한의 요건으로서 둘 이상의 사업자들의 결합일 것이 요구되는데, 이 경우에 비사업자도 참가했는지 여부는 중요하지 않다.[316] 이 단체는 반드시 일정한 법형식을 취하여야 하는 것은 아니지만, 어느 정도 共同體的 組織(die gemeinschaftliche Organisation)은 가지고 있어야 한다.[317] 이러한 요건 하에서 문제된 행위는 개별사업자에게 귀속된다. 공동체적 조직을 갖추고 있는지 여부는 관련 사업자의 영업방침에 영향력을 행사할 수 있는 가능성이 그 조직의 형태로부터 나올 수 있느냐에 의해 결정된다.[318] 그리고 또 하나의 기준은 結合形態(die Integrationsformen)이다. 사업자가 자신의 경제적 독립성을 잃고 있다면, 이것은 더 이상 사업자단체가 아니라 콘체른으로 보아야 한다. 법적으로 볼 때, 콘체른은 단체라고 표현되는 느슨한 형태의 결합형태와는 확실히 다르다. 그래서 콘체른은 그 자체가 사업자로 간주되고 있다.

각종 職業團體와 經濟團體가 전형적인 사업자단체에 해당하며, 그것이 사법상 조직인지 공법상 조직인지는 문제되지 않는다.[319] 구성원들

---

315) WuW/E KRT 48; Müller-Henneberg, a.a.O., Anm. 23; Immenga, Grenzen des kartellrechtlichen Ausnahmebereiches Arbeitsmarkt, 1989, S. 35 ff.
316) WuW/E BGH „Stromversorgungsgenossenschaft" = BB 74, 1221; WuW/E BKartA 45 „Doppelstecker".
317) Müller-Henneberg, a.a.O., Anm. 20.
318) Langen, a.a.O., Tz. 15.
319) BGH GrZS WuW/E BGH 1469, 1470 „Autoanalyzer" = BGHZ 67, 81 und KG WuW/E OLG 1687, 1690 „Laboruntersuchungen" = NJW 76, 1798 für Ärztekammern; WuW/E BGH 1474, 1477 „Architektenkammer"

이 사업자가 아니라 사업자단체로 이루어져 있는 事業者團體의 聯合 (Dachverbände)도 역시 카르텔법의 정신에 비추어 보아 사업자단체로 간주해야 한다.[320] 이러한 조직은 사업자단체와 마찬가지로 사업자들의 행동에 영향을 끼칠 가능성이 있기 때문에, 이 둘을 동등하게 취급하는 것은 정당하다. 이것은 지역적 또는 분야별로 나뉘어져 있는 경제단체들의 산하기관들에 대해서도 적용되어서, 이들 역시 사업자단체로 간주된다.[321]

제7절 독일 부정경쟁방지법의 수범자

I. 서 설

독일의 입법자와 정부는 자유로운 사회적 시장경제 안에서 모든 사업자들이 자유롭게 시장에 접근할 수 있도록 경쟁경제를 확보하려고 했다. 수요와 공급에 있어서 자유로운 경쟁의 토대인 능률경쟁은 모든 경쟁자들의 동일한 경쟁조건 아래에서만 가능하다. 불공정하며 반경쟁적인 모든 행위

= GRUR 77, 739; KG WuW/E OLG 2080, 2030 „Hundezuchtverein" für den Verband für das deutsche Hundewesen; WuW/E BGH 2326, 2328 „Guten Tag-Apotheke Ⅱ" = NJW 87, 1484; OLG Celle WuW/E OLG 3535, 3536 „Apothekenwerbung für Randsortimente"; OLG Bremen WuW/E OLG 4367, 4368; Michalski, a.a.O., S. 429 f.; Hitzler, Kartellrechtsweg gegen berufsrechtliche Maßnahmen einer Landesapothekerkammer, GRUR 82, 474, 476.

320) Loewenheim/Belke, a.a.O., Rdnr. 29.
321) Müller-Henneberg, a.a.O., Anm. 22; Müller/Giessler/Scholz, a.a.O., Rdnr. 46.

는 경쟁자들을 방해하거나 소비에 영향을 미치기 때문에, 이러한 행위들
은 금지되어야 한다. 그래서 이를 위한 법적 규제수단으로서 카르텔법이라
고 불리워지는 경쟁제한방지법, 그리고 좁은 의미의 경쟁법이라고 불리워지
는 不正競爭防止法(Gesetz gegen den unlauteren Wettbewerb; UWG)과
그 관련법령인 景品令(Zugabeverordnung)이나 割引法(Rabattgesetz) 등을
두고 있다.

부정경쟁방지법은 시장에 참가하고 있는 사인이나 사업자들의 일정
한 개별 경쟁방식을 규율하고, 이와 관련된 보호목적을 보장한다. 이에
비해 경쟁제한방지법은 시장의 자유와 자유로운 경쟁을 보장하며, 사업
자에 의한 경제력집중이나 카르텔이 발생하는 경우에 국가적 통제를
가하는 것을 임무로 삼고 있다. 따라서 이 두 법은 바람직한 시장경제
질서를 확보하기 위한 두 축을 이루고 있으면서, 동시에 보호대상을 서
로 달리하고 있다. 그리고 경쟁제한방지법은 그 수범자를 사업자로 법
문상 명시하고 있는 반면에, 부정경쟁방지법은 수범자를 법문에서 특정
하고 있지 않다. 이에 반해 우리 독점규제법은 불공정거래행위의 금지
규정을 포함하고 있으면서, 그 수범자도 일관되게 事業者로 명시하고
있다. 따라서 우리 독점규제법상 사업자 개념을 독일법과 제대로 비교
하기 위해서는 독일 경쟁법의 두 축 가운데 하나인 부정경쟁방지법의
수범자에 대해서도 살펴볼 필요가 있다.

Ⅱ. 부정경쟁방지법의 적용범위

1. 개 관

부정경쟁방지법과 그 부속법령은 오로지 경쟁목적을 위한 상거래상

의 행위에만 적용된다.[322) 부정경쟁방지법과 그 부속법령은 경쟁 중에
있는 일반적인 사업자들의 행태에 관한 규정들을 담고 있다. 이는 경쟁
제한방지법과 마찬가지로 부정경쟁방지법, 할인법 및 경품령의 적용범
위는 사실 사업자 개념과의 관련성을 통해서 확정될 수 있음을 시사해
주는 것이다. 이로써 부정경쟁방지법과 그 부속법령은 넓은 의미의 경
제적 거래만을 규율하고자 하며, 인간의 사적인 활동과 국가의 고권적
활동에는 적용되지 않는다는 것이 분명해진다. 그 결과 오늘날 실제적
으로는 부정경쟁방지법과 경쟁제한방지법의 적용범위는 일치하고 있
다.[323) 카르텔법과는 달리 부정경쟁방지법과 그 부속법령들은 지금까지
도 사업자 개념이 아니라 事業者的 行爲, 즉 이른바 競爭行爲(die sog.
Wettbewerbshandlung)와 연계되어 있다. 그럼에도 불구하고 카르텔법
과의 실질적인 차이는 없다. 왜냐하면 경쟁행위를 하는 자는 이로써 동
시에 카르텔법상 의미의 사업자적 활동을 하고 있는 것이기 때문이다.
그리고 그 반대도 성립한다.

  부정경쟁방지법상 경쟁행위에 관한 모든 논의의 배후에는, 카르텔법
상 사업자 개념에 관한 논의의 배후에 있는 것과 동일한 문제가 깔려
있다. 즉 사업자적 활동이라고 하기 위해서는 어떠한 징표가 충족되어
야 하는가이다. 부정경쟁방지법과 그 부속법령들은 대부분의 경우에 그
적용에 있어서 "商去來上(im geschäftlichen Verkehr)" 행위일 것과 이
행위가 競爭目的을 위하여(zu Zwecken des Wettbewerbs) 행해질 것
을 요구하고 있다. 이밖에 공공사업자의 경제활동에 대해서도 동법들이
적용될 수 있는지가 문제된다.

---

322) Emmerich, Das Recht des unlauteren Wettbewerbs, 4. Aufl., 1995,
    S. 21.
323) Vgl. Baumbach/Hefermehl, Wettbewerbsrecht, 20. Aufl., 1998, Einl.
    UWG Rdnrn. 200 ff.

2. 상거래

부정경쟁방지법과 그 부속법령들중 다수의 조항들은 오로지 商去來에 있어서 행위에 대해서만 적용될 수 있다.[324] 이러한 구성요건요소는 이미 위에서 언급했듯이 카르텔법상 사업자 개념과 마찬가지로 완전히 사적인 행위와 완전히 고권적인 행위를 동법의 적용범위에서 배제시키고, 이를 통해서 넓은 의미의 經濟的 去來의 領域으로 그 적용범위를 한정하는 것을 임무로 한다. 그래서 어떠한 방식으로든 영업목적에 이바지하는 활동,[325] 즉 경제적 거래에 독립적으로 참여하는 모든 활동이 이에 해당된다.[326]

따라서 상인이라 할지라도 私的인 去來에는 부정경쟁방지법이 적용되지 않는다.[327] 그밖에도 그 행위는 外部的인(nach außen) 것이어야 한다. 단순히 내부업무 과정에서 일어나는 일들은 제3자에게 간접적으로라도 효력을 미치지 않는 한 동법의 적용범위에 포섭되지 않는다.[328] 그러므로 상거래라는 개념은 가장 넓은 의미로 해석되어야 한다. 결국 부정경쟁방지법 하에서의 법상황은 카르텔법 하에서의 그것과 일치한다.

---

324) 부정경쟁방지법 제1조, 제3조, 제6조a, 제6조b, 제6조d, 제6소e, 제12
조, 제13조, 제17조, 제18조, 할인법 제1조, 경품령 제1조.
325) Z. B. RGZ 79, 321 (322); 108, 272 (274); BGH, LM §1 UWG Nr.
81 = GRUR 1959, 488.
326) 구체적인 사례는 정호열 역, 부정경쟁법, 삼지원, 1996, 47면 참조.
327) BGH, LM §3 UWG Nr. 346 = WM 1993, 1527 (1529) = NJW-RR
1993, 1063 (1064).
328) LM §1 UWG Nr. 220 = NJW 1970, 2294 = GRUR 1971, 117;
OLG Koblenz, NJW-RR 1988, 558.

3. 경쟁목적을 위하여

(1) 기 능

부정경쟁방지법상 대부분의 규정들은 상거래상 행위를 문제삼는 것으로 만족하지 않고, 이에 부가하여 '競爭目的을 위한' 행위가 행해질 것을 요구한다. 특히 一般條項인 부정경쟁방지법 제1조와 제3조 및 동법 제6조b, 제12조, 제14조, 제17조, 제18조와 제20조의 개별적 구성요건, 그리고 할인법 제11조에서 그러한 태도를 취하고 있다. 경쟁자보호법인 부정경쟁방지법은 어떤 방법으로든지 경쟁상 다른 사업자의 이익에 영향을 미칠 수 있는 事業者的 行爲方式만을 포섭해야 하며 그 이상이 되어서는 안된다. 이 경우 카르텔법상 관련시장을 획정하는 것과 같은 문제가 발생한다.329)

그러나 이러한 문제로 고민할 필요는 없다. 부정경쟁방지법상 관련당사자의 범위를 정하는 경우에 있어서는, 카르텔법상 관련시장을 획정하는 것보다 넓은 기준이 적용되기 때문이다. 부정경쟁방지법 제13조(禁止請求權 및 損害賠償請求權; 訴權) 제2항을 보면 이것을 알 수 있다. 그러나 다른 한편으로는 이러한 넓은 기준은 '경쟁목적을 위하여'라는 징표, 특히 부정경쟁방지법 제1조 및 제3조에서 규정하고 있는 이러한 징표의 의미가 예전부터 매우 애매모호한 원인이 되기도 한다.

(2) 요 건

판례는 '경쟁목적을 위하여'라는 징표를 통해서 경쟁행위는 항상 이에 상응하는 競爭意圖(Wettbewerbsabsicht)를 전제로 하며, 이러한 경쟁의도는 오로지 경쟁자들간의 競爭關係(Wettbewerbsverhältnis)와 관련해서만 고려될 수 있다고 했다.330)

---

329) Emmerich, a.a.O., S. 23.

　즉 경쟁행위가 되기 위해서는, 객관적인 관점에서 보아 타인의 손해를 통해서 자기 또는 제3자의 판매나 구입을 유리하게 함으로써, 어떻게해서든지 경쟁자의 희생위에서 의도된 경제적 성공을 달성하기 위한 시장관계가 객관적으로 충족되어야 한다. 이에 부가하여 주관적인 관점에서 보아 타인을 불리하게 함으로써 자신이나 제3자의 경쟁을 유리하게 하려는 의도가 있어야 한다. 이러한 의도는 반드시 문제된 행위의 본래적 동기일 필요는 없으나, 어느 정도 객관적으로 인식할 수는 있어야 한다.[331] 자신이나 제3자의 단골고객을 지키기 위한 활동을 하는 경우에도 경쟁목적을 위한 행위라고 인정된다.[332] 고객이 다른 경쟁자에게 가는 것을 방해하는 조치들도 경쟁목적을 위한 행위이다. 가령 고객이 다른 공급자의 상품을 구입하려는 것을 방해하는 행위가 이에 해당한다.[333] 또한 장래의 경쟁을 준비하거나 이를 활성화하기 위한 조치도 경쟁행위이다.[334] 일반적으로 영리추구의 의도가 있는지 여부는 중요하지 않다.[335]

　실무에서는 경쟁관계를 통상 매우 넓게 인정하고 있다.[336] 경쟁자들

---

330) Z. B. RGZ 50, 107 (108 f.); 19, 299 (303 f.); 19, 392 (393 ff.); 22, 167 (181); 107, 40 (42); BGH, LM §1 UWG Nr. 109 = NJW 1961, 916 = GRUR 1962, 45 usw. bis LM a.a.O. Nr. 352 = NJW 1981, 2304; LM a.a.O. Nr. 535 = NJW-RR 1990, 1184.

331) BGHZ 3, 270, 277 = GRUR 52, 410, 413 „Constanze Ⅰ"; BGH GRUR 90, 611, 613 „Werbung im Programm"; GRUR 92, 450, 452 „Beitragsrechnung"; GRUR 93, 125, 126 „EWG-Baumusterprüfung".

332) BGH GRUR 70, 465, 467 „Pramixe".

333) BGH GRUR 92, 450, 452 „Beitragsrechnung"; GRUR 94, 126, 127 „Folgeverträge Ⅰ".

334) BGH GRUR 84, 823, 824 „Charterfluggesellschften; WRP 93, 396, 397 "Maschinenbeseitigung„

335) BGH GRUR 74, 733, 734 „Schilderverkauf"; BGHZ 82, 375, 395 f. = GRUR 82, 425, 430 „Brillen-Selbstabgabestellen"; BGHZ 123, 157 = GRUR 93, 917 „Abrechnungs Software für Zahnärzte"; Köhler/Piper, Gesetz gegen den unlauteren Wettbewerb, 1995, Rdnr. 167.

이 동일한 업종이나 동일한 경제단계에 있는 경우가 대부분이겠지만, 이것이 필수적인 것은 아니다. 직접적인 구매자가 서로 다른 거래영역에 속해 있다고 할지라도 상대방을 방해할 수 있는 代替的 財貨나 營業上 給付가 있으면, 이로써 벌써 경쟁관계에 있는 것이다(이른바 간접 경쟁관계).337) 즉 이러한 경우에는 판매에 간접적인 영향을 끼칠 위험으로 충분하며, 서로 다른 경제단계에 속해 있는 자들끼리도 경쟁관계가 될 수 있다. 서로 다른 영역에 속해 있는 공급자들이 동일한 고객에게 자신의 재화나 용역을 판매하는 경우에도, 이들은 서로 경쟁관계에 있는 것이다. 경쟁질서 속에서 사업자들의 행동을 통해서 경쟁관계 자체는 정의되기 때문이다.338)

4. 개별 사례

경제활동에 참가하는 모든 자연인과 법인에 부정경쟁방지법 제1조는 적용된다. 국내에서 경쟁에 참가하고 있는 외국인들에 대해서도 마찬가지이다.339) 신문, 라디오, 텔레비젼, 영화와 같은 대중매체도 특별히 취급되지 않는다.

공공사업자도 경쟁법의 적용대상이다.340) 거꾸로 공공사업자가 부정경쟁방지법의 보호를 요청할 수도 있다. 이 경우 그의 법적 형태는 문제되지 않는다.

공공사업자의 행위는 두 가지 본질을 가질 수 있다. 하나는 공법과 관련된 것이고, 다른 하나는 사법과 관련된 것이다. 법적용에 있어서

---

336) Baumbach/Hefermehl, a.a.O., Einl. UWG Rdnrn. 214 ff.
337) Emmerich, a.a.O., S. 24.
338) BGHZ 93, 96 (97 f.) „Dimple"; NJW 1994, 1954 „Mars".
339) Köhler/Piper, a.a.O., Rdnr. 146.
340) 보다 자세한 것은 정호열 역, 부정경쟁법, 54면 이하 참조.

중요한 것은 법률관계의 실제 본질(Tatsächliche Natur)이다. 이로부터 구체적인 청구권이 나오기 때문이다. 만일 공공사업자의 행위가 사법적인 것으로 평가된다면, 절차적으로는 정상적인 분쟁해결방법에 따르고, 실체적으로는 부정경쟁방지법의 적용이 가능해진다. 이러한 경우에는 통상적인 법원에서도 경쟁행위를 금지할 수 있을 뿐만 아니라, 공공사업자의 행위의 이중성으로 인해 공법상의 활동영역에도 영향을 미치는 판결을 할 수도 있다.

Ⅲ. 부정경쟁방지법과 경쟁제한방지법의 관계

1. 일반론

카르텔법은 경쟁의 자유를 보호하고 경쟁법은 경쟁의 공정성을 보호한다. 이렇게 목적이 다르다고 해서 이 두 법은 서로 완전히 독립적이고 아무 연관이 없다고 할 수 없다. 왜냐하면 이들은 불가분의 규율대상을 공유하고 있기 때문이다. 예를 들어 경쟁자에 대한 방해가 문제되는 경우에는, 두 법의 적용범위가 중복된다. 또한 부정경쟁방지법은 오로지 경쟁상의 개인보호를, 그리고 경쟁제한방지법은 오로지 경쟁상의 제도보호만을 목적으로 한다고 말할 수는 없다. 경쟁제한방지법에서 개인의 이익을 보호하는 경우도 있고(법 제33조 참조), 부정경쟁방지법에서 공공의 이익을 보호하기도 한다(법 제13조 제2항). 그래서 오늘날에는 이 두 개의 규범은 서로 補完的인 關係에 있고, 이에 상응하여 서로 보충적으로 해석되며 적용된다는 데에 견해가 일치하고 있다.[341] 특히

---

341) Köhler/Piper, a.a.O., Rdnr. 34: vgl. Rittner, Wettbewerbs-und Kartellrecht, S. 5 ff.

일반조항인 부정경쟁방지법 제1조 및 동법 제6조a와 제6조b와 같은 조항들의 구성요건을 판단함에 있어서, 경쟁제한방지법상 自由保障이라는 목적이 침해되지 않도록 주의해야 한다. 결국 이 두 법은 서로 점점 접근해 가고 있는 과정에 있으며, 이러한 현상은 판례에서뿐만 아니라 법률의 개정과정에서도 나타나고 있다. 예를 들면, 경쟁제한방지법 제24조 제2항에서는 "公正한 競爭原則"이라고 명시하고 있으며, 부정경쟁방지법 제13조 제2항 1호와 2호에서는 "이 市場에서 競爭을 實質的으로 侵害할 것"이라고 규정하고 있다.

2. 개별 문제들

(1) 카르텔금지

카르텔금지는 오로지 법률상 허용되는 경쟁만을 보호한다. 그런데 경쟁제한방지법 제1조에 의해 허용되지 않는 행동양식을 동법 제1조를 고려하지 않은 채 계약에 의해 금지할 수도 있다.[342] 여기서 본질적인 문제는 계약에 의해 규율되는 행위가 허용되는 경쟁인지 허용되지 않는 경쟁인지 여부를 구별하는 것이다. 이 경우 사업자에게 돌아가는 위험부담을 競爭規約의 작성을 통해 줄일 수 있는데, 이러한 경쟁규약들은 "경쟁에 있어서 공정한 경쟁이나 능률경쟁의 원칙에 반하는 행위를 방지하는" 목적을 추구한다(경쟁제한방지법 제24조).

(2) 보이콧금지

특정한 사업자를 부당하게 침해하려는 의도를 가진 보이콧은 경쟁제한방지법 제21조 제1항 위반이다. 이러한 경우에는 통상 경쟁이 방해, 제한 또는 왜곡되기 때문에 동법 제1조의 구성요건도 충족된다.[343] 이

---

342) Vgl. nur BGH WuW/E BGH 2347 „Aktion Rabattverstoß".

때의 不當性은 부정경쟁방지법적으로 평가하더라도 구체화되기는 어렵다. 오히려 부정경쟁방지법 제1조에 기초하는 경우나 경쟁제한방지법 제21조 제1항에 기초하는 경우나 결과는 동일하다.[344]

(3) 차별금지

경쟁자를 방해하는 행위는 경쟁제한방지법 제1조에 해당할 뿐만 아니라 동법 제20조에도 해당한다. 그래서 이 둘간의 관계가 문제된다. 이 둘은 모두 경쟁보호를 위한 규율시스템으로서 서로 보완적인 관계에 있다. 경쟁자에 대한 '부당한 취급'과 관련하여 경쟁제한방지법은 특별한 구성요건을 규정하고 있다. 이 요건은 부당한 취급을 하는 사업자의 시장지배력과 관련이 있다(동법 제19조 및 제20조). 그래서 어떤 견해에 따르면 이러한 경쟁제한방지법의 구성요건은 부정경쟁방지법을 동시에 적용하는 것을 막는 효과를 가져온다고 한다.[345] 이에 반하여 다른 견해는, 부정경쟁방지법은 카르텔법상의 시장지배력에 관한 구성요건의 前段階에서(im Vorfeld) 이를 보완할 수 있다고 한다.[346] 그러나 이 견해(이른바 앞마당 이론: sog. Vorfeldthese)는 거의 받아들여지지 않았다.[347] 경쟁제한방지법 제20조 제4항을 통해서 카르텔법의 개입여지가 넓어진 이래로 이 논쟁은 의미가 없어졌다. 판례에서도 원칙적으로 이 두 법의 규정들을 같이

---

343) BGH GRUR 80, 242, 243 „Denkzettelaktion".
344) Köhler/Piper, a.a.O., Einl. Rdnr. 36.
345) Z. B. Mestmäcker, Der verwaltete Wettbewerb, 1984, 143 ff.
346) Ulmer, Der Begriff „Leistungswettbewerb" und seine Bedeutung für die Anwendung GWB-und UWG-Tatbeständen, GRUR 77, 565, 577; von Gamm, Das Verbot einer unbilligen Behinderung und einer sachlich nicht gerechtfertigten Diskriminierung, NJW 80, 2489, 2491; Hefermehl, Grenzen des Lauterkeitsschutzes, GRUR Int 83, 507, 512.
347) Immenga/Mestmäcker, a.a.O., S. 857, 1360; vgl. Merz, Die Vorfeldthese, 1988.

적용하고 있다. 즉 경쟁제한방지법 제19조와 제20조는 일반적인 시장방해
에 대해서도 규율하고 있는 부정경쟁방지법 제1조의 적용을 배제하지 않
는다고 하며, 오히려 이를 보충적으로 고려하고 있다. 이러한 점에서 이
두 규정은 병렬적이며, 평가기준이라는 점에서(하나는 不當한 取扱, 다른
하나는 良俗違反) 전체적으로는 동일한 내용을 갖는다.

한편 경쟁제한방지법(제33조)상으로나 부정경쟁방지법(제13조 제2항
3호)상으로 통상 원칙적으로 소비자단체도 訴를 제기할 수 있는데, 경쟁
제한방지법 이외에 부정경쟁방지법에 근거하여 訴를 제기하는 경우에는
카르텔재판부가 아닌 일반 재판부가 이를 담당할 수 있다.[348] 이러한 경
우 문제된 경쟁과 관련된 다툼에 있어서 시장현상이나 시장관계에 관한
확실한 평가가 어렵다는 단점이 있다. 왜냐하면 법원은 當事者主義를 취
하고 있는데, 당사자들의 인식가능성은 제한되어 있기 때문이다.[349] 법원
은 경쟁법과 관련하여 사실에 맞는 문제제기를 통해서 시장관계를 가능
한 한 완전히 해명하려고 노력한다.[350] 그러나 카르텔절차에서와 마찬가
지로 이에 관해 주의를 기울이기란 매우 어렵다. 그래서 시장현상이나 시
장관계를 주관적으로 평가할 위험이 항상 존재한다.[351]

이 경우 법원은 不公正한 또는 不當한 行爲가 존재하는지 여부를 검토
한다.[352] 오로지 특별한 사정이 있는 경우에만 경쟁제한방지법 제20조에

---

348) Köhler/Piper, a.a.O.,§1 Rdnr. 182.
349) Kraft, Gemeinschaftsschädliche Wirtschaftsstörungen als unlauterer
    Wettbewerb?, GRUR 1980, 966, 968.
350) Vgl. BGHZ 81, 291, 295 „Bäckerfachzeitschrift".
351) Vgl. BGH GRUR 91, 616 „Motorboot-Fachzeitschrift".
352) BGH GRUR 85, 883 „Abwehrblatt Ⅰ": GRUR 86, 397 „Abwehrblatt
    Ⅱ": BGHZ 107, 40 „Krankentransportbestellung": GRUR 90, 685
    „Anzeigenpreis Ⅰ": kritisch Ulmer, Kartellrechtliche Schranken der
    Preisunterbietung nach §26 Abs. 4 GWB, FS für v. Gamm, 1990, 691
    ff.

의한 평가와 부정경쟁방지법 제1조에 의한 평가는 차이가 난다.353) 경쟁
제한방지법 제20조와 관련된 행위통제의 한계(일정한 시장지배력에 방해
금지를 접목)가 부정경쟁방지법 제1조를 넓게 해석함을 통해서 경시되어
서는 안된다. 그렇지만 가령 價格割引(Preisunterbietung)에 관해서 판례
가 요건(抹殺意圖 또는 경쟁의 존속에 대한 위협)을 엄격히 판단하고 있
다는 점을 고려해 볼 때, 경쟁제한방지법상의 한계가 경시되고 있다고 보
이지는 않는다.

(4) 경쟁제한방지법을 위반한 양속위반

경쟁제한방지법에 위반되는 행위는 동시에 불공정할 수도 있다. 이는
실무상 중요한데, 무엇보다 부정경쟁방지법 제1조에354) 기해 소제기를
하는 경우에는 제소할 수 있는 범위가 넓어지기 때문이다.

(5) 시　효

부정경쟁방지법 위반에 기한 請求權의 (短期)消滅時效는 동법 제21
조에 따라 통상 6개월인데 반해서, 경쟁제한방지법 위반에 기한 청구권
의 시효는 독일 민법 제852조에 따라 통상 3년이다. 禁止되는 行爲 및
危險責任으로 인한 請求權에 관한 일반규정인 독일 민법 제852조는 시
효에 관한 특별규정을 두고 있지 않는 법률에 대해서도 적용되기 때문
에, 경쟁제한방지법상 청구권의 시효도 이 조항에 따르고 있다.355)

---

353) BGHZ 56, 327, 336 f. „Feld und Wald Ⅰ"; BGH GRUR 86, 397
　　　„Abwehrblatt Ⅱ".
354) 제1조(일반조항) 상거래에 있어서 경쟁을 목적으로 선량한 풍속을
　　　위반하는 행위를 하는 자에 대해서는 그 행위의 금지 및 손해배상을
　　　청구할 수 있다.
355) Jauerning, Bürgerliches Gesetzbuch, 7. Aufl., 1994, S. 1056.

Ⅳ. 정 리

우리 독점규제법은 독일 경쟁제한방지법과 부정경쟁방지법에서 다루는 내용들을 모두 포함하고 있다. 따라서 경쟁제한방지법과 부정경쟁방지법의 수범자가 차이가 있는 경우에는 독점규제법과 경쟁제한방지법의 사업자 개념을 직접 비교할 수 없으며, 不公正去來行爲에 관한 章에 대해서는 별도의 검토를 하여야 할 것이다.

경쟁제한방지법은 사업자에 의한 경제력 집중이나 카르텔을 국가가 통제함으로써 자유로운 경쟁을 보호하는 것을 임무로 하고 있으며, 부정경쟁방지법은 시장에 참가하고 있는 사인들의 일정한 경쟁방식을 규율하고 있다. 이 두 법은 경쟁을 통하여 시장의 기능을 유지하려고 한다는 면에서는 공통점이 있지만, 그 인적 적용범위에 있어서는 차이가 있어 보인다. 경쟁제한방지법은 사업자가 수범자인 반면에, 부정경쟁방지법의 수범자는 특정되어 있지 않기 때문이다. 그러나 부정경쟁방지법과 그 관계법령들은 경제적 거래에 있어서 사업자들의 행태에 관한 규정들을 내용하고 있기 때문에, 실제로 부정경쟁방지법과 경쟁제한방지법과의 적용범위는 일치한다고 보고 있다. 전자의 경쟁행위에 관한 논의와 후자의 사업자 개념에 관한 논의를 동일한 문제로 보고 있는 것이다. 따라서 독점규제법상 사업자 개념과 경쟁제한방지법상 그것을 비교법적으로 검토하면서 불공정거래행위의 수범자를 별도로 다룰 필요는 없을 것이다.

제3장 비교법적 고찰(Ⅱ): 유럽공동체, 미국, 일본

앞서 살펴본 독일의 경쟁제한방지법 뿐만 아니라 유럽공동체 카르텔법과 일본의 독점금지법도 사업자 개념을 이용하여 인적 적용범위를 정하고 있으며, 가능한 한 이를 넓게 해석하려는 경향이다. 이와는 달리 美國의 연방반트러스트법은 人(Person)이라는 매우 포괄적인 주체를 반트러스트법의 수범자로 삼고 있지만, 商去來(commerce) 개념을 통하여 그 범위를 한정하고 있다. 이러한 각국의 입법례와 이에 관한 학계와 실무계의 태도를 살펴보도록 한다.

제1절 유럽공동체 카르텔법상 사업자 개념

Ⅰ. 서 설

1957년 3월 25일 로마에서 체결되어 나음해인 1958년 1월 1일부터 발효된 유럽經濟共同體의 設立에 관한 條約(일명 로마조약; Vertrag zur Gründung der Europäischen Wirtschaftsgemeinschaft)은 제81조 내지 제86조에서 경쟁에 관한 규정을 두고 있다. 그 후 이 조약은 1991년 12월에 마스트리히트에서 결의되어 1992년 2월 7일에 署名되고 1993년 11월 1일부터 발효된 유럽共同體에 관한 條約(Vertrag über die Gründung der

Europäischen Union; 일명 마스트리히트조약)에 의해 보완되었다. 이 조약은 역내시장에서 有效競爭의 維持라는 목적을 달성하는데에 이바지하고 있다. 한편 유럽경제공동체의 설립에 관한 조약은 1997년 10월 2일에 암스테르담에서 서명된 條約(암스테르담조약)에 의해 개정되어서, 로마조약 당시의 제85조, 제86조 및 제90조의 조문순서가 제81조, 제82조 및 제86조로 변경되었다.

유럽공동체조약 중에서 국내 카르텔법에서 다루는 내용들을 규정한 부분들을 통상 유럽공동체 카르텔법이라고 한다. 이 유럽공동체 카르텔법은 카르텔금지에 관한 제81조, 시장지배적 지위의 남용에 관한 제82조, 그리고 企業結合統制令[1]이라는 세 개의 실체법적 규정으로 이루어져 있다.[2] 기업결합통제령은 유럽공동체가 사전에 예견하지 못한 경우에 관한 조항인 옛 유럽공동체조약(로마조약) 제235조에 근거하여 제정된 企業結合統制에 관한 유럽공동체 閣僚理事會令이다. 동령을 통하여 유럽공동체 위원회는 共同體 規模의 기업결합에 대하여는 독자적으로 기업결합통제를 할 수 있는 권한을 부여받았다.

유럽공동체법의 수범자는 그 규정에 따라서 회원국, 사업자 및 私人 등이 고려된다. 그러나 유럽공동체 카르텔법만을 한정해서 살펴보는 경우에는 법문에서 事業者를 수범자로 하고 있음을 볼 수 있다. 따라서 이를 事業者에 관한 規範이라고 부르기도 한다.

---

1) Verordnung (EWG) Nr. 4064/89 des Rates über die Kontrolle von Unternehmens-zusammenschlüssen vom 21. Dezember 1989.
2) Rittner, Wettbewerbs-und Kartellrecht, 6. Aufl., 1999, S. 136.

Ⅱ. 유럽공동체 카르텔법의 내용

1. 유럽공동체조약 제81조와 제82조

유럽공동체조약 제81조는 원칙적으로 법률행위에 기초한 事業者의 모든 競爭制限行爲를 규율하고 있다. 동조는 세 개 조항으로 구성되어 있으며, 그 중에서 동조 제1항은 카르텔금지의 구성요건을 규정하고 있다. 즉 회원국간의 상거래에 영향을 끼치기에 충분하며, 역내시장 안에서 경쟁을 저해, 제한 또는 왜곡할 목적이 있거나 이를 초래하는 사업자간의 모든 협정, 사업자단체의 모든 결의 및 동조적 행위를 금지하고 있다. 특히 ① 구입가격이나 판매가격 또는 기타의 거래조건을 직·간접적으로 결정하는 행위나, ② 생산, 판로, 기술개발 또는 투자를 제한하거나 통제하는 행위, ③ 시장이나 供給源을 분할하는 행위, ④ 동종의 거래에 있어서 거래상대방에 따라서 다른 조건을 적용하여 경제상의 불이익을 주는 행위, ⑤ 상품의 성질이나 상관행상 당해 계약의 對象과는 관련이 없는 부수적인 의무를 추가적으로 부과하여 계약상대방과 계약을 체결하는 행위는 명시적으로 금지하고 있다. 동조 제2항은 前項에서 금지하고 있는 카르텔에 대해서는 당연히 無效라는 법률 효과를 규정하고 있다. 그리고 동조 제3항에서는 원칙적으로 금지되는 카르텔을 일정한 요건하에서 예외를 허용하고 있다. 한편 동조와 관련해서 입법론적으로는 동조 제2항과 제3항의 순서를 바꾸는 것이 보다 논리적이라는 견해가 있다. 동조 제1항에서 카르텔금지의 요건을 규정해놓고, 제2항에서 이에 대한 예외를 정한 다음, 제3항에서는 제2항에 포함되지 않는 나머지 행위들에 대한 법률효과를 규정하는 것이 논리적이기 때문이다.

유럽공동체조약 제82조는 市場支配力있는 事業者를 대상으로 삼고 있는데, 이들이 시장에서 다른 시장참가자들에 대해 시장지배력을 남용하는 것을 금지하고 있다. 동조에 따르면 시장지배적 사업자의 행위는 오로지 남용이라고 평가되는 경우에만 금지된다. 즉 城內市場이나 그 주요부분에 있어서 시장지배적 지위에 있는 하나 또는 그 이상의 사업자의 지위남용이 회원국간의 상거래에 영향을 미치는 경우에는 이를 금지하고 있다. 특히 시장지배적 지위에 있는 사업자가 ① 직·간접적으로 불공정한 구입가격이나 판매가격, 또는 불공정한 거래조건을 부과하거나, ② 소비자에게 불리하도록생산, 판로 또는 기술개발을 제한하거나, ③ 동일한 거래에 있어서 거래상대방에 따라 다른 거래조건을 부과하여, 그 결과 이들이 경쟁상의 불이익을 당하거나, ④ 상품의 성질이나 상관행상 당해 계약의 對象과는 관련이 없는 부수적인 의무를 추가적으로 부과하여 계약상대방과 계약을 체결하는 경우에는, 시장지배적 지위를 남용한 것으로 볼 수 있다고 명시하고 있다(제82조 2문).

동조약 제81조에서는 금지되는 행위에 대한 예외를 허용하고 있는 반면에, 제82조는 예외를 허용하고 있지 않다. 남용이라고 평가되는 행위방식을 예외적으로 허용할 수는 없기 때문이다. 그러나 이사회령 제17/62호에 따라서 관련 사업자나 사업자단체가 동조약 제82조에 기한 행동에 대해 조치를 취할 이유가 없다고 신청하면 이를 유럽공동체 위원회가 확정하는 네가티브테스트(Negativattest)를 요청할 수는 있다.

동조약 제82조는, 제81조와는 달리, 오늘날까지 잘 활용되지 않고 있다. 동조가 적용되려면 우선 유럽공동체 전체시장에서 시장지배력을 행사할 만한 규모의 사업자이어야 하는데, 그러한 지배력을 갖춘 사업자는 많지 않기 때문이다. 그리고 경쟁당국이 시장지배력있는 사업자보다는 카르텔에 대한 별도의 조치를 취하는 것을 중요시하고 있는 것도 또 하나의 이유이다.[3]

2. 기업결합통제령

企業結合統制令은 1989년 12월 21일에 제정되어 1990년 9월 21일부터 시행되고 있으며, 이는 유럽공동체조약 제81조나 제82조에 우선하는 특별규정은 아니다. 특히 제82조와의 관계에 있어서는, 동조약 제82조는 제1차적 공동체법이고, 기업결합통제령은 제2차적인 공동체법에 속한다고 말할 수 있다. 기업결합통제령은 한편으로는 공동체조약 제83조(令과 指針)[4]에 근거하고 있으며, 이 점에 있어서 동조약 제82조를 구체화하고 있다고 말할 수 있다. 그런데 동조약 제82조는 유럽공동체법원의 판례에 의해 이미 알려진 바와 같이 단지 시장지배적 지위의 강화만을 포섭하고 있다.[5] 그리고 다른 한편으로 기업결합통제령은 이미 언급한 바와 같이 구 유럽공동체조약 제235조에도 근거하고 있다. 이는 제82조에서 규율하고 있는 시장지배적 지위의 濫用 이외에, 시장지배적 지위의 形成도 규율해야 할 필요가 있었기 때문이었다. 실무상으로 기업결합통제령의 적용범위는 정확하게 규율되고 있다. 기업결합통제령에 의해 포섭되지 않는 기업결합은 공동체조약 제82조와 제81조에 따라 2차적으로 판단된다. 그러나 기업결합통제와 관련하여 회원국의 법원들은 예나 지금이나 동조약 제82조를 적용하고 있다.[6] 그 이유는 기업결합통제령을 적용하기 위해서는 동령 제21조 제1항에 의하여 유럽공동체 위원회만이 관할권을 가지기 때문이다.

---

3) Zäch, Grundzüge des Europäischen Wirtschaftsrechts, 1996, S. 268.
4) 유럽공동체조약 제83조에서는 제81조와 제82조의 내용들이 실효를 거둘 수 있도록, 이를 위하여 적절한 令(die Verordnungen)과 指針(die Richtlinien) 을 채택할 의무를 각료이사회에게 부과하고 있다.
5) EuGH, Slg. 1973, 246 Erw. 26 f., „Europemballage und Continental Can/Kommission"
6) Groeben/Thiesing/Ehlermann, Kommentar zum EWGV-Vertrag, 4. Aufl., 1991, EWGV Art. 86. N. 44.

Continental Can 사건[7]에서 경험한 어려움과 공동체조약 제82조를 가지고는 기업결합 중에서 일부분만을 포섭할 수 있다는 사실을 인식하면서, 공동체 위원회는 이미 1973년에 공동체 역내에서 이루어지는 초국가적 기업결합통제에 관한 제안서를 완성했다. 이의 최종안(기업결합통제령)이 1989년 12월 21일에 이사회에서 통과되었다.[8] 이는 Continental Can 결정 이후 발전해 온 위원회의 실무에 기초하고 있다.

기업결합통제령은 기업결합통제에 관한 그밖의 규정들과 마찬가지로 실질적으로 몇 가지 문제들을 다루고 있다. 전체 기업결합들은 경쟁정책적으로 문제되는 경우들과 문제되지 않는 경우들로 나누어진다. 이 중에서 문제되는 기업결합을 골라내는 것이 첫 번째 문제이다. 이는 기업결합통제령 제1조(적용범위)를 통해 해결된다. 그 다음 이렇게 골라진 기업결합이 허용되는 것인지의 여부를 판단하는 것이 두 번째 문제이다. 여기에는 원칙적으로 기업결합통제령 제2조(기업결합의 판단)가 적용된다. 기업결합은 다양한 형태로 이루어지는데, 참가사업자들의 구조가 지속적으로 변화되는 기업결합이 경쟁법적으로 중요한 의미를 가진다(기업결합통제령 제3조). 기업결합통제에 관한 조항들은 예방적인 효과를 가진다. 그래서 통제조항들에 의해 문제가 있다고 걸러진 기업결합은 오로지 承認(Bewilligung)을 받은 경우에만 허용되며 또한 효력

---

7) 미국의 뉴욕에 소재한 Continental Can Company Inc.와 유럽공동체 역내에 주소지를 둔 그의 자회사들 및 이들이 설립한 지주회사 등이 역내의 각종 포장재 시장에서 시장지배적 지위에 있는지의 여부를 판단함에 있어서 공동체 조약 제82조에 따른 절차가 문제되었다(Entscheidung der Kommission vom 9. Dezember 1971 über ein Verfahren nach Artikel 86 des EWG-Vertrags (IV/26.811-Corporation and Continental Can Company).

8) Verordnung (EWG) Nr. 4064/89 des Rates vom 21. Dezember 1989 über die Kontrolle von Unternehmenszusammenschlüssen, ABl 1989 Nr. L 395, S. 1 ff., ABl 1990 Nr. L 257, S. 13 ff.

을 갖는다. 승인받기 전의 기업결합은 허용되지 않으며 효력도 없기 때
문에(기업결합통제령 제7조 제1항, 제2항 및 제5항 참조), 기업결합통
제조항들이 적용될 수 있다고 판단된 기업결합에 대해서는 사전에 신
고하도록 하고 있다(동령 제4조).9)

한편 기업결합통제령에서 사용하고 있는 몇몇 개념들은 실무상으로
한계를 정하기도 어려울 뿐만 아니라 그 의미가 불명확하여 문제가 되
고 있다. 이와 관련된 決定이나 判決에 예측가능성을 주기 위하여, 유
럽공동체 위원회는 몇 개의 告示(Bekanntmachung)들을 제정해 놓았
다. 이 중에는 企業結合 參加事業者의 槪念에 관한 告示도 있다.10)

Ⅲ. 유럽공동체조약 제81조 및 제82조상 사업자 개념

1. 일반론

유럽공동체법 제81조 내지 제86조의 표제를 달자면 事業者를 위한
規範이라고 할 수 있다. 이 규정들은 오로지 사업자만을 문제삼고 있으
며, 이는 동법 제81조, 제82조 및 제86조의 법문을 살펴보아도 알 수
있다. 일반적인 견해에 의하면, 이는 동법에서 명시하고 있지 않은 同
調的 行爲를 금지하는 경우에도 마찬가지로 적용된다.11) 또한 동법 제
81조의 적용 범위에 있어서는 사업자단체와 이러한 단체들이 결합체가
문제된다.12)

---

9) Zäch, a.a.O., S. 300.
10) Bekanntmachung der Kommission über den Begriff der Beteiligten
    Unternehmen in der Verordnung (EWG) Nr. 4064/89 des Rates
    über die Kontrolle von Unternehmenszusammenschlüssen.
11) 예를 들면, Grabitz, Kommentar zum EWG-Vertrag, Loseblatt, Stand:
    Sept. 1992; Mestmäcker, Europäisches Wettbewerbsrecht, 1974, §14 Ⅰ 1.

　카르텔금지의 적용범위는 우선 사업자 개념을 좁게 파악하느냐 아니면 넓게 파악하느냐에 달려있다. 그렇지만 동법에서는 사업자 개념을 정의하고 있지 않다. 石炭 및 鐵鋼을 위한 유럽共同體 設立에 관한 條約 (Vertrag über die Gründung der Europäischen Gemeinschaft für Kohle und Stahl vom 18. April 1951 ; 이하 '석탄 및 철강에 관한 공동체조약')에서 규정하고 있는 사업자 개념의 정의는 여기에 도움을 주지 못한다. 왜냐하면 이 규정은 오로지 석탄 및 철강에 관한 공동체조약의 적용범위를 정하려는 목적으로 정해진 것이기 때문이다. 이와 달리 유럽經濟共同體協定을 위한 第22次 議定書(Protokoll 22 zum EWR-Abkommen) 제1조에 포함되어 있는 사업자의 정의는 어느 정도 관련이 있다. 왜냐하면 이 정의규정은 카르텔에 관하여 카르텔당국들간(유럽공동체 위원회와 유럽자유무역협회 감독청)의 권한을 한계지우는 내용을 담고 있는 유럽經濟共同體協定 제56조와 관련이 있기 때문이다. 그래서 이 정의는 유럽공동체법 제85의 카르텔금지와 유럽경제공동체협약 제56조가 직접적으로 관계가 있음을 나타내고 있으며, 後者를 유럽공동체법 제81조를 해석하는 경우에 참고하자는 생각에 반대하는 견해는 없다.[13]

(1) 기능적인 이해

　유럽경제공동체협정을 위한 제22차 의정서 제1조에 의하면, "事業者라 함은 상업적 또는 경제적 활동을 수행하는 모든 권리주체를 말한다".[14] 즉 권리주체의 존재 및 상업적 또는 경제적 활동의 수행이라는 두 개의 징표가 사업자 개념을 구성하고 있다. 그러나 유럽공동체법 제81조상 사

---

12) 자세한 것은 다음의 4 참조.
13) Immenga/Mestmäcker, EG-Wettbewerbsrecht Kommentar, Bd. Ⅰ, 1997, Art. 85 Abs. 1 Rdnr. 13.
14) Gugerbauer, Das EWR-Kartellrecht, 1993, S. 300.

업자 개념을 파악하는 데에는, 당해 권리주체의 주관적이거나 객관적인 어떠한 특성이 아니라 오로지 그 권리주체에 의해 수행된 상업적 또는 경제적 활동만이 결정적인 역할을 한다. 그리고 Schrott-Ausgleichskassen 판결에서[15] 유럽공동체법원(EuGH)은, 경제적 활동은 어느 정도 지속적으로 행해져야 하며 따라서 이따금씩 행해지는 경제적 활동은 경쟁규범의 의미에서는 아직 사업자라고 할 수 없다고 판시했다.[16]

유럽공동체의 각 기관들은 이와 같이 사업자 개념을 이른바 기능적으로 이해하고 있는데, 이는 私的 消費와 국가의 高權的 行爲를 유럽공동체 카르텔법의 적용범위로부터 배제시키려는 의도에서 나온 것이다. 위원회는 이 점을 반복하여 강조하고 있으며,[17] 유럽공동체법원의 판례도 오늘날 일반적으로 "법적 형태나 자금조달방법과는 상관없이 경제적으로 활동하는 모든 單一體(Einheit)"를 사업자로 보고 있다.[18] 결국 어떠한 단일체가 사업자성을 가지는지 여부는 오로지 그 단일체가 지속적으로 경제적 활동을 하고 있는지 아니면 비경제적 활동을 하고 있는지에 의해 결정된다.

---

15) 13. 7. 1962, Slg. 1962, 653, 687 „Klöckner-Werke/Hoesch AG".
16) Langen/Bunte, Kommentar zum deutschen und europäischen Kartellrecht, 7. Aufl., 1994, Art. 85 Ⅰ Rdnr. 4; Hailbronner/Klein/Müller-Graff/ Magiera, Handkommentar zum EWG-Vertrag, Loseblatt, Art. 85 Rdnrn. 30, 33.
17) 특히 KOMM., 15. 9. 1989, ABl. EG 1989 Nr. L 284/36, 41 „ARD"; 27. 10. 1992, ABl. EG 1992 Nr. L 326/31, 35 f „Fußball-WM 1990"; 27. 7. 1994, ABl. EG Nr L 239/14, 29 Tz. 44 „PVC"; 30. 1. 1995, ABl. EG 1995 Nr. L 122/37, 46 Tz. 32 „COAPI": "경제활동을 수행하는 모든 단일체".
18) 16. 11. 1995, Slg. 1995 Ⅰ 4022, 4028 Tz. 14 = EuZW 1996, 277, 278; 14. 7. 1994, Slg. 1994 Ⅱ 531, 543 Tz. 32 = EuZW 1994, 664, 666 „Herlitz"; v. 12. 1. 1995, Slg. 1992 Ⅱ 17, 35 = DB 1995, 313, 314 Tz. 50 „Viho Europe".

(2) 권리주체성

유럽경제공동체협정을 위한 22차 의정서 제1조에 따르면, 경제활동을 하는 權利主體만이 사업자로 고려된다. 각 문헌에서도 이와 마찬가지로 유럽공동체법 제81조상의 사업자는 오로지 권리능력있는 단일체(rechtsfähige Einheit)만이 가능하다는 견해가 지배적이다. 만일 그러한 單一體가 아니라면 동법 제81조상의 경쟁제한적 합의를 맺을 수 없을 것이기 때문이다.[19) 유럽공동체 위원회는 이전에 이에 반대하는 입장을 시사한 적이 있었지만,[20) 최근에는 절차법적 관점에서 법인격을 가진 단일체가 반드시 존재하고 있어야 한다고 강조하고 있다. 그리고 오로지 이렇게 법인격을 가진 단일체만이 위원회 결정의 수범자로 고려된다고 한다.[21)

사업자는 반드시 권리능력이 있어야 하는지의 문제는 여러 가지 측면을 가지고 있다. 유럽공동체 카르텔법의 執行이라는 측면을 고려한다면, 위원회가 최근에 반복해서 강조한 바와 같이 위원회 決定의 수범자로서는 오로지 권리능력있는 단일체만이 사업자로 고려되어야 한다는 것은 명백하다. 그러나 이로부터 '누가 유럽공동체법 제81조의 경쟁제한적 합의에 참가할 수 있는가'라는 실체법적 문제를 떼어낼 수 있다. 동법 제81조의 사업자 개념이 유럽공동체법적 개념인 한, 국내법에 의한 경제적 단일체라는 특성은 중요하지 않다. 그 때문에 동법 제81조

---

19) Langen/Bunte, Art. 85 Ⅰ Rdnr. 5; Hailbronner/Klein/Müller-Graff/ Magiera, a.a.O., Art. 85 Rdnr. 31; Mestmäcker, a.a.O., §14 Ⅰ 2; 반대하는 입장으로는 Emmerich in: Dauses(Hrsg.), Handbuch des EG-Wirtschaftsrechts, Stand: 1996, Ⅰ Rdnr. 62a; Gleiss/Hirsch, Kommentar zum EWG-Kartellrecht, 3. Aufl., 1978, Art. 85 Rdnrn. 47 ff.; Grabitz, a.a.O., Art. 85 Rdnr. 7.

20) KOMM., 23. 4. 1986, ABl. EG 1986 Nr. L 230/1, 31 ff. „Polypropylen".

21) KOMM., 13. 7. 1994, ABl. EG 1994 Nr. L 243/1, 45 (Tz. 141) „Karton"; 27. 7. 1994, ABl. EG Nr. L 239/14, 29 (Tz. 44) „PVC".

제1항은 언제나 경쟁제한적 합의에 참가할 수 있는 모든 경제적 단일체를 포괄한다고 보는 것이 타당하다. 그리고 이러한 단일체의 권리주체성이 국내법적으로 결여되어 있는 경우에는, 그 경제적 단일체의 企業擔當者에게 카르텔금지의 책임을 돌리는 것이 논리적일 것이다.[22] 예를 들어 民法上 組合이 동법 제81조 제1항을 위반한 경우에는 그 組合員들이 책임을 지게 된다. 그래서 자연인과 법인 이외에, 인적회사, 법인격 있는 단체, 법인격 없는 단체 및 特別財産(Sondervermögen)[23]도 사업자가 될 수 있다.[24]

(3) 경제적 활동

앞에서 이미 언급한 바와 같이, 권리주체가 사업자이기 위해서는 우선 지속적인 경제적 (또는 상업적) 활동이 있어야 하는데,[25] 이 경우에 경제적 활동이라는 개념은 매우 넓게 해석된다. 이 개념은 유럽공동체 회원국들의 전체 법전통에 따르는 경우에 경제적 거래에 속하지 않게 되는 다양한 생활영역을 유럽공동체 카르텔법의 적용범위로부터 배제시키는 것을 본질적인 임무로 하고 있다. 이 영역에는 사적 소비, 노동시장 그리고 국가의 고유한 활동, 즉 회원국과 그 국가기관 및 유럽공동체 자체를 통한 고권적 행위가 포함된다.[26] 이러한 영역 이외에, 재화와 용역의 생산과 분배에 있어서 독자적이며 경제적인 모든 활동

---

22) Grabitz, a.a.O., Art. 85 Rdnr. 7.
23) 예를 들면 종전의 독일연방철도청(Bundesbahn)이나 체신청(Bundespost)이 여기에 해당된다.
24) Gleiss/Hirsch, a.a.O.
25) 유럽경제공동체협정을 위한 22차 의정서 제1조.
26) Vgl. Gleiss/Hirsch, a.a.O., Art. 85 Rdnrn. 13, 18 ff.; Groeben/Thiesing/Ehlermann, Kommentar zum EU-/EG-Vertrag, Bd. 2, 5. Aufl., 1999. Vorbemerkung zu den Artikeln 85 bis 89, Rdnrn. 16 ff.; Mestmäcker, a.a.O., §14 Ⅲ.

130

은 유럽공동체 카르텔법에 의해 규율된다.[27]

그러나 이와 같은 경제적 활동의 범위에 대한 이해는 고정불변한 것이 아니다. 시간이 흐르고 일정한 활동의 속성이 변화하면서 경제적 또는 비경제적인 것으로 서로 변할 수 있다. 이것이 유럽공동체 카르텔법의 적용범위가 지속적으로 확장되고 있는 가장 중요한 이유이다.

(4) 상대적 사업자와 잠재적 사업자

오로지 어떠한 개별적인 행위만을 놓고 볼 때, 어떤 자가 통상적인 사업자 개념의 전제조건을 충족하고 있지 않은 경우라도, 이로 인해 유럽공동체법 제81조의 적용을 받지 않는 것은 아니다. 예를 들어, 이따금 회사의 운영에 참여하기도 하는 근로자는 그러한 한도에서는 카르텔법을 준수해야 한다.

유럽공동체 카르텔법 제81조는 현재의 사업자 뿐만 아니라 잠재적 사업자도 규율한다. 언제라도 경제활동에 참가할 수 있는 지위에 있는 자가 자신의 장래의 경제활동을 예상하여 미리 경쟁제한적 합의를 하는 경우, 그는 유럽공동체 카르텔법의 규율을 받는다.[28] 이 때 사업자의 규모는 중요하지 않으며, 따라서 個人商人도 역시 사업자가 될 수 있다.[29]

(5) 노동시장

유럽공동체 카르텔법의 의미에서 사업자는 오로지 독자적으로 경제적 거래에 참가하고 있는 자를 의미한다. 그래서 넓은 의미의 근로자는 동법

---

27) 예를 들면, EuG 14. 7. 1994, Slg. 1994 Ⅱ 531, 543 (Tz. 32) = EuZW 1994, 664, 666 „Herlitz".
28) KOMM., 13. 7. 1994, ABl. EG 1976 Nr. L 254/40, 45 „Reuter/BASF".
29) Z. B. Gleiss/Hirsch, a.a.O., Art. 85 Rdnr. 26; Groeben/Thiesing/ Ehlermann, a.a.O., Vorbemerkung zu den Artikeln 85 bis 89, Rdnr. 25; Bellamy/Child, Commom Market Law of Competition, 4th ed., 1993, Tz. 2-003, 2-008.

의 규율을 받지 않는다. 또한 임금계약당사자(Tarifvertragsparteien)들을 통한 근로조건의 포괄적 규율은 통상 유럽공동체 카르텔법을 적용할 수 없는 예외영역으로 간주된다. 그러나 임금계약당사자들이 근로조건의 포괄적 규율에 만족하는 것이 아니라, 가령 은행의 개점시간과 같은 사업자의 경제적 활동의 개별적 측면들을 규율하는 경우가 있다. 이 때에는 임금계약당사자가 사업자적으로 활동하고 있기 때문에, 유럽공동체 카르텔법이 다시 적용된다.[30]

(6) 사업자성의 승계

사업자가 다른 사업자로 변경되거나 또는 다른 사업자에 편입되는 경우에 사업자의 경제적 동일성(Identität)이 바뀌는 것은 아니므로, 이전의 사업자가 경쟁을 침해했다면 새로운 사업자는 이에 대해 책임을 부담해야 한다.[31] 합병(Verschmelzung)을 하는 경우에도 마찬가지이다. 사업자의 機能的 및 經濟的 連續性이 중요한 반면에, 그의 법적 동일성은 중요하게 고려되지 않는다.[32] 기업 전체가 양도되어서 사업자의 기능적 및 경제적 연속성이 존재하는 경우,[33] 또는 콘체른 내부에서의 단순한 구조변경조치와 조직재편성이 문제되지만 경제적 동일성

---

30) KOMM., 30. 9. 1986, ABl. EG 1986 Nr. L 295/28, 30 „Irische Banken".
31) EuGH 28. 3. 1984, Slg. 1984, 1679, 1699 „Rheinzink"; EuG 28. 4. 1994, Slg. 1994 Ⅱ 211, 225 (Tz. 30) = EuZW 1994, 508, 510 „AWS"; KOMM., 23. 4. 1986, ABl. EG 1986 Nr. L 230/1, 31 ff. „Polypropylen"; 21. 12. 1988, ABl. EG 1989 Nr. L 74/1, 14 „PVC-CDPE" und Nr. L 72/21, 35 ff. „LDPE"; 13.. 7. 1994, ABl. EG 1994 Nr. L 243/1, 46 „Karton"; 27. 7. 1994, ABl. EG 1994 Nr. L 239/14, 28 „PVC"; Gleiss/Hirsch, a.a.O., Art. 85 Rdnrn. 63-67.
32) KOMM., 27. 7. 1994 (Fn. 32) „PVC".
33) KOMM., a.a.O.

은 계속 유지되는 경우에도[34] 후계사업자는 책임이 부과된다. 그러나 기업의 일부를 단순히 양도하는 경우에는 양도인의 경쟁침해가 양도된 부분과 관련이 있다고 할지라도, 양수인에게 이에 대한 책임을 묻지 않는다.[35]

이렇듯 사업자 개념과 관련해서, 어느 사업자가 다른 사업자로 변경되거나 다른 사업자에 편입되는 경우에 前事業者의 경쟁제한행위가 다음 사업자에게로 승계되는지의 문제가 다루어지고 있다.[36] 그러나 엄밀히 말하면, 이 문제는 사업자의 개념에 관한 것이라기 보다는 사업자가 경쟁제한행위를 한 경우에 그 責任을 누구에게 歸屬시킬 것인가의 문제라고 할 수 있다.

2. 개별 사례

유럽공동체 카르텔법상 사업자의 개념과 관련된 개별 사례들에 대한 논의는 기본적으로 앞의 제2장 제5절에서 이미 서술한 독일카르텔법상의 그것과 크게 다르지 않다.

(1) 대리상

代理商은 독립적인 상인이며,[37] 그 자체로서 유럽공동체 카르텔법의 규율을 받고 있는 사업자이다. 따라서 사업자와 그의 대리상 사이의 일정한 합의에 유럽공동체조약 제81조가 적용되지 않는 것은 다른 실제적인 이유들이 있기 때문이며, 대리상이 사업자가 아니기 때문은 아니다.

---

34) KOMM., 13. 7. 1994, ABl. EG 1994 Nr. L 243/1, 56 f. „Karton".
35) KOMM., 27. 7. 1994 „PVC".
36) Immenga/Mestmäcker, a.a.O., Art. 85 Abs. 1 Rdnr. 18.
37) 독일 상법 제1조 제2항 7호 및 제84조.

(2) 예술가와 발명가

독자적으로 활동하는 예술가와 발명가가 그들의 능력을 상업적으로 이용하는 경우에는 사업자적 활동을 하는 것이다.[38] 구체적인 경우에 유럽공동체 카르텔법이 적용되지 않는 것은 다른 실제적 이유들이 존재하기 때문이고 이들에게 사업자성이 없기 때문은 아니다.

(3) 기타 사례

자유업 종사자들도 독자적으로 경제적 거래에 참가하기 때문에, 이들도 역시 사업자이다.[39] 예를 들면 관세사(Zollspediteure),[40] 변리사(Patentanwählte),[41] 그리고 자신의 소유지분을 관리하는데 만족하지 않고 자신이 참가하고 있는 기업의 운영에 지속적으로 영향을 미치고 있는 사원[42] 등이 이에 속한다.

그밖에도 저작권법상의 利用許諾團體(Verwertungsgesellschaften),[43] 독자적인 프로선수[44] 및 축구협회와 같은 협회들 및 단체들,[45] 회계사협회,[46] 문화단체 또는 자선단체와 같은 公益團體들 또는 가령 찬송가

---

38) KOMM., 2. 12. 1975, ABl. EG 1976 Nr. L 6/8, 12 „ADIP/Beyrard“: 26. 5. 1978, ABl. EG 1978 Nr. L 157/39, 40 „RAI/Unitel“: 10. 1. 1979, ABl. EG 1979 Nr. L 19/32, 34 (Tz. 12) „Vaessen/Morris“.

39) KOMM., 30. 1. 1995, ABl. EG 1995 Nr. L 122/37, 46 Tz. 32 f. „COAPI“.

40) KOMM., 23. Wettbewerbsbericht 1993, Tz. 219 (S. 146).

41) KOMM., 30. 1. 1995, ABl. EG 1995 Nr. L 122/37, 46 „COAPI“.

42) Langen/Bunte, a.a.O., Art. 85 Ⅰ Rdnr. 5: Hailbronner/Klein/Müller-Graff/Magiera, a.a.O., Art. 85 Rdnr. 33.

43) EuGH 27. 3. 1974, Slg. 1974, 313, 316 f. „BRT Ⅱ“: 2. 3. 1983, Slg. 1983, 483, 506 f. „GVL“: KOMM., 2. 6. 1971, ABl. EG 1971 Nr. L 134/15, 21 „Gema“: 29. 10. 1981, ABl. EG 1981 Nr. L 370/49, 54 „GVL“.

44) Groeben/Thiesing/Ehlermann, a.a.O., Rdnr. 25.

45) KOMM., 27. 10. 1992 Nr. L 326/31, 35 f. „Fußball-WM 1990“.

를 출판하는 등의 경제적 활동을 하는 경우의 교회,[47] 에너지공급업자,[48] 대규모 조합의 회원으로서 낙농조합과 같은 協同組合,[49] 및 전시회, 박람회 등의 주관자(Veranstalter) 등도 사업자로 간주된다. 그러나 유럽공동체법원은 사회보험담당자(Sozialversicherungsträger)가 법률에 기하여 의료보험이나 양로보험과 같은 사회적 임무를 수행하고 있는 경우에는, 그의 사업자성을 부인하고 있다.[50]

3. 공공사업자

(1) 유럽공동체 카르텔법의 적용가능성

유럽공동체법 제81조와 제82조는 私的 事業者(das private Unternehmen)와 公共事業者(das öffentliche Unternehmen)를 거의 구분하지 않는다. 따라서 유럽공동체 카르텔법을 사적 사업자와 공공사업자에 대해 동일하게 적용할 수 있다.[51] 회원국들과 그 기관들은 일정한 법적 형태하에서 경제활동을 하는데, 이 경우 법적 형태는 문제되지 않는다. 즉 공법적으로 형성된

---

46) KOMM., 17. 12. 1980, ABl. EG 1980 Nr. L 383/19, 23 f. „Gußglas Italien".

47) KOMM., 29. 10. 1981, ABl. EG 1981 Nr. L 370/49, 55 „GVL": Groeben/Thiesing/Ehlermann, a.a.O., Rdnr. 13.

48) EuGH 27. 4. 1994, Slg. 1994 I 1508, 1518 f. (Tz. 34 ff.) „Almelo": KOMM., 16. 1. 1991, ABl. EG 1991 Nr. L 28/32, 40 ff. (Tz. 21 ff.) „IJZ": 30. 4. 1991, ABl. EG 1991 Nr. L 178/31, 34 „Scotisch Nuclear": 22. 12. 1992, ABl. EG 1993 Nr. 50/14 „Jahrhundertvertrag".

49) EuG 2. 7. 1992, Slg. 1992 II 1931, 1952 f. „DPF": KOMM., 5. 12. 1979, ABl. EG 1980 Nr. L 51/19, 23 „Lab".

50) 17. 2. 1993, Slg. 1993 I 637 = NJW 1993, 2597 „Poucet": 그러나 임의적인 추가보험에 있어서는 그렇지 않다. EuGH 16. 11. 1995, Slg. 1995 I 4022, 4028 f. Tz. 15 ff.

51) EuGH 27. 4. 1994, Slg. 1995 I 1508, 1518 = EuZW 1994, 408, 410 „Almelo".

것이나 사법적으로 형성된 것이나 마찬가지로 취급된다. 또한 어떠한 給付關係(Leistungsbeziehung)가 형성되어 있는지도 중요하지 않다. 문제된 단일체가 경제활동을 수행하고 있는 한, 급부관계가 공법적으로 형성된 경우에도 유럽공동체 카르텔법은 개입한다.[52] 그렇지 않다면, 유럽공동체 카르텔법의 적용가능성이 회원국들에 의해 결정되는 결과를 낳을 수 있기 때문이다.

나아가 공공사업자가 법적으로나 경제적으로 독립성이 있는지 또는 그 자체가 국가조직의 일부를 형성하고 있는지도 중요하지 않다. 가령 政府事業者(Regieunternehmen)도 유럽공동체 카르텔법의 규율을 받는다.[53] 또한 회원국 자체도 그가 경제적으로 활동하고 있는 한, 이와 마찬가지이다. 따라서 재화와 용역의 수요자 또는 공급자로서의 國家는 다른 사업자들과 마찬가지로 유럽공동체 카르텔법을 준수해야 한다.[54]

그러나 위원회나 이사회의 결정은 국가에 대해서는 적용되지 않는다는 내용의 유럽공동체법 제192조 1문을 고려해 볼 때, 회원국에 대해 유럽공동체 카르텔법을 (고권적으로) 집행하기에는 실제로 상당히 어려울 것이다. 그럼에도 불구하고 유럽공동체 카르텔법이 회원국을 실질적으로 구속한다는 점은 변함이 없다.

---

52) Emmerich, Das Wirtschaftsrecht der öffentlichen Unternehmen, 1969, S. 376 ff.
53) EuGH 16. 6. 1987, Slg. 1987 2619, 262 ff. „Transparenzrichtlinie“; 27. 10. 1993, Slg. 1993 Ⅰ 5373, 5379 Tz. 15 „Decoster“; 27. 10. 1993 Ⅰ 5398, 5403 Tz. 14 „Taillandier“.
54) KOMM., 9. Wettbewerbsbericht 1979, Tz. 114 (S. 86) „Suralmo“; Emmerich, a.a.O., S. 372 ff.; Mestmäcker, a.a.O., §14 Ⅲ 1; Gleiss/Hirsch, a.a.O., Art. 85 Rdnr. 38; Langen/Bunte, a.a.O., Art. 85 Ⅰ Rdnr. 6.

(2) 한계설정

유럽공동체 카르텔법은 권리주체가 經濟的인 活動하고 있는 경우에
만 적용된다. 이에 반하여 국가가 高權的인 活動하는 경우에는 유럽공
동체 카르텔법이 적용되지 않는다. 그러나 회원국들이 서로 매우 상이
한 법전통을 가지고 있음을 고려해 볼 때, 실제로 경제적 활동과 고권
적 활동 사이의 한계를 정하기란 매우 어렵다. 우선 이러한 한계설정을
함에 있어서 국내법만이 유일한 결정 기준은 아니라는 점은 분명하다.
공법상 행해진 '경제적 활동'에 대해서는 이러한 활동이 실질적으로 경
제적인 것으로 인정되는 한, 유럽공동체 카르텔법이 적용될 수 있는 사
례도 있다.[55] 반대로 어느 회원국에서 문제된 활동이 그 국가에서는
경제적인 것으로 인정된다고 하더라도, 그 개별 회원국의 전통이 온전
히 고려될 수도 없다.

이러한 긴장관계는 오로지 구체적 사례에 따라서 그때마다의 상황에
맞게 해결되어야 한다. 예를 들어 유럽공동체 기관들은 勤勞促進法에
근거한 노동관청의 직업알선행위를[56] 경제적인 활동으로 인정하였다.
이에 반하여 社會保險擔當機關이 법률에 근거해서 오로지 의료보험이
나 노령자보험(Altersversicherung)과 같은 사회적 임무를 수행하는 한,
이를 경제적 활동으로 인정하지 않았다.[57] 또한 항공교통의 안전유지

---

55) Mestmäcker, Staat und Unternehmen in europäischen Gemeinschaftsrecht,
    RabelsZ 52(1988), 526, 536 ff.; Möschel, in: Weiterentwicklung der
    europäischen Gemeinschaften und der Marktwirtschft, 1992, S. 90 f.; P. v.
    Wilmowski, Mit besonderen Aufgaben betreute Unternehmen unter dem
    EWG-Vertrag, ZHR 155, 545, 548 ff.; Gleiss/Hirsch, a.a.O., Art. 85 Rdnrn.
    35 ff.; Slot, The concept of undertaking in EC Competition Law,
    Festschrift für Everling Bd. Ⅱ, 1995, S. 1413.
56) EuGH 23. 4. 1991, Slg. 1993 Ⅰ 2010, 2016 f. = NJW 1991, 2891 =
    EuZW 1991, 349 „Macrotron".
57) EuGH 17. 2. 1993, Slg. 1993 Ⅰ 637 = NJW 1993, 2597 „Poucet".

와 같은 회원국들간의 고권적인 임무를 수행하는 국제조직의 활동도[58] 경제적 활동으로 보지 않는다.

이러한 이유로 인해 회원국들에 대하여는 유럽공동체 카르텔법이 완전히 적용되지 않는 것은 아니다. 회원국의 공공사업자 또는 회원국이 특별한 권리나 독점적 권리를 수여한 사업자를 유럽공동체법 제86조 제1항에서 규율하고 있기 때문이다. 회원국들에 대해 매우 좁게 정해진 유럽공동체 카르텔법으로부터의 적용제외는 단지 유럽공동체법 제86조 제2항의 범위 안에서만 유효하다. 즉 일반 대중에게 경제적 이익을 주는 서비스를 제공하거나 국가재정을 위하여 독점적 성격이 부여된 사업자들은 법률상 또는 사실상 그들에게 부여된 임무의 수행을 방해받지 않는 한도 내에서만, 경쟁규범의 적용을 받는다. 한편 유럽共同體 자체의 사업자성에 대해서는 아직 명확하게 해결되지 않고 있다. 그러나 이에 대한 사업자성은 일반적으로 여러 번 부인되었다.[59] 그러나 만일 공동체가 경제활동을 하는 경우에, 왜 그 경제활동은 유럽공동체 카르텔법의 규율을 받지 않는지에 대해서는 아직 논리적으로 설명되지 못하고 있다.[60]

(3) 사 례

예를 들어 회원국마다 그 조직이 서로 상이하다는 것을 고려하지 않는 경우에 있어서 국가의 체신행정,[61] 국내법에 따라 독립되어 있는

---

58) EuGH 19. 1. 1994, Slg. 1994 Ⅰ 55, 62 ff. = EuZW 1994, 248 „Eurocontrol"; Kunz-Hallstein EuZW 1994, 402.

59) EuGH 13. 12. 1989, Slg. 1989, 4375, 4379 „Paris"; Reich, Europäisches Verbraucher-schutzrecht, 1993, Tz. 74.

60) Hailbronner/Klein/Müller-Graff/Magiera, a.a.O., Art. 85 Rdnr. 34.

61) EuGH 20. 3. 1985, Slg. 1985, 880 „BT"; KOMM., Leitlinien, ABl. EG 1991 Nr. C 233; Bekanntmachung, ABl. EG 1995 Nr. C322/3.

방송국,[62] 국가독점사업(das staatliche Handelsmonopol),[63] 사회주의국
가 시대의 對外貿易機關,[64] 회원국이 고권적 행위를 통하여 특수한 권
리를 부여한 受權事業者(beliehenes Unternehmen),[65] 및 규제권한을
위임받아 市場의 사업자들을 총괄하는 공법상의 단체들과 같은 공공사
업자들의 활동도 역시 경제적인 것으로 인정될 수 있다.[66] 이러한 경
우에는 이들도 역시 유럽공동체 카르텔법 제81조 제1항의 사업자 또는
사업자단체로 간주될 것이다.

4. 사업자단체

유럽공동체법 제81조 제1항은 사업자간의 合意 뿐만 아니라 사업자
단체의 決議도 규율하고 있다. 이로써 사업자와 함께 사업자단체도 카
르텔금지의 수범자에 포함하고 있음을 알 수 있다. 실무상으로는 사업
자단체의 결합(Zusammenschlüsse)도 사업자단체와 같이 보고 있다.

---

62) EuGH 30. 3. 1974, Slg. 1974, 407, 430 f. „Sacchi"; 28. 3. 1985, Slg. 1985,
    1117, 1123 f. „CICCE"; 3. 10. 1985, Slg. 1985, 3270, 3275 „CBEM/CLT";
    KOMM., 11. 6. 1993, ABl. EG 1993 Nr. L 179/23, 31 „EBU/
    Eurovision"; 24. 11. 1993, ABl. EG 1993 Nr. L 306/50 „Auditel";
    Emmerich, in: Steiner(Hrsg.), Sport und Medien, 1990, S. 57.
63) 유럽공동체법 제31조; EuGH 16. 6. 1987, Slg. 1987, 2619, 2620 ff.
    „Transparenz-richtlinie".
64) KOMM., 19. 12. 1984, ABl. EG 1985 Nr. L 92/1, 37 „Aluminium".
65) 유럽공동체법 제86조 제1항 및 제2항 참조; EuGH 30. 4. 1974, Slg.
    1974, 409, 429 ff. „Sacchi"; KOMM., 19. 12. 1974, ABl. EG 1975 Nr.
    L 29/14, 16 „General Motors"; EuGH 13. 11. 1975, Slg. 1975, 1367,
    1369 „General Motors".
66) EuGH 30. 1. 1985, Slg. 1985, 402, 423 „Clair"; KOMM., 26. 7. 1976,
    ABl. EG 1976 Nr. L 231/24, 27 „BNIA/Armanjac"; 15. 12. 1982,
    ABl. EG 1982 Nr. L 379/1 „Cognac".

(1) 개 념

사업자단체의 개념은 유럽공동체법 제81조 제1항에서 통상적으로 넓게 해석된다.[67] 단체의 目的과 組織은 그 법적 형태나 소재지와 마찬가지로 중요한 역할을 하지 못한다. 오히려 구성원들의 이익을 대변하기 위한 여러 사업자들의 (자유롭게 형성된) 결합이라는 점이 중요하다. 이 결합은 법인격을 가지고 있을 필요도 없다. 이러한 경우에 유럽공동체법 제81조 제1항과 유럽공동체 위원회 決定들의 수범자는 권리능력없는 단체의 구성원들이다.

또한 私法上 단체인지 公法上 단체인지도 구별하지 않는다. 사업자간의 결합이 강제적으로 이루어진 경우라 할지라도 동법 제81조 제1항을 적용할 수 있다.[68] 그래서 변호사협회와 같은 自由業者 團體도 동조의 사업자단체에 포함된다.[69] 일정한 경제적 목적을 추구하기 위해 단체를 결성하는 경우에 그 단체가 구성원들의 이익을 보장하는 하는 임무를 띠는 한, 이는 사업자단체로 인정된다.[70] 단체가 고유한 경제적 목적을 추구하는 한, 그 단체는 곧 사업자로 다루어질 수 있다.

事業者團體와 콘체른의 區別을 확실히 하기는 어렵다.[71] 굳이 구별

---

67) Z. B. Bellamy/Child, Common Market Law of Competition, 4th ed., 1993, Tz. 2-031; Groeben/Thiesing/Ehlermann, a.a.O., Art. 85 Rdnrn. 20, 55 ff.; Gleiss/Hirsch, a.a.O., Art. 85 I Rdnrn. 68-71; Lang, Trade Associations and Self-Regulation under EEC Antitrust Law, Fordham Corporate Institute, 1984, p. 605 ff.

68) EuGH 30. 1. 1985, Slg. 1985, 402, 423 f. „Clair"; KOMM., 26. 7. 1976, ABl. EG 1976 Nr. L 231/24, 27 „Pabst Richarz/BNIA (Armanjac)"; 15. 12. 1982, ABl. EG 1982 Nr. L 379/1 „Cognac".

69) KOMM., 30. 1. 1995, ABl. EG 1995 Nr. L 122/37, 46 Tz. 33 „COAPI" (für Patentanwälte); 23. Wettbewerbsbericht 1993, Tz. 219 (S. 146 f.) „CNSO".

70) Vgl. GA Römer Slg. 1964, 364 f „Sorema"; im Ergebnis ebenso EuGH 19. 3. 1964, Slg. 1964, 323, 346 f. „Sorema".

을 하자면, 콘체른은 경제적 단일체를 형성하여 그 결과 유럽공동체법 제81조 제1항의 수범자로서 콘체른 자체가 고려되기 때문에, 사업자단체로서의 자격은 배제된다고 보아야 할 것이다.[72] 그러나 자회사들이 많은 독립성을 가지고 있는 느슨한 형태의 사업자결합(eine lockere Unternehmensverbindung)은 사업자단체로 보아야 할 것이다.

(2) 사업자단체의 연합

실무상으로는 事業者團體의 聯合도 역시 유럽공동체법 제81조 제1항의 규율을 받고 있으며,[73] 이에 대해서는 異論이 없다. 카르텔금지의 효력 범위가 카르텔참가자들에 의해 자유롭게 형성되는 조직형태에 좌우되어서는 안되기 때문이다. 그리고 사업자단체들이 서로 연합하기로 하는 결의도 역시 동법 제81조 제1항을 위반할 수 있으며, 그 결과 사업자단체의 구성사업자들은 법적 또는 실제적으로 구속을 받게 된다. 사업자단체의 연합이 경쟁제한적인 합의를 하는 경우에도 역시 카르텔금지를 적용함에 있어서 공백이 있다.[74] 사업자와 사업자단체의 연합 사이의 경쟁제한적인 계약이 그 예이다.[75]

---

71) Vgl. Gleiss/Hirsch, a.a.O., Art. 85 Rdnr. 70; Groeben/Thiesing/Ehlermann, a.a.O., Art. 85 Rdnr. 20.
72) ebenso EuGH 4. 5. 1988, Slg. 1988, 2507, 2513 „Bodson".
73) Z. B. EuGH 15. 5. 1975, Slg. 1975, 563, 583 f. „Frubo"; KOMM., 26. 2. 1968, ABl. EG 1968 Nr. L 57/9 „Eurogypsum"; 13. 3. 1969, ABl. EG 1969 Nr. L 69/13, 15 „EKZW/EWA"; 7. 12. 1978, ABl. EG 1979 Nr. L 11/16, 19 „EMO"; 30. 4. 1982, ABl. EG 1982 Nr. L 156/16 „BPICA"; 24. 5. 1983, ABl. EG 1983 Nr. L 140/27, 29 „Cematex"; 14. 12. 1989, ABl. EG 1990 Nr. L 18/35 „ABP"; v. 30. 11. 1994, ABl. EG 1994, ABl. 1994 Nr. L 343/1, 97 „Zement".
74) KOMM., 30. 11. 1994, ABl. EG 1994 Nr. L 343/1, 97 „Zement".
75) KOMM., 14. 12. 1989, ABl. EG 1990 Nr. L 18/35, 38 Tz. 33 „ABP"; 30. 11. 1994 (Vorige Fn.) „Zement".

(3) 결 의

유럽공동체법 제81조 제1항은 "事業者團體의 決議"라고만 규정하고 있을 뿐이어서, 이 개념이 정확히 무엇을 의미하는지는 아직 확실하지 않다. 단지 구성원들을 위한 단체의 구속력있는 의사표시만이 결의로서 고려되는지가 다투어지고 있을 뿐이다. 그러나 그렇지 않다는 것이 정당한 견해로 인정받고 있으며, 유럽공동체 기관들도 이에 찬동하고 있다.[76] 대체로 決議라 함은 사업자단체의 정관 및 구성원을 위해서 또는 그들에 의해서 만들어진 구속하는 決定(decision) 및 勸告(recommendation)를 포함하는 넓은 의미로 보고 있다.[77]

사업자단체의 定款(Satzung)은 그 제정방법에 따라 (회사계약으로서) 사업자간의 합의가 될 수도 있고, (나중에 변경된 경우에는) 결의가 될 수도 있다. 그러나 이를 법적으로 취급함에 있어서 구별의 실익은 없다.[78]

(4) 합 의

사업자단체 및 그 연합은, 실무에서 나타나는 바와 같이, (직접적 또는 간접적으로) 구성원들의 행동에 영향을 미치는 결의만을 하는 것이 아니다. 그들은 또한 경쟁제한적인 합의를 통하여, 경쟁 과정속에 있는 구성원들의 행동을 조정하기도 한다. 이러한 경우에도 법문에 따라서

---

76) EuGH 29. 10. 1980, Slg. 1980, 3125, 3250 „van Landewyck/FEDETAB": 8. 11. 1983, Slg. 1983, 3369, 3410 „Navewa-Anseau"; 27. 1. 1987, Slg. 1987, 447, 454 f. „Sachversicherer"; KOMM., 9. 7. 1980, ABl. EG 1980 Nr. L 260/24, 28 „National Sulphuric Acid Ass."; 5. 12. 1922, ABl. EG 1992 Nr. L 366/47, 55 „Reisebüros"; 5. 6. 1996, ABl. EG 1996 Nr. L 181/28 „FENEX".

77) Goyder, Competition Law, 3rd ed., 1998, p. 94.

78) KOMM., 30. 1. 1995, ABl., EG 1995 Nr. L 122/37, 46 Tz. 34 „COAPI".

역시 유럽공동체법 제81조가 적용된다.[79] 이는 경쟁제한적인 합의를
한 사업자단체의 구성사업자들에 대해서도 동일하게 적용된다. 카르텔
금지는 결국에는 참가자들에 의해 결정되는 것이기 때문이다. 따라서
결론적으로 말하자면, 사업자단체와 관련하여 어떠한 형태로 사업자간
에 '協力'이 이루어지는지는 중요하지 않다. 즉 법문에서 암시하고 있는
바와 마찬가지로 동법 제81조는 그 협력의 형태와 상관없이 적용될 수
있다.[80]

(5) 사 례

위에서 살펴본 바에 따라 다음의 사례들은 동법 제81조 제1항 위반
이다. 구성사업자들에 대해 보험단체들이 보험료를 권장하거나, 또는
철도사업자단체의 가격권장 행위는 동법 제81조 제1항 위반이다. 국내
직업단체들이 경쟁제한적인 결의를 하고, 이를 국내법에서 보호하고 있
다고 할지라도 이는 동법 제81조 위반이다. 특히 자유업협회에서 보수
를 확정하는 내용의 결의를 하는 경우에, 이를 국내 직업법에서 인정하
고 있거나 주무관청에서 허가했다고 할지라도 동조를 침해한 것이
다.[81] 그밖에 협동조합들이 경쟁제한적인 조치들을 취하는 경우에도
마찬가지이다. 이 때 그 구성원들이 협동조합인 경우도 포함한다.[82] 사
업자단체 상호간에 배타적 구속을 하는 경우,[83] 사업자단체가 다른 사

---

79) Z. B. EuGH 23. 1. 1994, Slg. 1994 Ⅱ 49, 80 f. „CB": KOMM., 30.
    11. 1994, ABl. EG 1994 Nr. L 343/1, 97 ff. „Zement".
80) KOMM., 30. 11. 1994, ABl. EG 1994 Nr. L 343/1, 97 ff. „Zement".
81) KOMM., 13. 1. 1995, ABl., EG 1995 Nr. L 122/37, 47 ff. „COAPI";
    23. Wettbewerbsbericht 1993, Tz. 219 (S. 146 f) „CNSD".
82) EuG 2. 7. 1992, Slg. 1992 Ⅱ 1931, 1951 „DPF"; EuGH 12. 12. 1995,
    Slg. 1995 Ⅰ 4520, 4525 f. Tz. 11 ff. = EuZW 1996, 282, 283;
    KOMM., 5. 12. 1979, ABl. EG 1980 Nr. L 51/19, 23 „Lab".
83) Z. B. KOMM., 25. 11. 1981, ABl. EG 1982 Nr. L 54/36, 44

업자단체 또는 사업자와 그밖의 경쟁제한적인 합의를 하는 경우,[84] 공법상의 사업자단체들이 경쟁제한적 합의를 하는 경우,[85] 사업자단체의 결합들간에 경쟁제한적 합의를 하는 경우, 및 강제카르텔의 결의[86]도 모두 동법 제81조 제1항 위반이다. 이 경우에 사업자단체의 소재지는 아무런 역할도 하지 않는다. 사업자단체의 소재지가 제3국에 있는 사업자단체가 체결한 경쟁제한적 결의의 효력이 공동체 내에서 나타날 수 있으면, 이 역시 동조의 적용을 받는다.[87]

5. 콘체른

통상적으로 單一한 指揮(einheitliche Leitung) 아래에 있는 법적으로 독립된 사업자들의 聯合(Zusammenfassung)을 콘체른이라고 한다.[88] 콘체른은 먼저 水平的 콘체른과 垂直的 콘체른(die Gleichordnungs-und die Unterordnungskonzerne), 그리고 契約上 콘체른과 事實上 콘체른(die Vertrags-und die faktischen Konzernen)으로 구별된다(독일 주식법 제18조, 제291조, 제311조). 각각의 경우마다 콘체른을 법적 독립성 있는 개별사업자들의 결합체로 보아야 할지, 아니면 단일한 지휘를 받고 있기 때문에 경제적 단일체로 보아야 할지가 문제된다.[89]

„VBVB/VBBB“; 17. 12. 1981, ABl. EG 1982 Nr. L 167/39, 45 „Anseau/Navewa“.

84) Z. B. EuG 23. 1. 1994, Slg. 1994 Ⅱ 49, 80 f. „CB“; KOMM., 30. 11. 1994, ABl. EG 1994 Nr. L 343/2 97 ff. „Zement“.

85) EuGH 30. 1. 1985, Slg. 1985, 402, 423 „Clair“.

86) Groeben/Thiesing/Ehlermann, a.a.O., Art. 85 Rdnr. 55.

87) Groeben/Thiesing/Ehlermann, a.a.O.

88) 독일 주식법 제18조 제1항 1문: Emmerich/Sonnenschein, Konzernrecht, 6. Aufl., 1997, S. 54 ff.

89) Emmerich/Sonnenschein, a.a.O., S. 56 f.

이러한 문제들은 콘체른법 뿐만 아니라 카르텔법에서도 마찬가지이다. 카르텔법에서 아직 해결되지 못한 많은 문제들이 바로 콘체른과 관련하여 발생한다. 이러한 문제들을 해결하기 위해서는 먼저 경제현실 속에서 활동하고 있는 콘체른들의 차이점들을 고려하여야 할 것이다.

(1) 개 관

유럽공동체법 제81조 제1항과 관련하여, 카르텔금지를 일정한 요건 아래에서 넓은 의미에서의 집중화과정(Konzentrationsvorgänge)[90]에 적용할 수 있는지의 문제가 먼저 제기된다. 그리고 이로부터 -企業結合統制令이 아니라- 제81조를 가지고 기업결합통제를 보충적으로 규율할 수 있는지의 여부도 문제된다. 이는 合作會社의 설립과 관련하여 생각해 볼 수 있다. 기업결합통제령은 集中的(konzentrativ) 합작 회사와 協同的(kooperativ) 합작회사를 구별하고, 후자의 설립을 유럽공동체법 제81조 제1항에서 규율하도록 하고 있다.[91]

우선 기업결합통제와 관련된 일반적 문제들을 제외시키고 나면, 크게 두 가지 문제가 남게 된다. 하나는 콘체른 行爲의 歸屬問題이고, 다른 하나는 콘체른 內部의 競爭制限의 許容問題이다.

유럽공동체 기관들은 수많은 사례에서 개별 콘체른사업자의 행위는 다른 콘체른사업자, 특히 母會社에 귀속된다고 보면서 콘체른을 경제적 단일체로 다루었다. 그래서 개별 콘체른사업자의 행위가 동법 제81조 제1항을 위반한 경우에, 그 다른 콘체른사업자에게도, 심지어는 그 다른 콘체른

---

90) 사업자집중(Unternehmenskonzentration)이란 이제까지 독립적이었던 사업자들이 결합을 통하여 새로운 경제적 단일체인 보다 큰 사업자를 형성하는 것을 말하며, 동시에 일정한 시장 또는 전체 국민경제에서 독립적인 사업자의 숫자가 감소하는 과정을 말한다(Emmerich/Sonnenschein, Konzernrecht, §1 Ⅲ 1).

91) Art. 3 Abs. 2 FKVO.

사업자에게만 책임을 물을 가능성이 있었다. 이는 개별 콘체른사업자의 주소지가 유럽공동체 역내에 있지 않은 경우에 특히 중요한 역할을 한다. 과징금을 부과하는 경우에도 이러한 방법으로 절차가 진행되었다.[92] 그 외에도 콘체른은 유럽공동체조약 제82조와 관련해서도 단일체로 간주될 수 있다. 그래서 어느 사업자가 시장지배적인 지위에 있는지를 조사함에 있어서, 다른 콘체른 구성원의 자금력, 매출액, 시장점유율 등도 함께 고려된다.[93] 또한 콘체른은 기업결합통제와 관련해서도 일정한 요건 하에서는 경쟁적 단일체(wettbewerbliche Einheit)로 다루어진다.

콘체른 내부의 경쟁제한 문제는, 어떻게 하면 콘체른에 속해 있는 사업자들간의 경쟁제한적 합의를 카르텔법 속으로 편입시킬 수 있는가하는 문제이다. 즉 이러한 경쟁제한적 합의에 대해서 유럽공동체법 제81조 제1항이 적용될 수 있는지, 아니면 일정한 콘체른 내부의 경쟁제한에 대해서는 동조를 적용할 수 없는지가 문제된다.

(2) 콘체른 내부의 경쟁제한

(가) 원칙: 유럽공동체법 제81조 제1항의 적용가능

어떤 사업자가 콘체른에 속해 있다는 사실은 그의 법적 독립성이라는 면이나 유럽공동체법 제81조 제1항의 의미에서 보아 그 사업자의

---

92) Z. B. EuGH 14. 7. 1972, Slg. 1972, 619, 665 f. „ICI“: 22. 1. 1974, Slg. 1974, 223, 255 ff. „ICI/Commercial Solvents“; KOMM., 24. 7. 1969, ABl. EG 1969 Nr. L 195/11, 15 = AWD 1969, 369 „Farbstoffe“; 14. 12. 1972, ABl. EG 1972 Nr. L 299/51, 56 f. „Zoja“: 25. 11. 1980, ABl. EG 1980 Nr. L 377/16, 26 „Johnson“.

93) insbesondere EuGH 22. 1. 1974, Slg. 1974, 223, 255 f. (Tz. 39 ff.) „ICI/Commercial Solvents“; 27. 4. 1994, Slg. 1994 I 1508, 1519 f. = EuZW 1994, 408 „Almelo“; KOMM., 14. 12. 1972, ABl. EG 1972 Nr. L 299/51, 54 „Zoja“; 17. 12. 1975, ABl. EG 1976 Nr. L 95/1, 11 „Chiquita“; 8. 12. 1977, ABl. EG 1978 Nr. L 22/23, 30 „Hugin“.

사업자성에 아무런 영향을 주지 못한다. 따라서 개별 콘체른사업자가
제3의 사업자와 동법 제81조 제1항을 위반하는 경쟁제한적인 합의를
할 수 있다는 것은 의문의 여지가 없다.[94] 그런데 동일한 콘체른에 속
해 있는 다수의 사업자들간에 경쟁제한적인 합의를 체결하는 사례가
있다. 예를 들면 같은 母會社에 속해 있는 서로 다른 두 개의 子會社
사이에서, 또는 모회사와 그에 속해 있는 하나 또는 그 이상의 자회사
사이에서 경쟁제한적 합의가 이루어지는 경우이다. 이 경우에 유럽공동
체법 제81조 제1항이 적용될 수 있다. 모든 참가자들은 동조의 의미에
서 법적 독립성을 지닌 사업자이고, 따라서 상호간에 합의를 할 수 있
기 때문이다.[95]

자회사들이 경쟁제한적 행위를 하도록 콘체른지도부(Konzernspitze)
의 지시를 받은 경우도 마찬가지이다. 왜냐하면 이러한 행위는 결국은
자회사들의 同調的 行爲일 것이기 때문이다(동법 제81조 제1항). 게다
가 이러한 경우에는 모회사의 지시까지 있었다. 그러나 모회사의 지시
가 국내 콘체른법에 의거하여 자회사를 구속하는 경우에는 문제가 될
수 있을 것이다(독일 주식법 제308조 제1항).[96]

(나) 예 외

그러나 콘체른 내부의 경쟁제한에 대해서 유럽공동체법 제81조 제1
항이 예외적으로 적용되지 않는 경우가 있다. 여기서는 두 개의 논점이

---

94) EuGH 12. 7. 1979, Slg. 1979, 2435, 2475 f. „BMW".
95) Groeben/Thiesing/Ehlermann, a.a.O. Rdnrn. 96 f.; Mestmäcker,
    Europäisches Wett-bewerbsrecht, 1974, §14 Ⅱ.
96) 동법 제85조의 적용가능성을 부정하는 입장으로는, KOMM., 30. 6.
    1970, ABl. EG 1970 Nr. L 147/24 „Kodak"; dazu Emmerich, Die
    Auslegung von Art. 85 Abs. 1 EWG-Vertrag durch bisherige Praxis
    der Kommission, EuR 1971, 295, 310 f.

중요하다. 하나는, 모회사와 자회사가 동법 제81조 제1항의 "합의"를 맺고 있으면서 자회사가 자치력(Autonomie)을 상실하고 있는 경우이고, 다른 하나는 참가한 콘체른구성원간에 경쟁관계가 존재하지 않아서 그 결과 콘체른 내부의 합의를 가지고는 동법 제81조 제1항에서 규율하고 있는 경쟁제한이 불가능한 경우이다.

이 중에서 특히 두 번째 논점이 더 중요하다. 사업자간에 법적 또는 사실적인 이유로 인해 동법 제81조 제1항의 의미에서 제한될 수 있는 경쟁이 더 이상 존재하지 않는다면, 논리적으로 보아 더 이상 카르텔금지의 적용문제가 일어날 여지가 없다.

유럽공동체 기관들도 통상 이와 동일한 입장을 취하고 있다. 그래서 관련 사업자들이 경쟁법적 관점에서 경제적 단일체이고 따라서 경쟁이 존재하고 있지 않는 한, 콘체른 내부의 경쟁제한은 통상적으로 허용된다. 자회사의 "自治力" 없음도 자주 보충적으로 고려된디. 여기에 합의된 경쟁제한이 오로지 콘체른 내부의 사업조정(Aufgabenverteilung)을 위한 경우에만, 콘체른 내부의 경쟁제한에 있어서 동조가 적용되지 않을 수 있다는 점이 부가되기도 한다.[97] 유럽공동체 위원회는 이로부터 하나의 결론을 도출해 냈다.[98] 즉 동위원회는 콘체른과 관련된 사례에서는 구체적인 사정에 따라

---

97) Z. B. EuGH 11. 4. 1989 Slg. 1989, 838, 848 f. = NJW 1989, 2192 „Flugtarife"; 24. 10. 1996 EuZW 1997, 84 = JuS 1997, 376 „Viho/Parker"; 12. 1. 1995, Slg. 1995 Ⅱ 17, 33 ff. = EuZW 1995, 583, 586 f. „Viho Europe"; BGHZ 81, 282, 288 ff. =NJW 1982, 1221 „Gema"; 21. 12. 1988, ABl. EG 1989 Nr. L 74/1, 14 „PVC/CDPE" und L 74/21, 35 ff. „LDPE"; 22. 6. 1993, ABl. EG 1993 Nr. L 272/28, 39, 45 „Zera/Montedison"; 29. 3. 1994, ABl. EG 1994 Nr. L 104/34, 38 „HOV-SVZ/MCN"; Gleiss/Hirsch, a.a.O., Art. 85 Rdnrn. 191 ff.; Groeben/Thiesing/Ehlermann, a.a.O. Rdnrn. 99 f; Mestmäcker, a.a.O., §30 Ⅲ.

98) KOMM., 13. 7. 1994, ABl. EG 1994 Nr. L 343/1, 45 Tz. 140

서 그룹전체, 중간지주회사(Zwischenholdings), 부분콘체른(Teilkonzern),
모회사 또는 개별 자회사를 사업자로 볼 수 있다고 했다.[99]

(다) 경제적 단일체

유럽공동체 기관들의 실무에 따르면, 콘체른 내부의 경쟁제한이 유럽
공동체법으로부터 적용제외되기 위해서는 콘체른사업자들의 연합이 경
제적 단일체를 이루고 있어야 한다고 한다. 이는 독일 주식법 제18조
제1항의 의미의 콘체른을 뜻한다. 문제된 콘체른이 여기에 해당하는지
여부는 구체적인 경우마다 평가해 보아야 할 것이다. 통상적으로 위원
회는 자회사가 모회사에 반해서 자치적인 결정권을 행사할 수 있는지,
즉 독립적으로 경쟁활동을 할 수 있는지의 여부를 고려한다.[100] 이는
우선 모회사의 자회사에 대한 參加 정도 및 인적 관계 또는 기업계약
(Unternehmensverträge)의 체결과 같은 보충적인 사정에 기초하여 평
가된다. 최근에는 자회사에 대한 모회사의 指示權(Weisungsrecht)의 존
재여부가 판단에 있어서 결정적인 역할을 한다고 보고 있다.[101]

하지만 경쟁제한적 합의에 참가한 사업자들의 단순한 資本結合은 경
제적 단일체로 보지 않는다. 자본결합만을 통해서는 콘체른이 형성되지
않기 때문이다.[102] 또한 합작회사에 속하는 독립 사업자들의 공동업무

„Karton".

99) Vgl. EuG 12. 1. 1995, Slg. 1995 Ⅱ 17, 35 = EuZW 1995, 583 =
DB 1995, 313, 314 (Tz. 50) „Viho Europe".

100) KOMM., 27. 7. 1994, ABl. EG 1994 Nr. L 239/19, 29 (Tz. 44-46)
„PVC".

101) Groeben/Thiesing/Ehlermann, a.a.O. Rdnr. 98.

102) KOMM., 2. 8. 1989, ABl. EG 1989 Nr. L 260/1, 37 Tz. 178
„Betonstahlmatten"; EuG 6. 4. 1995, Slg. 1995 Ⅱ 791, 841 f., 129, 131
„Trefileurope"; 6. 4. 1995, Slg. 1995 Ⅱ 991, 1034 f. Tz. 107
„Betonstahlgewebe".

도 경제적 단일체로 인정받기에는 충분하지 못하다.[103] 그러나 수평적 콘체른은 유럽공동체법 제81조 제1항의 규율을 받을 것이다. 수평적 콘체른과 카르텔은 그 한계가 애매하기 때문에, 그 사이에서 분류하기 어려운 수많은 혼합형태들이 나타나고 있다.

사실상 콘체른(der faktische Konzern)의 경우에는 사정이 다르다. 독일 콘체른법상 오직 계약상 콘체른만이 종속회사에 대해 구속력을 가지는 진정한 의미의 지시권을 알고 있기 때문이다(주식법 제291조 제1항, 제308조 제1항). 그렇다고 사실상 콘체른에 있어서는 일반적으로 콘체른 내부의 경쟁제한에 대한 제외가 허용될 여지가 없을 것이라고 속단해서는 안된다. 오히려 문제된 사실상 콘체른이 허용되는지 아니면 금지되는지의 여부는 적어도 계약상 콘체른과 동등한 입장에서 보아야 한다. 이에 반하여 지배적인 사업자가 -지시권을 가지고 있음에도 불구하고- 계약에 의해서 제한가능한 경쟁을 허용하고 있다면, 동법 제81조 제1항이 적용될 수 있다.[104]

(라) 콘체른 내부의 사업조정(Aufgabenverteilung)

문제된 경쟁제한적 합의가 유럽공동체 카르텔법 제81조 제1항의 적용에서 제외되기 위해서는, 그러한 합의를 통하여 콘체른 내부의 事業調整에 기여하여야 한다는 추가적인 요건이 필요한지가 다투어지고 있다.[105] 이에 대해 유럽공동체기관들은 이러한 사업조정를 통해 콘체른 내부의 경

---

103) KOMM., 16. 1. 1991, ABl. EG 1991 Nr. L 28/32, 40 „IJC".
104) Groeben/Thiesing/Ehlermann, a.a.O. Rdnr. 91; Mestmäcker, a.a.O., §14 Ⅱ 2; anders z. B. Gleiss/Hirsch, a.a.O., Art. 85 Rdnrn. 196 f.
105) 이러한 징표의 필요성을 인정하는 입장으로는, Groeben/Thiesing/ Ehlermann, a.a.O. Rdnr. 99; 반대하는 입장으로는, Hailbronner/Klein/ Müller-Graff/Magiera, a.a.O., Art. 85 Rdnr. 73; Gleiss/Hirsch, a.a.O., Art. 85 Rdnrn. 199 f.

쟁이 제한됨으로써, 제3자에게 영향을 끼치거나 공동체 시장이 인위적으로 여러 개의 시장으로 나누어지는 것을 막고자 했다.106) 이러한 이유로 유럽공동체기관들은 동법 제81조 제1항을 특히 콘체른과 관련된 條件合意나 條件勸獎(Konditionenvereinbarung oder-empfehlung),107) 및 국내 시장들에 인위적인 장벽을 치기 위한 모회사와 자회사 사이의 협정에108) 적용하고 있다. 예를 들면 모회사가 서로 다른 공동체 회원국에서 활동하고 있는 각각의 자회사들에게 독점적인 라이센스계약을 인정하는 사례는 후자에 해당한다. 위의 사례들에서 경쟁제한이 이미 존재하고 있다는 것을 인정함으로써 동법 제81조 제1항의 적용은 정당화되기 때문에, 결국 콘체른 내부의 사업조정라는 추가적인 요건징표는 실제로는 불필요하다고 본다.

(3) 행위의 귀속

콘체른과 관련된 수많은 판결과 결정들에서 유럽공동체법원과 위원회는 일정한 요건아래에서는 유럽공동체법상 경쟁조항들을 위반한 콘체른 사업자의 행위를 다른 콘체른 사업자에게 귀속시킬 수 있다고 판단했다. 모회사의 주소지가 유럽공동체 밖에 있는 경우에, 이는 특히 의미가 있다. 이러한 경우에 공동체 내에 주소지를 두고 있는 자회사에 대하여 카르텔슈(VO Nr. 17)109)을 근거로하여 금지나 과징금을 부과할 수 있다. 거꾸로 모회사가 경쟁조항들을 위반한 자회사의 위반행위에 대하여 책임을 지는 경우에도 마찬가지이다.110)

---

106) Reich, Verbraucherschutzrecht, Tz. 74 ; Groeben/Thiesing/Ehlermann, a.a.O. Rdnr. 99.
107) KOMM., 30. 6. 1970, ABl. EG 1970 Nr. L 147/24, 25 „Kodak".
108) Mestmäcker §30 Ⅲ (S. 408 ff.).
109) Erste Durchführungsverordnung zu den Artikeln 85 und 86 des EWG-Vertrags (Kartellverordnung).

오늘날 통상적으로 유럽공동체 위원회는 자신의 決定文(Entscheidung)을 모회사나 지주회사에게 발송한다.111) 그러나 경우에 따라서는 중간지주회사나 또는 문제된 부문의 콘체른 구성원을 조정하는 책임을 지고 있는 다른 콘체른사업자에게 발송하기도 한다.112) 결과적으로 이러한 사례들에서는 경쟁조항들과 관련해서는 콘체른을 단일한 사업자와 마찬가지로 다루고 있는 것이다.

콘체른에 있어서 경쟁조항 위반행위에 대한 책임을 귀속시키기 위한 요건으로서, 결합되어 있는 사업자들이 經濟的 單一體를 구성하고 있을 것이 요구된다. 이는 자회사들의 행위가 자치적으로 결정되는 것이 아니라 모회사의 지시에 종속되어 있을 것을 의미한다.113) 그렇다고 모든 경우에 모회사가 100% 개입하고 있을 것을 필요로 하지는 않는다. 結合事業者(die verbundene Unternehmen)들 사이에 인적 관련이 있는 경우와 같은 사정이 추가되는 한, 경우에 따라서는 과반수의 참가로도 충분하다.114) 그리고 모회사의 指示權은 어떠한 형태로든 존재하고 있

---

110) EuGH 14. 7. 1972, Slg. 1972, 619, 665 (Tz. 632 ff.) „ICI“: 21. 3. 1973, 215, 242 „Continental Can“: 25. 10. 1983, Slg. 1983, 3151, 3199 f. = NJW 1984, 1281 „AEG“: EuG 10. 3. 1992, Slg. 1992 Ⅱ 757, 884 ff. „Shell“: 1. 4. 1993, Slg. 1993 Ⅱ 389, 440 f. „BPB“: 14. 7. 1994, Slg. 1994 Ⅱ 549, 569 (Tz. 57) = EuZW 1994, 666, 670 „Parker Pen“: KOMM., 6. 8. 1984, ABl. EG 1984 Nr. L 220/27, 41 „Zink Producer Group“: 21. 12. 1988, ABl. EG 1989 Nr. L 74/1, 14 „PVC/CDPE“ und 21, 35 ff. „LDPE“: Groeben/Thiesing/Ehlermann, a.a.O., 2. Vorbem. zu Art. 85-89 Rdnr. 15: Gleiss/Hirsch, a.a.O., Art. 85 Rdnrn. 57 f.

111) KOMM., 27. 7. 1994, ABl. EG Nr. L 239/14, 29 (Tz. 44) „PVC“.

112) KOMM., (vorige Fn.), Tz. 46 für den Shell-Konzern.

113) Insbes. EuGH 14. 7. 1972, Slg. 1972, 619, 665 „ICI“: 14. 7. 1972, Slg. 1972, 787, 838 „Geigy“: 14. 7. 1972, Slg. 1972, 846 „Sandoz“: 21. 3. 1973, Slg. 1973, 215, 242 „Continental Can“: EuG 1. 4. 1993, Slg. 1993 Ⅱ 389, 440 f. „BPB“: 14. 7. 1994, Slg. 1994 Ⅱ 549, 569 (Tz. 57) = EuZW 1994, 666, 670 „Parker Pen“.

152

기만 하면 그로써 충분하다.115)

IV. 기업결합통제령상 사업자 개념

1. 기업결합의 의미

企業結合이라는 개념은 競爭的 構造統制의 중심요소이다. 기업결합통제령은 전체 기업결합을 실질적으로 통제하는데 이바지하기 때문에, 유럽공동체 내에서 기업결합통제령이 경쟁구조에 관해 미치는 영향력은 대단하다. 이것이 행위규제를 하는 유럽공동체조약 제81조 및 제82조와의 차이점이다. 경쟁구조는 시장참가자의 수를 통해 결정된다고 해도 과언이 아니다. 사업자들 사이의 관계변화는 시장참가자의 수에 영향을 미친다. 그래서 기업결합이라는 개념은 관련사업자들의 구조를 지속적으로 변화시키는 행위라고 이해된다.

기업결합에 관한 정의규정인 기업결합통제령 제3조 제1항은 둘 또는 그이상의 서로 독립적이었던 기업들간의 합병을 통한 기업결합(a호), 또는 기업 또는 그 일부에 관한 직·간접적 통제를 통한 기업결합(b호)을 정의하고 있다. 統制란 사업자의 활동에 일정한 영향력을 행사할 수 있어야 가능하다(동조 제3항). 따라서 合作會社의 설립도 당연히 규율된다. 독립적인 경제적 단일체로서 기능하고 참가자들의 경쟁행위를 조정하지 않는 합작회사의 설립은 기업결합으로 간주된다. 다른 형태의 합작회사는 協同的 합작회사로서 간주되며, 유럽공동체조약 제81조에 의해 규율된다. 기업결

114) Vgl. KOMM., 14. 12. 1972, ABl. EG 1972 Nr. L 299/51, 54 „Zoja".
115) Vgl. KOMM., 24. 7. 1969, ABl. EG 1969 Nr. L 195/11, 13 = AWD 1969, 369 „Farbstoffe".

합개념에 관한 告示(Bekanntmachungen zum Zusammenschlußbegriff) 와[116] 합작회사에 관한 고시(Bekanntmachungen zu Gemeinschaftsunternehmen)를[117] 통해서 유럽공동체 위원회는 이에 대한 해석원칙을 밝히고 있다.

기업결합개념은 기업결합통제령의 적용을 위한 토대가 된다. 동령 제1조(적용범위) 제1항에 따르면 기업결합통제령은 공동체시장에서 의미있는 모든 기업결합에 적용된다. 동령 제22조(기업결합통제령의 적용) 제1항은 유럽공동체조약과의 관계를 규정하고 있다. 이에 따르면 동령 제3조(기업결합의 정의)의 의미의 모든 기업결합에 대해서는 오로지 기업결합통제령만이 적용된다. 그리고 역내시장에서 의미있는 기업결합이 문제되는 경우에만 기업결합통제령에 따라 판단할 수 있다. 동령 제22조 제2항은 유럽공동체 카르텔법(제81조, 제82조)의 적용가능성을 역내시장에서 중요하지 않은 기업결합으로 한정하고 있다. 이와 함께 유럽공동체 카르텔법의 집행에 관한 절차법적 수단들, 특히 카르텔령(VO Nr. 17)을 기업결합에 대해서는 적용하지 않는다.

역내시장에서 의미있는 기업결합에 대해서는 오로지 기업결합통제령만이 적용되기 때문에, 이 한도내에서는 회원국의 국내카르텔법이 적용되지 못한다(동령 제21조 제2항). 따라서 합작회사를 포함한 기업결합개념은 국내법의 적용범위에 있어서도 역시 중요하다. 그러나 여기에도 예외는 있다. 기업결합통제령 제9조에 따라서 회원국 주무관청의 지시가 있는 경우 또는 동령 제21조 제3항에 따라 "정당한 이익"을 행사하는 경우가 이에 해당한다.

---

116) ABl. Nr. C 385 v. 31. 12. 1994.
117) ABl. Nr. C 385 v. 31. 12. 1994.

2. 기업결합통제령상 사업자 개념

유럽공동체 카르텔법에서와 마찬가지로 기업결합통제령의 적용에 있어서도 사업자 개념은 중요한 의미를 갖는다. 오로지 사업자만이 기업결합의 당사자일 수 있기 때문이다. 유럽공동체법원의 판례에 따르면 유럽공동체 카르텔법상 사업자 개념은 經濟活動을 하는 모든 단일체를 말하며, 그 법적 형태나 자금조달 방법은 문제삼지 않는다.[118] 기업결합개념과 마찬가지로 사업자 개념을 이렇게 포괄적이고 기능적으로 해석하는 것은 개별 회원국마다 서로 다른 다양한 법적 형태에 관계없이 기업결합통제와 관련된 권한을 행사하려는 공동체법적 요청에 따른 것이다. 이러한 사업자 개념은 원칙적으로 기업결합통제령 제3조에 대해서도 유효하다.[119] 그래서 유럽공동체조약 제81조 제1항에 관한 해석들이 이 경우에도 이용될 수 있다.

또한 이미 인용한 유럽공동체법원의 Eurocontrol 판결에서는 公共事業者도 당연히 사업자로 간주된다고 판시하고 있다. 사업자들간의 결합에 관한 통제를 하면서 민간부문과 공공부문간을 구별할 이유가 없기 때문이다. 특히 기업결합에 있어서는 사업자인지의 여부를 판단하는 경우에 경제적 독립성을 필요로 하지 않는다는 점이 중요하다. 따라서 콘체른의 구성사업자들도 독립된 사업자로서 간주된다.

기업결합통제의 목적에 비추어서 사업자 개념은 적어도 하나의 기업을 이미 통제하고 있는 1 또는 그 이상의 人(Person)을 포함한다(기업결합통제령 제3조 제1항 b호). 이들도 역시 사업자적으로 활동하기 때문이다.

---

118) EuGH v. 19. 1. 1994 = EuZW 1994, 248 Tz. 18 „Eurocontrol".
119) Immenga/Mestmäcker, a.a.O., S. 918: Karl, Der Zusammenschlußbegriff in der europäischen Fusionskontrollverordnung, 1996, S. 87.

Ⅴ. 유럽공동체조약 제86조상 사업자 개념

1. 서 설

회원국들은 公共部門에 있어서 여러 가지 형태의 서비스를 제공하고 있다. 公共事業者와 私的 事業者에 관한 회원국들의 권한은, 회원국의 소유제도에 관해서는 동조약이 개입해서는 안된다는 유럽공동체조약 제222조(소유제도)를 통해서 보장되고 있다. 그러나 회원국이 다른 사적 사업자들보다도 공공사업자를 우대한다면 회원국의 국내시장에서 경쟁을 심각하게 해칠 것이고, 이는 회원국들간의 상거래에도 영향을 끼칠 것이라는 점은 분명하다.[120] 이러한 이유로 유럽공동체법은 특히 회원국에 대한 유럽공동체 카르텔법의 적용을 위한 제86조를 두고 있다. 동조는 경쟁규범에 대해서만 적용되는 것이 아니라, 유럽공동체조약상의 회원국의 의무조항들과 관련해서도 적용된다. 그렇지만 동조는 제81조와 제82조를 포함한 경쟁규범과의 관계 속에서 보다 중요한 의미를 가지며, 그 중요성은 점점 더 커지고 있다.

동조는 3개의 조항으로 이루어져 있는데, 그 중 제1항에서는 "회원국은 公共事業者 및 특별하거나 독점적인 권리를 부여받은 事業者에 대해서, 동조약 특히 제12조와 제81조 내지 제89조에 위배되는 조치를 집행하거나 이를 유지해서는 아니된다"고 하는 포괄적인 기본원칙을 밝히고 있다. 제2항에서는 前項에서 정한 기본원칙에 대해서 비교적 좁은 適用除外를 규정하고 있다. 여기서 유럽공동체 카르텔법 제86의 수범자인 '公共事業者'와 '국가로부터 特別하거나 獨占的인 權利를 부여받은 事業者'의 구체적 의미가 문제된다.

---

120) Goyder, a.a.O., S. 531.

156

2. 공공사업자

유럽공동체 카르텔법 제86조의 사업자의 개념에 관해서는 견해가 나
뉜다. 먼저 동조약 제86조상 사업자는 公法上의 行爲類型을 의미하는
것이며, 따라서 동조와 관련해서는 독자적인 사업자 개념을 인정해야
한다는 견해가 있다.[121] 반면에 유럽공동체조약 제86조상의 사업자 개
념도 제81조와 제82조상의 그것과 일치한다는 견해가 있다.[122] 이제까
지 살펴본 바와 같이 사업자 개념은 유럽공동체 카르텔법에 있어서는
전반적으로 인정되는 일반적인 개념이라는 이유로 대체로 후자의 입장
에 찬동하고 있다.

유럽공동체 위원회의 지침에 따르면,[123] 동조약 제86조의 공공사업
자라 함은 공공기관이 자신의 所有權을 행사하거나, 持分參加를 하거나
또는 法律에 의하여 직·간접적으로 지배적인 영향력을 끼칠 수 있는
사업자를 뜻하는 매우 포괄적인 개념이다.

이와 같이 일반화 되어있는 동조약 제86조상 사업자 개념은 유럽공
동체 법원에 의해 구체화되었다. 동법원은 Höfner 판결에서 聯邦勞動廳
(Bundesanstalt für Arbeit)을 사업자로 보았다.[124] 국가가 행정을 통해
산업적 또는 상업적 성격을 가진 경제활동을 함으로써 재화나 용역을

---

121) Schindler, Commom Market Law Review, 1970, 57, 59 ff.에서 공법
    상의 행동양식을 유럽공동체 카르텔법에서 규정해 놓았고, 동조와 관
    련하여 독자적인 사업자개념을 인정하고 있기 때문에, 제90조의 의의
    가 있다고 밝히고 있다.
122) Immenga/Mestmäcker, a.a.O., S. 1539.
123) Article 2 of Commission Drectives 80/723 of 25 June 1980 on
    'transparency of relationships'.
124) EuGH 23. 4. 1991, Slg. 1991 I 1979, 2016 „Höfner": dazu Ehricke,
    Staatliches Arbeitvermittlungsmonopol und Gemeischaftsrecht, WuW
    1991, 970, 973 f.; Eichenhofer, Das Arbeitvermittlungsmonopol des
    Bundesanstalt für Arbeit und das EG-Recht, NJW 1991, 2857, 2859.

시장에서 수요하거나 공급하는 경우에는, 공공행정에 속하는 부문이라
도 공공사업자의 개념에 해당되기 때문이다. 국가를 사업자의 본래 權
利主體(Rechtsträger)와 법적으로 구별할 필요도 없다. 그러나 경제적
으로 활동하는 단일체는 전제조건으로서 法的 獨立性이 있어야 한다고
주장하는 견해도 있다.125) 이 견해에 따르면 公共行政으로서 행하는 경
제활동 중에서 법적으로 독립적이지 않은 부분은 유럽공동체조약 제86
조상의 사업자에 해당하지 않는다. 그러나 통설은 機能的 事業者槪念에
찬동하여 오로지 경제활동만을 중요한 판단기준으로 삼고 있다.126) 단
일체(Einheit)에 관한 국내법상의 법적 속성으로 공동체법상의 사업자
개념을 결정해 서는 안되기 때문에,127) 법적 독립성이 없는 국가행정부
문도 동조약 제86조상 사업자가 될 수 있다.128) 이밖에 공공사업자가
되기 위한 부수적인 자격요건으로는 경제활동의 유형과 방법이 아니라
사업자적 의사형성에 국가가 개입하고 있는지가 고려되고 있다.

3. 특별하거나 독점적인 권리를 가진 사업자

유럽공동체조약 제86조의 또 하나의 수범자는 회원국으로부터 특별
하거나 독점적인 권리를 부여받은 사업자이다. 여기서 特別하거나 獨占
的인 權利(이른바 特別權)란 무엇인지가 문제된다. 독점적 권리는 경쟁
으로부터 제외되는 사업자가 경제활동영역에서 활동하는 경우에, 그리

---

125) Rottmann, Zum rechtlichen Rahmen für einen europäischen
    Binnenmarkt im Post-und Fernmeldewesen, Archiv für Post und
    Telekommunikation, 1989, S. 1, 6.
126) Immenga/Mestmäcker, a.a.O., S. 1540.
127) EuGH 30. 1. 1985, Slg. 1985, 391, 423 Tz. 17 „BNIC".
128) EuGH 16. 6. 1987, Slg. 1987, 2599, 2662 Tz. 11 „Transparenz-
    Richtlinie Ⅱ".

고 특별한 권리는 다수의 사업자들이 현실의 또는 잠재적 경쟁자들과 관련하여 특권을 받거나 고권적 권한을 양수함으로써 우대를 받는 경우에 문제된다. 이러한 특별하거나 독점적인 권리는 회원국들이 경제행정법을 통해 공법이나 사법에 근거해서 조직된 어떠한 사업자에게 경쟁으로부터 자유로울 수 있는 지위를 인정해 주는 중요한 수단이다.

유럽공동체위원회는 通信器機에 관한 指針129) 및 通信서비스에 관한 指針에서130) 독점적 권리에 관해 정의를 내리고 있다. 이에 따르면 獨占的 權利라 함은 회원국 또는 1이나 그 이상의 공법상 또는 사법상 담당기관에 의해 법률상 또는 행정상 방법으로 인정되는 권리이며, 그리고 이 권리에는 서비스의 제공 또는 일정한 활동이 유보되어 있다. 독점적 권리가 개별 사업자에게 속해 있는 경우에만 독점적 권리가 존재하는 것으로 보며, 이렇게 독점적 권리를 수여 받은 사업자에게 특정한 경제활동이 법률상 수단에 의해 유보된다.

유럽공동체위원회는 위의 지침들에서 '특별하거나 독점적인 권리'를 하나의 단일한 개념으로 보았다. 그러나 후에 유럽공동체법원은 이유 없이 특별한 권리를 독점적 권리와 동일하게 취급한 점에 한해서는 이 지침들은 무효라고 판시했다.131) 이 판결에 따라 동위원회는 1994년 10월 13일의 지침(제94/46호)132)의 통신산업에 관한 제4장 이하에서 특별한 권리에 관해 설명하고 있다. 이에 따르면 特別한 權利라 함은 회

---

129) Richtlinie Telekommunikationsendgeräte vom 16. 5. 1988 (ABl. EG 1990 Nr. L 131/73).
130) Richtlinie über Telekommunikationsdienste vom 28. 6. 1990 (ABl. EG 1990 Nr. L 192/10).
131) EuGH 19. 3. 1991, Slg. 1991 I 1223, 1267 (Tz. 31 ff.) „Telekommunikation-End-geräte": 17. 11. 1992, Slg. 1992 I 5833, 5867 (Tz. 31) „Telekommunikationsdienste".
132) ABl. EG 1994 Nr. L 268/15.

원국이 일정한 영역에서 정해진 수의 사업자에게 법률규정이나 행정지침을 통하여 특혜적으로 부여하는 권리를 말한다. 이러한 '특별권을 가진 사업자' 조항은 특히 독점적 권리가 배제되어 있기는 하지만, 경쟁자의 시장참가가 제한적으로 허용되는 경제영역에서 중요한 의미를 갖는다.

Ⅵ. 정 리

유럽공동체조약은 법문화 법체계 등이 상이한 여러 회원국들간의 규범이며 독자적인 동조약의 목적과 취지가 있기 때문에 국내법과는 여러 가지 면에서 차이가 난다. 이 점은 유럽공동체 카르텔법에 있어서도 마찬가지로 적용된다.

유럽공동체 기관들은 사인의 개인적 소비 및 회원국과 유럽공동체의 고권적 행위를 유럽공동체 카르텔법으로 배제시키기 위해서 사업자 개념을 기능적으로 이해하고 있다. 그리고 유럽공동체 법원은 법적 형태나 자금조달방법과는 상관없이 경제적으로 활동하는 모든 단일체를 유럽공동체조약 제81조와 제82조의 사업자로 간주한다. 실무상으로는 절차법적 관점에서 법인격을 가진 권리주체만이 사업자로 고려된다. 또한 사업자단체와 사업자단체의 연합체도 동법의 규율을 받는다.

유럽공동체 기관들은 콘체른을 하나의 經濟的 單一體로 다루었다. 따라서 개별 콘체른사업자가 법위반행위를 한 경우, 다른 콘체른사업자와 함께 또는 동일한 콘체른에 속해 있는 다른 콘체른사업자에 대해서만 책임을 물을 수 있었다. 이로써 법위반행위를 한 개별 콘체른사업자가 유럽공동체 역내에 있지 않은 경우에도 책임을 부과할 수 있다. 또한 콘체른 구성사업자들간의 경쟁제한행위에 대해서도 원칙적으로 동법 제81를 적용할 수 있다. 그러나 모회사와 자회사가 동법 제81조 제1항의 "合意"를 맺고 있으면서 자회사가 自治力을 상실하고 있는 경우와 경쟁제한에 참가한 콘체른 구성사업자들간에 경쟁관계가 존재하지 않는 경우에는 예외적으로 동법 제81조 제1항이 적용되지 않는다. 유럽공동체 위원회는 콘체른과 관련된 사례들에서 구체적인 사정에 따라서 母會社, 그룹전체, 부분 콘체른 또는 개별 자회사들을 각각 사업자로 보고 있다.

企業結合統制令의 사업자 개념도 역시 유럽공동체 카르텔법 제81조 및 제82조에서의 논의와 마찬가지로 사업자 개념을 포괄적이고 폭넓게 이해한다. 특히 기업결합에 있어서 사업자성을 판단하는 경우에는 경제적 독립성을 요하지 않는다는 점이 중요하다. 또한 동법 제86조의 공공사업자 또는 특별하거나 독점적인 권리를 가진 사업자라고 하는 경우의 사업자도 역시 유럽공동체 카르텔법 제81조 및 제82조상 사업자 개념과 마찬가지이다. 결국 유럽공동체 카르텔법에 있어서 사업자 개념은 통상 기능적으로 넓게 이해되고 있지만, 개별적인 경우에 구체적으로 사업자성이 판단되어야 할 것이다.

제2절 미국 반트러스트법의 적용범위

I. 서 설

한국, 독일, 일본의 카르텔법에서는 법문에서 事業者(Unternehmen)를 수범자로 삼고 있기 때문에, 人的 適用範圍와 관련하여 사업자의 개념이 문제된다. 그러나 미국의 연방 반트러스트법은 수범자가 사업자가 아닌 者(person)로 규정하고 있다. 者라고 함은 미국의 법률, 準州의 법

률, 州法 또는 외국의 법률에 근거하여 설립되거나 인가된 法人 및 團
體를 포함하는 개념이다(셔먼법 제8조, 클레이튼법 제1조). 따라서 반
트러스트법은 사업자인 아닌지 여부를 불문하고 원칙적으로 모든 행위
주체에 대하여 적용된다. 그리고 동법의 적용을 제외해야 할 필요가 있
는 경우에는 이를 동법의 규정이나 다른 법률에서 따로 규정하고 있다.
적용범위의 측면에서 우리 독점규제법과 미국의 반트러스트법은 서로
다른 법체계를 가지고 있는 것이다.[133)]

우리 독점규제법은 事業者의 일정한 행위를 금지하는 형식을 취하고
있는 반면에, 반트러스트법은 시장에서 경쟁을 제한하는 商去來
(commerce)를 금지하는 형식을 취하고 있다. 따라서 후자에서는 商去
來槪念이 마치 사업자 개념과 같이, 반트러스트법의 적용 여부를 정해
주는 역할을 한다. 셔먼법은 '각 州들 사이나 外國과의 通常이나 商去
來' 활동에 적용되며, 로빈슨 패트만법(클레이튼법 제2조)은 '商去來'
활동에 적용된다. 그리고 연방거래위원회법은 예전에는 '상거래상' 활동
에 적용되는 것으로 한정되었었지만, 1975년의 개정으로 '商去來上 또
는 이에 영향을 미치는' 활동에 적용되고 있다. 결국 미국에서는 person
의 개념을 통해서가 아니라 상거래(commerce) 개념을 통해서 반트러
스트법의 적용범위를 정하고 있음을 알 수 있다. 따라서 상거래의 의미
와 범위를 살펴 볼 필요가 있다.

---

133) 통상 반트러스트법의 適用範圍(coverage)와 관련해서는 주로 管轄權
    (jurisdiction), 聯邦法과 州法의 관계(preemption) 그리고 適用除外
    (exemption)가 다루어지고 있다(Areeda/Kaplow, Antitrust Analysis,
    4th ed., 1988, pp. 122; Hovenkamp, Federal Antitrust Policy, 1994,
    pp. 670; L. Sullivan, Handbook of the Law of Antitrust, 1977,
    pp.708; E. Sullivan/J. Harrison, Understanding Antitrust and Its
    Economic Implications, 2nd ed., 1994, pp. 35; Posner/Easterbrook,
    Antitrust, 2. ed., 1981, pp. 35, 990.).

Ⅱ. 상거래 개념

1. 개념형성의 전개과정

(1) 개념의 형성

19세기 말에서 20세기 초에 걸쳐 연방최고법원은 두 가지 점에서 상거래를 오늘날보다도 더 좁게 해석했었다. 그 첫째는 그 당시 법원이 헌법상의 상거래조항(the Commerce Clause)을 언급하는 경우에, 재화가 어떤 주에서 다른 주로 넘어가는 경우에만 商去來라는 용어를 사용했다는 점이다. 둘째로 법원은 오늘날에는 분명히 상거래라고 간주되는 사례들을 그 당시에는 상거래가 아니라고 판시했다. 즉 E. C. Knight 사건에서 법원은 製造業과 상거래는 서로 구별되며 셔먼법은 오로지 後者만을 규율한다고 판시했다.[134] 또한 Thomas 판사는 Lopez 사건에서 헌법상 상거래라는 용어는 역사적으로 販賣, 購買, 交換 및 이를 위한 運送을 의미하는 것이라고 했다.[135] 따라서 제조업을 포함해서 명확히 거래의 일종이라고 할 수 없는 행위는 상거래에서 제외되었다. 이러한 견해 하에서는 반트러스트법의 적용범위가 오늘날에 비해서 훨씬 좁았을 것이라는 것은 당연하다.[136]

한편 Federal Baseball Club 판결에서 Holmes 판사는 프로스포츠와

---

134) United States v. E. C. Knight Co., 156 U.S. 1, 15 S.Ct. 249, 39 L.Ed. 325 (1895).
135) United States v. Lopez, 115S. Ct. 1624, 1643 (1995).
136) 그러나 헌법의 입법자는 상거래라는 개념을 제조업 뿐만 아니라 通商(trade)을 비롯한 다른 활동들까지도 포함하는 보다 넓은 개념으로 보았다는 유력한 견해도 있다(Hovenkamp, Judacial Restrain and Constitutional Federalism: The Supreme Court's Lopez and Seminole Tribe Decisions, 96 Colum. L. Rev. 2213 (1996)).

관련된 자들을 판단하기란 어렵다고 전제하면서, 프로야구는 상거래가
될 수 없다는 결론을 내렸다.[137] 프로야구는 통상 다른 주에 속해 있는
팀들간에 경기가 이루어지기 때문에 州間(interstate)이라는 요건징표는
충족시키기는 하지만, 리그가 경기관전을 위해서 관중의 州間移動을 야
기시킨다는 사실이 거래의 속성을 변화시킬 정도로 충분하지는 않다고
판시했다. 이러한 관중들의 이동은 경기관전을 위해 부수적으로 일어나
는 것으로 보았기 때문이다.

요컨대, 이 당시에는 상거래조항의 특성은 두 개의 용어로 되어 있는
州間 商去來(interstate commerce)라는 요건이 충족되어야 한다고 일반
적으로 이해되고 있다. 그래서 州間이라는 요건을 충족시키지 못해서
셔먼법을 적용할 수 없었던 사건들도 있었고, 商去來라는 요건이 충족
되지 않아서 동법을 적용할 수 없었던 사건들도 있었다. 셔먼법상 법문
에서 볼 수 있는 상거래 개념은 이와 같은 의미로 이해되었다.

(2) 개념의 정립

오늘날에는 상거래라는 개념을 E. C. Knight나 Federal Baseball
Club 판례에서 보다 더 넓게 보고 있다. 그래서 행위자가 經濟的 利潤
을 얻기 위해 참가하는 거의 모든 활동, 제조업, 구매와 판매를 포함한
그밖의 생산활동 및 프로운동선수의 개인의 노력까지도 포괄하는 것으
로 보고 있다.[138]

그렇다고 상거래개념이 모든 활동을 다 포함하는 것은 아니다. 반트
러스트법은 명시적으로 관할권을 한정하는 규정을 두고 있다. 셔먼법 제
1조는 州間 또는 外國과의 通商이나 商去來를 제한하는 契約, 合意 또는
共謀만을 규율하고 있다. 그리고 동법 제2조는 주간 …… 통상이나 상거

---

137) Federal Baseball Club v. National League, 259 U.S. 200 (1922).
138) Areeda/Hovenkamp, Antitrust Law, vol. Ⅰ A, 1997, p. 256.

래의 어느 일부에 대한 독점화를 규율하고 있다. 또한 클레이튼법과 연방거래위원회법의 모든 실체 조항들은 상거래에서 행해지거나 상거래에 영향을 끼치는 행위를 금지하는 것으로 그 범위를 제한하고 있다. 이는 반트러스트법의 적용범위가 두 가지 면에서 제한된다는 것을 의미한다. 첫째로 반트러스트법의 적용범위는 州間이라는 요건을 충족하는 행위 혹은 재화의 이동 또는 외국과의 거래관계에 영향을 미치는 행위로 제한된다. 둘째로 이러한 행위들은 반드시 상거래이어야 한다.

예를 들어 전국적인 규모의 자선단체가 둘 있는데, 그 중 하나는 실업자구제를 위해 활동하고 다른 하나는 고아들을 위한 사업에 전념하기로 상호간 합의를 했다고 하는 경우, 이러한 시장분할합의에 대해서는 셔먼법이 적용되지 않는다. 주간이라는 요건은 충족되었지만, 여기서 문제된 행위의 유형을 상거래라고 할 수 없기 때문이다.

2. 정치활동과 상거래

미국에서는 시민의 정치참여에 대한 정부의 개입을 헌법, 특히 제1수정헌법을 통해 막고 있다. 그런데 이러한 헌법상의 제한이 적절하지 않다고 하더라도, 연방 반트러스트법은 정치활동에는 적용되지 않는다. 이에 반하여 정치활동에 기인한 보이콧이라고 할지라도 그것이 상업적 또는 재정적 영향을 미치는 경우에는 반트러스트법이 적용되어야 한다는 주장과[139] 인종차별이 경제적 효력과 관련이 있는 한에 있어서는 반트러스트법을 적용하여야 한다는 견해가 있다.[140]

---

[139] E.g., J. Coons, Non-Commercial Purpose as a Sherman Act Defense, 56 Nw. U. L. Rev. 705, 705 (1962).

[140] P. Marcus, Civil Rights and the Anti-Trust Laws, 18 U. Chi. L. Rev. 171 (1951).

Noerr 사건에서[141] 연방대법원은 입법사를 검토한 뒤에, 事業活動이 아닌 政治活動을 규율하기 위해 셔먼법을 적용할 수는 없다고 했다.[142] 심지어는 철도운송업자들이 트럭운송업자들을 자신들의 시장에서 배제시키기 위해 매우 심각한 假裝行爲를 한 경우에 대해서도 셔먼법을 적용하지 않았다.

> 셔먼법이 행동윤리규범을 규정한 것이 아닌 이상, 이는 상거래의 제한을 규율하기 위한 것이며 정치적 활동을 규율하고자 한 것은 아니다. 그리고 우리가 이미 지적한 바와 같이, 정부의 행위에 영향을 주기 위한 공공캠페인은 분명히 정치적 활동의 범주에 포함된다.[143]

정부에 대한 반경쟁적 청원을 보호해 주고 있는 Noerr 法理, 국가행위이론에 의한 적용면제에 관한 Parker 판결 및 반트러스트법으로부터의 적용면제에 관한 일반이론은 정치과정을 규율하는 것은 반트러스트법이 목적이 아니라는 일반적인 원칙에 근거하고 있다. 즉 국민의 비상업적 활동에 개입하는 것은 반트러스트법의 목적이 아니라는 것이다. 만일 의회가 반트러스트법을 가지고 정치활동이나 자선사업 또는 그밖의 비상거래활동들도 규율하려고 했다면, 契約, 合意 또는 談合과 같이 상거래관계를 표현하는 보통법상 용어나 獨占이나 競爭과 같은 경제용어만을 사용하는데 그치지는 않았을 것이다.[144]

商去來 槪念과 관련해서는 주로 비영리조직의 활동이 상거래에 해당하는지의 여부와 상거래활동과 상거래가 아닌 활동의 차이점이 무엇인

---

141) 보다 자세한 내용은 다음의 Ⅳ 참조.
142) Eastern R.R. Pres. Conf. v. Noerr Motor Freight, 365 U.S. 127, 137 (1961).
143) Id. at 126-127.
144) Areeda/Hovenkamp, supra, p. 259.

지가 문제된다. 후자에서는 특히 수정헌법 제1조에 의해 보호되는 정치적 표현의 자유의 결과로 반경쟁적 결과가 발생한 경우에 반트러스트법을 적용할 수 있는지에 관한 문제가 중심이 되고 있다.

Ⅲ. 비영리조직

1. 개 설

(1) 일반론

흔히 非營利財團의 경영자들은 그들의 활동이 반트러스트법의 적용을 받지 않을 것이라고 생각할 수 있을 것이다. 그들이 재화나 용역을 무상으로 기부하는 행위는 거래를 제한하는 활동 또는 경제적 활동으로 보이지 않을 수도 있기 때문이다. 예를 들어 두 명의 자선사업가가 한 명은 어느 도시의 서부지역에서 다른 한 명은 동부지역에서 부랑자들을 돌보기로 하는 市場分割合意를 한다고 하는 경우, 여기에 반트러스트법을 적용하는 것은 이상해 보인다. 이러한 행위를 반트러스트법이 적용되는 商去來라고 말하기에는 아무래도 부적절해 보인다.

보다 일반적으로 본다면, 비영리재단의 입장에서는 利潤이라는 것 자체가 존재하지 않기 때문에, 초과이윤을 획득함으로써 소비자에게 피해를 입히는 일은 불가능하다고 주장할 것이다. 그럼에도 불구하고 非營利라는 상태로 인해 반트러스트법의 적용범위에서 제외되지는 않는다. 위의 사례에서 본 두 명의 자선사업가의 경우에 있어서, 그들의 행위의 본질은 예상되는 그들간의 합의가 비영리적이라는 데에 있는 것이 아니라 行爲의 適法性에서 찾아야 할 것이다.[145]

---

145) DELTA(Dedication and Everlasting Love to Animals) v. Humane

사업자가 영리를 추구하지 않는다는 것은 단지 여러 가지의 法的 組織形態들 중에서 하나를 선택한 것에 지나지 않는다. 반트러스트법은 통상 이렇게 선택된 조직형태가 무엇인지 예를 들어, 주식회사인지 유한회사인지 합자회사인지 등에 따라서 다르게 적용되지 않는다. 즉 조직형태가 무엇인지는 통상 문제삼지 않는다.

또한 利潤이 없다는 사실이 곧 자선의 의도나 자선행위를 보장하는 것은 아니다. 이윤은 配當金의 형태로 뿐만 아니라 給料나 手當의 형태로도 나타날 수 있다. 또한 비영리사업자는 영리를 추구하는 사업자와 동일한 자극이나 유혹을 받을 수도 있다. 비영리사업자도 역시 근로자들과 공급자들에게 報酬를 지불해야 하며, 유능한 관리자를 채용하고 그의 업무에 대해 대가를 지급해야 한다. 비영리사업자의 관리자들은 영리사업자의 관리자들과 마찬가지로 때로는 자신의 라이벌을 누르려고 하기도 하고 때로는 경쟁이나 심지어는 부당한 행위를 통해서 자신의 영역을 확장하려고 하기도 한다. 이러한 점에서 볼 때, 배당금 지급을 제외하고는 비영리사업자나 영리추구사업자는 공통점이 있다고 할 수 있으며, 자신의 사업을 위해서 反競爭的 行爲를 하려고 한다는 점에서도 마찬가지이다.

(2) 개별 사례

비영리법인은 한계비용과 한계이윤을 균등하게 한다는 의미의 利潤極大化를 달성할 필요는 없지만 獨占利潤을 추구할 수는 있을 것이고,

---

Society, 50 F.3d 710 (9th Cir. 1995)에서, 피소인 Humane Society는 캘리포니아주 검찰총장에게 제소인이 기금조성행위를 못하도록 해줄 것을 요청했다. 제소인과 피소인은 모두 자선기부금을 모금하고 있었다. 이에 대해 법원은, 반트러스트법이 자선단체에 대해 일괄적으로 적용제외되는 것은 아니기 때문에 그러한 단체의 상행위에 대해서는 동법이 적용될 것이라고 판시했다.

이러항 경우 순수한 자선행위를 하는 경우라고 할지라도 경쟁은 침해된다.[146] 예를 들어 비영리병원과 무료급식시설을 같이 운영하고 있는 단체가 있다. 무료급식시설의 후원자들은 모두가 가난한데 비해 병원의 환자들은 모두 그렇지는 않다. 이러한 상황에서 이 단체는 무료급식시설의 활동을 경제적으로 보조하기 위해 병원에서 독점이윤을 추구하려고 할 수 있다. 이와 같이 순수한 慈善意圖에 병원측의 경제력 남용이나 배타적 관행이 수반됨으로써 그 병원의 환자들은 반경쟁행위로 인한 피해를 입게 될 것이며, 자선단체가 처음 가졌던 좋은 동기도 퇴색될 것이고 지속될 수 없을 것이다.[147]

실제로 자치단체에서 소유·운영하는 비영리병원의 경우도 마찬가지이다. 예를 들어 市所有의 병원에서 나오는 독점이윤을 가지고 부랑자들을 위한 시립보호소나 시립주차시설을 보조하는 경우가 이에 해당된다. 시립병원을 포함한 비영리병원도 실제로는 영리단체와 같은 강도의 이윤동기를 가지고 있다. 이윤이 높을수록 세금부담은 점점 더 작아지며, 다른 영역으로의 확장을 위한 기금도 더 많이 조성할 수 있기 때문이다. 예를 들어 자치단체가 비영리의 운동경기장을 소유·운영하고 있는데 그 곳에 매점을 허가하면서 높은 대가를 부과하여, 여기서 나오는 수익금을 가지고 다른 곳의 재정적자를 보충할 수 있을 것이다. 또는 비영리재단인 대학이 자신의 미식축구팀으로 인해 막대한 수입을 벌어들여서 이를 가지고 연구비나 교직원 봉급을 보조하는 경우도 생각해 볼 수 있다. NCAA(전미대학체육협회) 판결이 後者에 해당한다.[148]

효율적인 자원배분, 생산비용의 절감 그리고 시장에의 적절한 접근과

---

146) Areeda/Hovenkamp, supra, p. 261.
147) W. Lynk, Property Rights and the Presumption of Merger Analysis, 39 Antitrust Bull. 363, 377 (1994).
148) NCAA v. Board of Regents of the University of Oklahoma, 468 U.S. 85 (1984).

경쟁규범에 따른 公正한 分配 등을 통상 반트러스트법의 목표라고 할
수 있다.149) 이러한 목표들은 비영리 조직들의 활동에 영향을 미칠 수
있다. 만일 그 행위들이 반경쟁적이라면, 그 행위자들이 자신의 소유자
들에게 배당금을 지불하든 안하든지간에 유해한 결과가 발생하게 된다.

---

149) 미국이 산업사회로 되어 가던 19세기 후반에, 산업독점, 트러스트
및 카르텔의 강화를 통하여 산출물량을 제한하고 가격을 올리며
약탈적인 행위가 빈번하게 발생했다. 그러나 이미 존재하고 있던
普通法(common law)를 가지고는 이러한 행위를 충분히 규율할
수 없었다. 그래서 의회는 경제력 남용행위를 규제하고 공정한
경쟁을 유지하기 위하여 1890년에 셔먼법을 제정하였다. 이어서
1914년에는 클레이튼법과 연방거래위원회법이 제정되었으며, 그
후에도 로빈슨-패트만법(1946년), 셀러-키포버법(1952년) 및 하
트-스콧트-로디노법(1976) 등이 제정됨으로써 미국 연방반트러
스트법은 보완되어 왔다. 의회는 이들 법률을 통해서 경쟁을 보
호하고자 하였다(Standard Oil Co. v. FTC, 340 U.S. 231, 248-249
(1951)). 그러나 競爭의 保護는 第1次的 目的이고, 의회가 경쟁을 보호
함으로써 달성하려고 하였던 窮極的 目的이 무엇인지에 대해서는 다양
한 학설이 제기되고 있다(Hovenkamp, Federal Antitrust Policy, West
Publishing Co., 1994, p. 49). 어떤 견해는 현대 신고전주의 경제학적 의
미의 配分的 效率性만 유일한 목적이라고 한다. 다른 견해는 경제활동
에서의 正義와 公正이라고 말하기도 한다. 반면에 消費者福祉가 그 궁
극적 목적이라는 주장하는 입장도 있다. 즉 경쟁보호의 궁극적 목적 중
의 하나는 소비자의 이익보호라는 것이다. 많은 법원들도 이를 선호하
였다(E.g. National Society of Professional Eng'rs v. United States, 435
U.S. 679, 695 (1978)). 또다른 견해는 셔먼법은 中小企業이나 農夫 등이
요청에 의해 통과된 것이기 때문에, 이들의 보호가 목적이라고 한다. 그
밖에 어느 개인이나 단체가 시장지배적 지위를 획득하는 것을 금지함으
로써, 정치력이 부적절하게 집중되는 것을 막는 것이 반트러스트법의
사명이라는 견해도 있다. 반트러스트법의 궁극적 목적에 관한 이러한
다양한 견해에도 불구하고, 이 목적들은 시장에서 경쟁을 유지함으로써
만이 가능하다는 점은 분명하다: 그밖에도 반트러스법의 목적에 관하여
는 Lande, The rise (coming) fall of efficiency as the ruler of antitrust,
The Antitrust Bulletin, fall 1988, pp. 429 참조.

게다가 현실적으로 많은 비영리사업자들은 영리를 추구하는 사업자들과 경쟁을 하고 있다. 비영리병원들이 그 대표적인 사례일 것이다.

이러한 이유들 때문에 실질적으로 모든 법원들은 비영리사업자들을 반트러스트법의 적용대상에 포함시키고 있다. 앞에서 살펴본 NCAA 판결에서 연방대법원은 다음과 같이 판시하고 있다.

> 법 제1조의 법문상 비영리 주체가 포섭된다는 것은 의문의 여지가 없다 ……. 그리고 과거에 우리는 반경쟁적 행위를 한 비영리 주체에 대해 반트러스법상의 책임을 부과했었다 ……. 더욱이 NCAA가 가지고 있는 비영리성이 경제적으로 중요한지도 의심스럽다.

또한 동법원은 이 사건에서 비록 當然禁止의 原則이 아닌 合理性의 原則이 적용되었다고 할지라도 이는 피고가 비영리재단이기 때문에 그렇게 했던 것은 아니라고 판시했다. 따라서 비영리라는 상태가 당연금지의 원칙이 적용되어야 할 상황에서 합리의 원칙을 적용할 근거는 되지 않는다는 점도 분명히 하고 있다.

제7순회 항소법원도 Hospital Corp. 사례에서 이와 동일하게 다음과 같은 결론을 내리고 있다.

> 비영리라는 지위는 기업의 자금조달방법과 …… 이익배당방식에 영향을 끼친다. 그리고 기업을 경영함에 있어서 비용을 줄이기 위한 노력에 최선을 다하지 않을 수도 있다. …… 그러나 그러한 기업이 경쟁을 감소하기 위한 담합을 안하려고 하는 것을 본 적은 없다.[150]

---

150) Hospital Corp. of Am. v. FTC, 807 F.2d 1381, 1390 (7th Cir. 1986), cert. denied, 481 U.S. 1038 (1987).

이밖에 하나 또는 복수의 영리사업자들이 공동으로 비영리조직을 만드는 경우를 생각해 볼 수 있다. 예를 들어 자동차제작회사들이 비영리의 형태로 합동연구소를 함께 세울 수 있을 것이다. 이러한 경우에 나타나는 반경쟁적 행위의 이익은 영리사업자들에게 돌아갈 것이다. 그래서 New England 사건에서 연방거래위원회는 그러한 형태의 비영리합동사무소가 연방거래위원회법의 적용범위에 포섭된다고 결정했다.[151] 그 사무소가 실제로는 영리를 추구하는 사업자들의 이익을 위해 운영되었기 때문이다.

2. 비영리사업자에 대한 연방거래위원회의 관할권

연방거래위원회법 제4조에서는 法人(corporation)을 법인 그 자체 또는 그 구성원들의 영리를 위해 사업을 수행하는 실체라고 정의하고 있기 때문에,[152] 영리를 추구하지 않는 법인이 合倂을 하는 경우에 연방거래위원회가 관할권을 행사할 수 있는지에 대해서 논란이 있다. 이렇게 법인을 영리추구를 위한 실체로 보는 관점은 연방거래위원회법상 法人에서만 문제된다. 연방거래위원회법 제4조가 실제로 법인을 이렇게 정의하고 있는 반면에, 동법 제5조상 競爭에 있어서 不公正한 方法의 행위주체는 법인으로 제한하고 있지 않다. 동조에서 금지되는 행위의 대부분은 人(person), 파트너쉽(partnership) 또는 법인(corporation)에 의해 행해지는데, 이 중에서 비영리법인은 人에 해당된다.

University Health 판결에서 제11순회법원은 두 개의 비영리병원이 資産取得의 방식으로 행해지는 합병에 대해 클레이튼법의 적용을 인정

---

151) New England Motor Rate Bureau, 112 F.T.C. 200 (1989)는 다른 이유로 문을 닫았다.
152) 15 U.S.C. §44.

했다.153) 이 판결에서 동법원은 연방거래위원회법 제4조가 영리추구를 위해 조직된 법인에 대해서만 적용되기 때문에 비영리병원들 사이의 합병에 대해서는 연방거래위원회가 개입해서는 안된다는 주장을 받아들이지 않았다. 그리고는 오히려 연방거래위원회의 주장을 받아들였다. 동위원회는 클레이튼법은 非營利法人에 대해서도 適用되는 연방거래위원회법과 적용범위가 동일하기 때문에 클레이튼법을 적용할 수 있다고 주장했다. 따라서 비영리병원을 포함한 그밖의 다른 모든 행위주체들은 클레이튼법 제7조로 규율이 가능하다.154) "의회가, 반경쟁적 행위중에서 특정한 행위만을 규율하는 연방거래위원회가 클레이튼법을 집행함에 있어서는 자신의 관할권을 競爭에 있어서 不公正한 方法을 규율하고 있는 연방거래위원회법의 경우에 있어서보다 더 넓게 보려고 했다는 의회의 판단은 타당하다"고 동법원은 판시했다.155)

그리고 연방거래위원회는 California Dental 사건을 통하여 비영리법인의 상거래는 연방거래위원회법의 적용범위로부터 배제되지 않는다는 입장을 다시 한 번 밝혔다.156) 동위원회는 다른 반트러스트법이 일반적으로 적용되는 부분들에 대해서는 연방거래위원회법도 동일하게 적용된다는 연방거래위원회법의 성격을 다시 한 번 분명히 밝혔다. 따라서 비영리단체들은 일괄적으로 적용제외되지 않으며, 다만 상거래가 아닌 행위에 대해서만 적용이 제외된다. 상거래 행위인지를 판단하기 위해 동위원회는 사업자 수입의 源泉과 目的을 모두 고려하는 이중 테스트 (two-part test)를 해야 한다고 주장했다. 이 테스트를 통해서 조직의 활동과 그 조직이 주장하는 공익이 충분한 관련성을 맺고 있는지 여부

---

153) FTC v. University Health, 938 F.2d 1206 (11th Cir. 1991).
154) University Health, note 187, at 1215.
155) Id. at 1216.
156) California Dental Association, 5 Trade Reg. Rep.¶24,007 (FTC 1996).

및 그 조직의 활동이 사적인 목적보다는 공익에 적절히 기여하고 있는
지를 검토한다.[157] 캘리포니아 치과의사협회는 캘리포니아주 치과의사
의 4분의 3 정도(약 19,000명)가 가입하고 있는 비영리단체인데, 주로
보험이나 그밖의 재정적 이익을 위한 서비스를 회원들에게 제공하였으
며, 로비활동, 소송, 마케팅 및 회원들의 이익을 위한 對外活動을 하였
다. 그리고 회원들은 캘리포니아 치과의사협회의 倫理規定을 준수할 것
에 동의하였는데, 그 중에는 허위광고나 오인유발광고를 금지하는 규정
도 있었다. 이러한 캘리포니아 치과의사협회의 활동은 적용제외 대상이
될 수 없다고 연방거래위원회는 결론을 내렸다.

연방대법원도 캘리포니아 치과의사협회와 같은 영리를 추구하는 회
원들에게 실질적인 經濟的 利益을 제공하는 단체에 대해서는 연방거래
위원회의 관할권이 미친다고 판시했다.[158] 연방거래위원회법은 자신을
위하여 업무를 수행하기 위해 조직된 단체 뿐만 아니라[159] 그 團體構
成員들의 利益을 위하여 업무를 수행하는 단체도 규율하고 있기 때문
이다.

3. 비영리성과 반트러스트법의 실질적 관련성

앞에서 살펴본 바와 같이 비영리조직이 어떠한 일반적인 적용제외을
받지 못하기는 하지만, 그 조직의 非營利性은 다양한 반트러스트법상의
問題들과 연관이 있다. 첫째로, 일괄예외를 두고 있지 않다는 것이 반
드시 모든 자선활동도 통상적인 상거래와 동일한 방식으로 취급되어져

---

157) California Dental, Association, 5 Trade Reg. Rep.¶24,007 (FTC
     1996), at 23, 782.
158) California Dental Association v. Federal Trade Commission, ____
     S. Ct. ____, 1999 WL 320796 (1999).
159) 15 U.S.C. §44.

174

야 한다는 것을 의미하는 것은 아니다. 둘째로, 법원으로 하여금 國家
行爲法理(state action doctrine)나 주정부의 반트러스트법에 따른 또
다른 적용면제가 그 사건에 적용되어야 하는지 여부를 검토하도록 한
다.160) 셋째로, 비영리를 추구한다는 사실은 나름대로의 동기와 효과를
가질 수 있기 때문에 이를 고려해야 한다.

　예를 들어 비영리병원에 대한 적용제외는 인정하지 않았지만, 그 병원들
이 지니고 있는 비영리성이 그들간의 합병 근거를 파악하는 데에는 유리하
게 작용한다는 판결이 있다.161) 또한 Butterworth 판결에서 법원은 비영리
병원의 합병에 대하여 豫備的 禁止命令(preliminary injunction)을 하지 않
고,162) 비영리병원이 요금을 올릴 수 있는 市場力을 가지고 있음에도 불구
하고 이를 반대하는 공공의 압력에 따르기도 한다는 주장을 인용했다. 실제
로 몇몇 판결문에서는 시장지배적 병원이 보다 큰 효용을 창출하면 할수록
이와 동시에 반경쟁적 가격을 행사할 기회가 보다 많아지지만, 비영리병원
의 경우에는 전자가 후자를 능가하고 있는 것으로 판단하고 있다. 그래서
매우 집중화된 시장에 있는 비영리병원은 덜 집중화된 시장에 있는 비영리
병원보다 현실적으로 더 낮은 요금을 받고 있다.163) 이는 비영리병원들간에
시장집중이 실질적으로 증가한다고 해서 반드시 가격이 상승하는 것은 아
니다는 것을 입증하는 좋은 근거라고 동법원은 판시했다.

---

160) See Sweeney v. Athens Regional Medical Center, 705 F. Supp.
　　 1556 (M.D. GA. 1989) (일부 비영리성을 지닌 병원에 대해 주
　　 정부의 반트러스트법을 적용).
161) United States v. Carilion Health Sys., 707 F. Supp. 840, 849
　　 (W.D. Va.) 이 경우에 경영자를 포함한 이사회들은 합병을 통
　　 해 절감되는 세금을 연구소에 투자하자는 계획을 가지고 합병
　　 을 하려고 했다.
162) FTC v. Butterworth Health Corp., 946 F. Supp. 1285 (W.D.
　　 Mich. 1996).
163) Id. at 1296.

4. 비영리행위의 판단기준

앞에서 살펴 본 바와 같이 비영리조직은 동일한 환경 하에서 항상
영리조직과 같이 행동하는 것은 아니라는 인식하는 경우, 비영리조직의
상거래에 반트러스트법이 적용되어야 하는지는 의문이다. 통상적인 영
리기업을 상정하는 경우, 반트러스트법에서는 이러한 영리기업을 合理
的 행위주체로 보고 이러한 합리적 기업은 이윤을 극대화한다고 전제
하고 있다. 예를 들어 합병 이후에 나타남직한 시장구조와 그러한 시장
구조 하에서 기업의 이익을 극대화하고자 하는 행위유형들을 고려함으
로써 전체적인 객관적인 합병기준이 도출된다. 말하자면, 미국의 合倂
政策은 특정 사업자가 어떻게 행동할까보다는 이러한 시장구조 하에서
(이윤을 극대화하는) 합리적인 사업자라면 어떻게 행동할까라는 문제
에 대한 해답에 의존하고 있는 것이다.

Butterworth와 같은 판결을 살펴보면[164] 비영리병원의 합병을 평가
하는 경우에는 좀 더 관대한 기준들이 적용되고 있다는 사실을 알 수
있다. 영리사업자에 대해 적용되는 객관적인 기준은 비영리사업자의 행
위에 대해서는 적용될 수 없다고 분명히 판시했다. 달리 표현하면, 영
리추구사업자에 있어서 合理的 즉, 이윤극대화라는 것은 비영리사업자
에게 있어서 합리적이라는 것과 반드시 같은 것이 아니라는 의미이다.
특히 비영리사업자가 가지고 있는 목적과 관련된 면이 합리적이라는
것과 상충되는 경우에는 더욱 그러하다.

이러한 비영리사업자에 대한 기본적인 검토는 客觀的으로 행해져야
한다. 즉 비영리사업자가 스스로 행한 陳述보다는 비영리사업자의 構造
와 性格을 보아야 할 것이다. 예를 들어 비용절감을 지속적으로 요구하
는 시민이사회에 의해 효과적으로 관리되고 있는 비영리병원과, 이사회

---

164) Butterworth Health Corp., note 161.

가 관리에 관심이 없는 자들로 구성되어 있기 때문에 단지 명목상의 비영리병원에 지나지 않는 경우에는 외관상으로는 이들이 모두 비영리 병원이라고 할지라도 달리 보아야 할 것이다.

Ⅳ. 정치적 표현의 자유와 반트러스트법의 적용범위

1. 서 설

미국에서 낙태문제는 예민한 政治問題 중의 하나이다. 그리고 示威 (demonstration)는 중요한 정치적 표현의 일종이다.[165] 가령 낙태수술을 행하는 산부인과를 모두 폐쇄시키려는 낙태반대주의자들이 있다. 이들은 농성이나 심지어는 폭력까지 동원하여 그러한 의원의 진료비용을 증가시키거나 수술을 방해하려고 한다.[166] 또 다른 사례가 있다. 어느 지역에 위치한 종합병원에서 근무하는 의사들이 낙태수술을 행하는 의원의 진료비용을 올리도록 압력을 가하거나 관계인들에게 접근하여 산부인과에서 낙태수술을 못하도록 공모했다면,[167] 이러한 행위들은 정치적 표현으로서 보호되는가? 아니면 반트러스트법 위반행위인가? 두 번째 사례가 셔먼법 제1조 위반이라는 것은 쉽게 알 수 있다.[168] 그 종합병원들은 낙태수술을 행하는 의원들과 競爭關係에 있기 때문이다. 그리

---

165) See, e.g., Edward v. South Carolina, 372 U.S. 229, 236 (1963) (시민저항권).

166) See, e.g., Northeast Women's Center, Inc. v. McMonagle, 670 F. Supp. 1300, 1302-03 (E.D. Pa. 1987).

167) See, e.g., Feminist Women's Health Center, Inc. v. Mohammad, 586 F.2d 530 (5th Cir. 1978), cert. denied, 444 U.S. 924 (1979).

168) 15 U.S.C. §1 (1982) (통상 또는 상거래를 제한하는 모든 계약, 합의 …… 또는 공모는 위법이다).

고 危害를 가하려는 意圖가 있었고 이를 達成했다는 점에서 위의 두 사례는 공통점이 있다. 즉 이 사례들에서는 시장에서의 경쟁감소로 인해 소비자선택에 악영향을 끼쳤다. 이는 주요한 반트러스트법 위반행위이다.[169]

미국 연방대법원은 Noerr 판결과[170] Pennington 판결을[171] 통하여 政治活動에 대해서는 그것이 비록 경쟁을 침해하는 결과를 낳을지라도 반트러스트법을 적용해서는 안된다고 판시했다. 이를 Noerr-Pennington 法理(통상 Noerr 법리하고 함)이라고 한다. 어떤 법원들은 이러한 적용 제외를 매우 넓게 봄으로써, 수정헌법 제1조상의 이익이 반트러스트법에 의해 침해되는 것을 막고자 했다. 또 어떤 법원들은 경제적 동기를 가지고 행동한 것이 아닌 모든 피고들을 보호하기 위하여 Noerr 법리을 이용해왔다. 즉 원래 의도보다도 Noerr 법리를 확장해서 적용한 것이다.

2. Noerr 법리

철도산업이 트럭운송산업에 해를 주려는 내용의 州法을 의회에서 통과시키기 위해 주도한 기만적인 선전활동(deceptive publicity campaign)에 대하여,[172] 연방대법원은 철도 회사들의 유일한 목적이 경쟁자인 트럭운송업자들을 제거하기 위한[173] 것이라고 할지라도 셔먼법이 적용되지 않

---

169) Bork, The Antitrust Paradox, 1978, pp. 90-91.
170) Eastern R.R. Presidents Conference v. Noerr Motor Freight, Inc., 365 U.S. 127 (1961).
171) United Mine Wokers v. Pennington, 381 U.S. 657 (1965).
172) Eastern Railroad Presidents Conference v. Noerr Motor Freight, Inc., 365 U.S. 127 (1961).
173) Id. at 138.

는다고 판시했다. Black 대법관은 자신의 찬성의견을 통하여, 연방대법원의 판결은 셔먼법의 정신에 근거하고 있다고 밝혔다. 즉 셔먼법은 정부에게 자신의 바램을 알리려는 국민의 권한을 해치려는 의도를 가지고 있지 않았으며, 경제활동이 아닌 정치활동을 규율할 의도는 없었다.[174] 더욱이 동법을 정치활동에 적용하려고 하는 경우에는 수정헌법 제1조상 請願權을 현저하게 위반할 우려가 있으므로 중대한 憲法的 問題를 일으킬 수 있다.[175] 이후에는 행정부나 사법부의 활동에 영향을 끼치려는 노력에 대해서도 적용제외를 확장했다.[176]

　Noerr 법리는 피고의 행위를 정치활동으로서 특징지울 수 있는 한 그들의 행위의 반경쟁적 효과에 관한 모든 조사절차를 배제시킨다. 그 적용제외의 범위는 수정헌법 제1조가 보호해 줄 수 없는 행위까지도 보호하며, 반트러스트법의 목적과 어울리지 않을 정도로 너무 확장되어 버렸다.[177] 이에 적용제외 범위를 좁히려는 연방대법원의 최초의 노력

---

174) Id. at 137.

175) Id. at 138.

176) United Mine Workers v. Pennington, 381 U.S. 657 (1965)에서는 정부관료에게 영향력을 행사하려는 행위에 대해, 그러한 행위가 비록 경쟁을 제거하려는 의도에서 행해진 것이라고 할지라도 반트러스트법 위반이 아니다고 되풀이 하면서 Noerr 적용제외를 인정했다; California Motor Transp. Co. v. Trucking Unlimited, 404 U.S. 508, 511-13 (1972)에서는 정부기관과 법원에 대한 조직적인 접근은 청원권의 일부이며, 따라서 Noerr 법리의 의미에서 정치활동이라고 했다.

177) See, e.g., Fischel, Antitrust Liability for Attempts to Influence Government Action: The Basis and Limits of the Noerr-Pennington Doctrine, 45 U. Chi. L. Rev. 80 (1973) (적용제외는 수정헌법 제1조상 청원권에 해당하는 사례들까지로 제한되어야 한다고 주장함); Kennedy, Political Boycotts, the Sherman Act and the First Amendment: An Accomodation of Competing Interests, 55 S. Cal. L. Rev. 983, 999-1006 (1982) (Noerr 법리가 정치적 보

이 California Motor Transp. Co. v. Trucking Unlimited 판결에서 나타났다.[178] 이 사건에서 법원은 라이벌 트럭운송업자들이 경영권을 획득 또는 이전하지 못하게 하기 위하여 경쟁자들이 법원과 규제기관 앞에서 행한 근거없고 반복적인 소송 패턴에[179] 대하여, Noerr 법리 하에서 반트러스트법이 적용되지 않는지의 여부를 고려했다. 연방대법원은 그러한 행동이 단순한 假裝行爲(a mere sham)에 지나지 않으므로 Noerr 법리에 따른 적용제외는 발생하지 않는다고 판결했다.[180]

이후에는 정부에 영향력을 행사하려는 진정한 의도는 있었으나 부절절한 수단을 통해서 이를 수행하는 경우에 반트러스트법상 책임을 지우기 위하여 假裝行爲의 例外(sham exception)라는 논리를 이용했다.[181] 그 후에 연방대법원은 Allied Tube & Conduit Corp. v. Indian Head, Inc. 판결에서 Noerr 법리에 따른 적용제외의 타당성에 관한 판단이 행해지기 이전에 정부행위에 영향을 미치려는 진정한 의도를 가진 활동의 본질과 배경이 신중하게 조사되어야 한다고 판결함으로써, 가장행위로부터 不適切한 手段을 분리해냈다.

Noerr 법리가 적용되는 전형적인 상황은 본래 정부행위에 영향력을 행사함으로써 자신의 경쟁자들을 배제하려고 하는 經濟的 行爲者(자신

이콧까지 포함하는 것은 부적절하다고 주장함); Note, A Market Power Test for Noncommercial Boycotts, 93 Yale L.J. 523, 526-31 (1984) (Noerr 법리가 성제석인 상제행위까지 포함하는 것은 잘 못이다).

178) 404 U.S. 508 (1972).
179) NAACP v. Button, 371 U.S. 415, 430 (1963)에서 소송은 불만을 처리하기 위한 청원의 일종이라고 대법원은 이미 판시했었다.
180) California Motor Transp., 404 U.S. at 511-12 (1972).
181) 연방대법원은 Allied Tube & Conduit Corp. v. Indian Head, Inc., 108 C. Ct. 1931, 1941 Fn. 10 (1988)에서 가장행위에 관한 이러한 해석을 거부했다.

의 경제활동의 효과로서 경제적 이익을 취득함)의 활동에서 찾을 수 있다. 이 경우는 경제적 이해관계를 가지고 있지 않는 행위자가 그의 상대방에게 직접적으로 영향력을 행사하고자 하는 이른바 逆(reverse) Noerr 상황과 구별된다. 하급심 법원들은 非經濟的[182] 被告들을 상대방으로 한 반트러스트 소송들에 직면해서, 경쟁자가 아니거나 경제적 이익획득을 추구하지 않은 피고들을 적용제외 시키기 위하여, 셔먼법에 관한 Noerr 법리의 해석을 정치활동이 아니라 경제활동을 규율하는데 사용했다.[183] 이러한 접근법은 피고가 정치활동을 했는지의 여부로부터 피고가 경제활동을 했는지의 여부로 조사의 초점을 바꾸어 놓았다. 또한 연방대법원은 비경제적 피고를 상대방으로 한 반트러스트 소송에서 그 피고의 행위가 수정헌법 제1조와 관련이 있는 경우에, 헌법과의 충돌을 막기 위해서 그 訴를 기각하는 데에 Noerr 법리를 이용했다. 이는 비경제적 피고를 적용제외하기 위해 대강의 원칙(rule of thumb)을 가지고 적용제외하고 있음을 반영하는 것이다.[184]

---

182) 비경제적이라는 용어는 商業的 利益 즉, 이윤을 가지지 않는 자뿐만 아니라 자신의 반경쟁적 행위로부터 경제적 이득을 기대할 수 없는 자들을 표현하는 경우에도 사용된다. 노동조합이나 전문직업단체의 구성원들도 그들의 상대방의 경쟁능력을 제한함으로써 경제적 이익을 얻을 수 있을 것이다(PoKempner, The scope of Noerr immunity for direct action protestors: Antitrust meets the Anti-abortionists, 89 Colum. L. Rev. 662, 669 n. 47 (1989)).
183) E.g., Council for Employment and Economic Energy Use v. W.H.D.H. Corp., 580 F.2d 9, 12 (1st Cir. 1978), cert. denied, 440 U.S. 945 (1975).
184) PoKempner, The scope of Noerr immunity for direct action protestors: Antitrust meets the Anti-abortionists, 89 Colum. L. Rev. 662, 670 (1989).

3. Noerr 적용제외와 수정헌법 제1조

Noerr 법리는 수정헌법 제1조의 원칙과 같이 해석되어서, 思想의 表現을 포함한 일련의 활동을 반트러스트법으로부터 넓게 제외시켜 왔다. Noerr 법리와 수정헌법 제1조에 의한 보호의 융화현상은 두 가지 결과를 낳았다. 첫째는 법원으로 하여금 法律의 通過나 施行에 영향에 미치려는 행동은 물론이고 종교적 신념이나 비정치적 표현의 자유와 같이 수정헌법 제1조가 보호하는 다른 기본권에 대해서까지도 Noerr 법리에 의한 적용제외를 확장하도록 허용한 것이다. 둘째는 이러한 해석은 법원으로 하여금 비경제적 피고의 특정한 행위가 실제로 Noerr 법리나 수정헌법 제1조에 의해 보호되는 정치활동의 일종인지의 여부에 관한 판단을 어렵게 만들었다. 그러나 이러한 두 가지의 결과들 중 어느 것도 Noerr 판결이나 그 이후의 사법적 판단에 의해서 정당화되지 못했다. 법원은 수정헌법 제1조와의 관련성에 근거해서 Noerr 법리가 자동적으로 적용되는 것으로 추정해서는 안되며, 문제된 행위가 정치적 활동인지의 여부를 결정하기 위해 이를 분석해야 한다는 것이 Noerr 적용제외에 관한 최근 연방대법원의 입장이다.[185]

(1) 수정헌법 제1조와 Noerr 법리의 융화에 관한 재검토

비록 Noerr 법리에 의한 적용제외가 수정헌법 제1조로부터 유래한 것이기는 하지만, 양자가 만드시 일치하는 것은 아니다. Noerr 직용제외는 단지 수정헌법 제1조상 청원권의 일종인 정치적 활동까지로 한정되기 때문이다.

---

185) Allied Tube & Conduit Corp. v. Indian Head, Inc., 108 S. Ct. 1931 (1988).

(가) Noerr와 정치활동

연방대법원은 Noerr 판결에서 피고의 행위가 수정헌법 제1조에 의해 보호되는지의 여부에 대해서는 검토하지 않았고, 그 대신 민주주의 제도와 헌법적 이해관계를 기초로 하고 있는 셔먼법의 해석에서 그 판결의 근거를 찾았다.

민주주의 제도의 핵심은 정부 대표들과 시민들의 관계에 있다. 연방대법원은 정부에 의한 거래제한에 대해서는 셔먼법을 적용할 수 없다는 종래의 國家行爲法理에서 출발하여,186) 입법부나 행정부를 설득하기 위하여 조직된 사람들에 대해서는 비록 그들의 행위가 거래를 제한하는 결과를 낳는다고 할지라도 셔먼법을 가지고 이를 막아서는 안된다고 명확히 판시했다.187) 대표 민주주의의 특성 자체를 해침으로써 實質的으로 政府의 힘이 損傷될 수 있다는 말이다.188)

商業的 活動과 政治的 活動은 상호 배타적인 범주에 속한다는 생각은 Noerr 사건에서 행해진 철도운송 회사들의 로비활동 이후에는 더 이상 유지될 수 없었다. 이러한 견해의 따르면 정치적 활동이라는 용어는 특별한 내용을 담게 된다. 즉 정부에 대해 자신의 바램을 전달한다는 의미이다. 이러한 정치적 활동을 반트러스트법으로부터 적용제외함으로써 정부는 대표권한과 충분한 정보를 얻을 수 있다.189)

---

186) Parker v. Brown, 317 U.S. 341, 350 (1943) (우리는 셔먼법의 법문이나 그 연혁을 살펴볼 때, 동법의 목적이 국가, 국가 공무원 또는 국가 기관들을 …… 제한하기 위한 것이라는 그 어떤 이유도 찾을 수 없다.)
187) Noerr, 365 U.S. at 136.
188) Id. at 137.
189) 연방대법원은 만일 국민이 자신들의 의견을 알리는 길이 차단된다면, 정부는 유용한 정보를 얻을 수 있는 기회를 박탈당하게 될 것이라고 했다(Id. at 139.).

(나) Noerr 법리와 수정헌법 제1조에 의한 청원

Noerr 사건에서 법원의 판결의 두 번째 토대는 헌법적 문제가 발생하는 것을 방지하는 것이었다. 연방대법원은 "請願權은 권리장전(the Bill of Rights)에 의해 보호되는 자유권들 중의 하나이다. 따라서 우리는 이러한 자유권들을 침해하려는 의도를 쉽게 의회로 전가시켜 버릴 수는 없다"고 했다.[190] 연방대법원이 청원권을 이와 같이 보았다는 점은 중요하다. 言論의 自由와 結社의 自由는 연혁적으로 같은 계열인데 반하여,[191] 청원권은 정부에 대한 직접적인 행동을 포함하고 있다는 점에서 이들과는 구별된다.[192] 청원권은 수정헌법 제1조상 자유권들 중에서 가장 오래된 권리이기는 하지만, 언론·결사·출판 및 종교의 자유와 비교해 볼 때 상대적으로 두드러지게 인식되어 오지는 않았다. Noerr 판결에서 연방대법원이 청원권 이외에도 수정헌법 제1조상의 그 밖의 권리들과 발생할 수 있는 모든 충돌을 피하기 위해 충분히 넓은 잣대를 사용하고자 했었다면, 동법원은 그러한 권리들이 당연히 적용제외되거나 또는 당해 사건과 후속 사건들에서 다양한 해석기준이 적용될 수 있음을 예상했을 것이다. 그러나 판결문에서는 이 점에 대해 침묵하고 있다.[193] Noerr 법리를 좀 더 합리적으로 해석하는 길은 반트러

---

190) Noerrr, 365 U.S. at 138.

191) Thomas v. Collins, 323 U.S. 516, 530 (1945).

192) Pokempner, supra, p. 681.

193) 하급 법원들은 Noerr의 헌법적 문제들을 좁게 보았다. Missouri v. NOW 620 F.2d 1310 (8th Cir. 1980)에서, 법원은 남녀평등수정안의 인준을 위해 주정부를 설득할 목적으로 행한 전당대회장에서의 보이콧과 반국가적 출판업자로 알려진 자를 상대로 한 보이콧에 대해서, 전자의 행위는 Noerr 사건에서 "기본적인 고려사항"이었던 청원권과 관련이 있다고 하면서 양자를 구별했다(id. at 1304 n. 4 정치적 발언과 정부에 대한 청원은 구별될 수 있다고 함); Feminist Women's Health Center, Inc., v. Mohammad, 586 F.2d 530 (5th Cir. 1978), cert. denied, 444 U.S. 924 (1979)에

스트 책임으로부터 정치적 활동을 적용제외함으로써, 수정헌법 제1조와 그밖의 관련권리들이 보호되도록 하는 것이다.

(2) Noerr 법리에 의한 심사내용

Noerr 적용제외는 수정헌법 제1조에 의하는 경우보다 행위의 보호범위가 더 좁을 수도 있다. 따라서 어떠한 행위가 Noerr 법리 하에서 적용제외될 수 있는지의 여부에 관한 심사는, 그 행위가 수정헌법 제1조상의 어떠한 이익을 포함하고 있는지의 여부에 관한 판단보다도 더욱 복잡하다.

Noerr 법리에 의한 적용제외를 위해서는 첫째로 그 행위가 정치적이어야 한다. 이는 Noerr 법리를 종교적이거나 비정치적인 행동을 적용제외하는데에 이용해서는 안된다는 의미이다. 둘째로 Noerr 법리에 의해 적용제외되는 정치적 활동은 적어도 헌법상 보호되는 請願이며, 정치적 동기에 의한 관습적인 행동에 지나지 않는 경우에는 피고의 행위가 형식상 정치적인지의 여부를 넘어서서 실질적으로 심사를 하여야 한다. 이러한 심사는 California Motor Transport 사건에 도입되었다. 이 사건에서 법원은 수정헌법 제1조 하에서 통상적으로 보호되는 청원이 가장 행위에 의한 경우에는 반트러스트법으로부터 적용제외되지 않는다고 판시했다.[194]

Noerr 법리는 정부활동에 진정으로 영향을 미치려는 모든 동조적 행

서 법원은 의사들간의 사적인 논의(discussion)가 Noerr 하에서 보호되었을 것이라는 피고측의 주장에 대해서, 이를 가지고 언론의 자유라는 항변을 하기에는 불충분하다고 하면서 기각했다(id. at 545 n. 12); Superior Court Trial Lawyers Ass'n v. FTC, 856 F.2d 226 (D.C. Cir. 1988)에서 법원은 국선변호인들에 의해 동조행위로서 행해진 거래거절에 대해서, 수정 제1조에 의한 검토로부터 Noerr 독트린에 의한 검토를 분리했다.

194) 404 U.S. at 515-16.

위를 적용제외시킨다는 命題를 부정한 Allied Tube & Conduit Corp. v. Indian Head, Inc. 사건에서 연방대법원은 무엇이 Noerr 법리의 목적상 정치적인 행위로 수용될 수 있는 것인지를 한정했다. 이 판결에서는 피고의 행위가 적용제외되는 정치활동에 포함되는지를 검토함에 있어서, 법원이 그 행위의 性質과 背景을 검토하도록 지시하고 있다.195)

4. Allied Tube 판결 이후의 Noerr 법리

Noerr 적용면제의 목적상 政治活動은 어떠한 의미를 가져야 하는지가 해석상의 핵심 문제이다. Allied Tube & Conduit Corp. v. Indian Head, Inc. 판결은 이 문제의 해답을 위한 틀을 제공했다. 이 사건에서 법원은 Noerr 적용제외의 범위는 당해 사건에서 반경쟁적 제한의 원인, 배경 그리고 성격에 의해 결정된다고 판시했다. 이러한 심사는 ① 피고가 정부와 의사를 서로 교환하고 있는지, ② 피고의 행위가 정부에 영향을 미치려는 것이었는지, 그리고 ③ 그러한 행위는 수정헌법 제1조 의해 종국적으로는 Noerr 법리에 의해 보호되는 것인지를 검토하는데, 이는 정치적 활동을 機能的 槪念(a working definition)으로 이해하도록 한다.196) 이와 같이 금지되는 行爲에 초점을 맞춤으로써, 이 분석법은 피고의 성격과 동기만을 고찰할 때보다 더욱 헌법이나 반트러스트법의 이익과 잘 조화될 수 있다.

5. 정 리

Noerr 판결과 그 후속 판결들에서 확립된 반트러스트 책임으로부터의 적용제외는 정치적 활동을 한 피고들만을 대상으로 하기 때문에, 정

---

195) 108 S. Ct. 1936 (1988).
196) Pokempner, supra, p. 683.

치적 활동을 하지 않는 비경제적 피고까지도 보호하는 포괄적 적용제
외가 되어서는 안된다. 어떠한 행위가 정치적 활동인지의 여부를 판단
하기 위해서, 연방대법원은 경쟁을 위협하는 示威行爲의 배경과 성격을
신중하게 분석할 것을 요구하였다. 이는 피고 자체보다는 피고의 행위
를 중요시하는 태도이며, Noerr 법리에 의한 적용제외의 판단기준이 되
는 정치적 활동이라는 개념을 기능적으로 이해하고 있음을 의미한다.

제3절 일본 독점금지법상 사업자 개념

I. 서 설

일본의 私的獨占의 禁止 및 公正去來의 確保에 관한 法律은 1947년
4월 1일 법률 제54호로 공포되었다.[197] 이 법에서는 "사업자라 함은 상
업, 공업, 금융업 기타의 사업을 행하는 자를 말한다. 사업자의 이익을
위해서 행위를 행하는 임원, 종업원, 대리인 기타의 자는 다음 항 또는
3장(사업자단체)의 규정의 적용에 대해서는 이를 사업자로 본다"고 규
정하고 있다(제2조 제1항). 이는 우리 현행 독점규제법의 事業者 定義
條項(제2조 1호)과 유사하다.

독점금지법상 금지규정의 수범자는 원칙적으로 사업자와[198] 사업자
단체[199]이다. 경제활동은 주로 사업자에 의해 행해지며, 그 사업자가

---

197) 동법의 제정과정에 관한 자세한 내용은 권오승, 경제법, 법문사, 1999,
127면 이하 참조.
198) 제3조, 제6조, 제8조의4, 제9조, 제10조, 제13조, 제15조, 제16조, 제18
조의2, 제19조.
199) 제8조.

적어도 거래의 일방이 아닌 경우에는 동법의 목적에 반하는 행위는 원칙적으로 성립되지 않는다는 것이 전제되고 있다.[200] 예외적으로 會社를 수범자로 하는 규정이 있지만,[201] 회사도 역시 전형적인 사업자에 포함된다. 또 어떤 조항에서는 회사의 임원 또는 종업원(동법 제13조)나 회사이외의 자(동법 제14조)를 수범자로 하는 규정도 있지만, 후자는 회사 이외의 법인, 조합, 자연인을[202] 가리키는 것으로서 이들도 실제는 사업자이다.[203]

동법 제2조 제1항은 현행규정에 이르기까지 두 차례의 개정을 거쳤다. 처음 제정당시에는 사업자를 "상업, 공업, 금융업 기타의 사업을 영위함을 말한다"고 정하고 있을 뿐이었고, 현행규정의 제2문(후단)은 없었다. 그 후 1949년에는 "상업, 공업, 금융업 기타의 사업을 영위하는 者를 말한다"라고 개정되었는데, 이것은 표현을 조금 바꾼 것에 지나지 않는다. 현행의 규정으로 고쳐진 것은 1953년의 개정에 따른 것으로 이 때에 두 가지가 개정되었다. 첫째로, 제1문(전단)의 사업자 정의의 일부가 "기타의 사업을 영위하는 자를 말한다"로부터 "기타의 사업을 행하는 자를 말한다"로 고쳐졌다. 이는 사업자가 영리를 목적으로 하는 것에 한정되지 않는다는 것을 명확히 하고 있다는 점에서 의미가 있다. 둘째로, 1948년에 개정된 事業者團體法이 폐지되면서 사업자단체의 규정이 독점금지법에 흡수되게 됨에 따라, 사업자단체법 제2조 제2항에 규정되어 있던 사업자 정의의 후반 부분인 "이들 자의 이익을 위해 행위를 행하는 임원, 종업원, 대리인 기타의 자를 말한다"가 그대로 독점금지법 제2조 제2항 2문으로 승계되었다. 이로써 현행규정이 성립되었다.

---

200) 正田彬, 全訂獨占禁止法Ⅰ, 日本評論社, 1980, 125-126면.
201) 제9조, 제10조, 제11조, 제15조.
202) 1953년 개정 전에는 개인에 의한 社債의 소유에도 제한이 가해지고 있었다(구법 제14조).
203) 厚谷襄兒 外, 條解獨占禁止法, 弘文堂, 1997, 15면.

II. 사업자

1. 의 의

동법 제2조 제1항의 사업자 정의규정에서는 商業, 工業, 金融業의 사업을 들고 있는데, 이는 대표적인 것들을 예시한 것에 지나지 않는다. 이들 이외의 모든 사업이 여기서 말하는 其他의 事業에 해당된다. 이에는 농업, 광업, 서비스업 등을 포함한다고 생각되지만 구체적으로는 명확하지는 않다.[204] 事業이란 어떠한 經濟的 利益을 공급하고 이에 대응하는 경제적 이익의 反對給付를 받는 행위를 계속적으로 반복하는 경제활동을 말한다.[205] 따라서 1회에 그치는 행위 또는 일방적인 경제적 이익의 제공은 독점금지법상의 사업에 해당하지 않는다. 사업을 행한다는 의미는 사업을 경영하고 있다는 뜻으로서, 사업에 종사한다고 하는 의미는 아니다. 또한 사업이 영리의 목적을 가지고 행하여 지는지의 여부는 문제되지 않는다.

定義規定은 통상적으로 대상을 한정하여 범위를 명확히 해주는 역할을 하지만, 독점금지법 제2조 제1항의 사업자 개념에 있어서는, 사업자란 사업을 행하는 자라고 하는 동어반복에 지나지 않는다. 이는 광범위한 事業分野에서 자유롭고 공정한 競爭을 촉진시키기 위해서, 동법의 수범자의 범위를 그 당시의 경제의 실태에 맞추어 유연하게 취하고자 하기 때문으로 생각된다. 바꾸어 말하자면, 사업자를 정의함을 통해서 동법의 적용을 어느 범위에 한정시키고자 하는 특별한 의도는 없었다고 볼 수 있다.

---

204) 厚谷襄兒, 앞의 책, 15면.
205) 正田彬, 앞의 책, 126면; 今村成和, 獨占禁止法, 有斐閣, 1978, 36면; 根岸 哲 外, 經濟法, 法律文化社, 1997, 23면.

그러나 사업자라고 하는 용어는 정의규정이 없더라도 스스로 그 범위가 정해지는 경우가 있다. 소비자의 不買運動이나 노동자의 罷業은 사업자에 의한 것은 아니기 때문에 당연히 동법이 적용되지 않는다. 순수한 慈善事業이나 福祉事業도 동법의 사업에 포함되지 않는다.[206]

한편 사업자의 개념에 관한 논의는 동법의 적용대상을 해석함에 있어서 그 범위를 제한하기 위해서 사업자의 개념을 다양한 측면에서 좁혀가려는 의도로 시작되었다. 公營事業, 公團·公社 등의 特殊法人, 민법에 기초한 公益法人, 및 政府規制産業, 변호사, 의사 등의 自由業者, 學校, 反社會的인 企業活動 등에 대해서 事業者性을 부정하는 견해가 그것이다.[207] 그러나 이와 같은 주장에도 불구하고 일본의 통설과 판례는 여전히 사업자의 개념을 넓게 해석하고 있다.

2. 공법인

사업을 행하는 사적 경제주체가 동법의 사업자 개념의 중심이 된다는 것은 말할 것도 없지만, 정부기관, 지방공공단체, 공사 등의 公法人이 사업을 행하는 경우에도 여기서 말하는 사업자에 해당하는지의 여부가 문제된다. 정부기관, 공법인 등이 행하는 경제활동이 동법 제2조의 "사업을 행하는" 경우에 해당한다면, 이들도 역시 사업자로서 다루어져야 한다. 정부기관, 지방공공단체, 공법인 등이 행하는 경제활동은 영리를 목적으로 하지 않고 애초에 公益目的을 가진다고 생각되지만, 위에서 이미 서술한 것처럼, 동조에서 말하는 사업자이기 위해서는 그 목적의 여하는 문제로 되지 않는다. 즉 영리를 목적으로 하는지 아닌지를 묻지 않기 때문에 공익을 추구한다고 해서 사업자가 아니라고 할

206) 服部育生, 經濟法講義, 泉文堂, 1995, 11면.
207) 厚谷襄兒, 앞의 책, 16면.

수는 없다.

반면에 공영사업, 공단·공사 등의 특수법인, 공익법인 및 정부규제
산업은 동법의 사업자의 개념에 포함시키지 않아야 한다는 주장이 있
다. 이는 다시 두 가지 견해로 나뉜다. 첫째는, 사업의 경영형태가 공영
또는 그에 준하는 형태인 기업은 동법의 사업자가 아니라는 것이다. 둘
째는, 사업활동의 일부 또는 대부분이 법률 등에 의해 이미 정해져 있
어 자유로운 활동이 인정되지 않는 기업은 동법의 사업자될 수 없다고
한다. 공영기업이나 특수법인의 사업활동을 여러 가지로 법률에서 규정
하고 있기 때문에 이 두 가지 논의는 중복되는 부분이 있다.

前者에 대하여, 사업의 공익성과 비영리성을 이유로 공영사업의 사업
자성을 부정하는 학설이 있었지만,[208] 통설과 판례는 동법의 사업자에
해당된다고 하고 있다. 왜냐하면 첫째는 사업자성을 부정하는 실정법상
의 근거가 없기 때문이다. 독점금지법의 제정당시부터 영리성을 엄격히
요구하지 않았고, 따라서 영리성을 가지지 않는 사업활동도 동법의 적
용대상에 포함시켜야 하는 것임이 시사되고 있었다.[209] 그래서 제정 독
점금지법에서는 "사업을 經營하는" 그리고 1949년 개정에서는 "사업을
營爲하는 자"로 규정되어 있던 것을 1953년 개정에 의해 현재와 같이
"사업을 行하는 자"로 변경하였다. 이로써 公益事業者 내지 非營利事業
者도 동법의 사업자에 포함시키려 했음을 명확히 하려고 했다.[210] 둘째

---

208) 이윤추구이외의 목적을 가지는 공기업의 활동에 독점금지법 논리가 강
제될 수 없기 때문에, 공기업을 사업자로 하지 않는 해석이 체계적 정합
성을 가진다는 견해이다(來生新, 동경도 식육처리장 부당염매사건, 法
敎 70호, 109면 이하). 그러나 후에는 사업자성을 인정하는 쪽으로 견해
를 바꾸었다(橫濱國際經濟法學 2권 1호 145면 이하, 159면).

209) 이 법의 제정에 참가하였던 자에 의해 씌여진 해설서에서는 사업자
에 대하여 "영리와 연결될 수 있는 것으로 충분하고, 현실적으로 영
리를 목적으로 할 것을 필요로 하지 않는다"고 하고 있다(商工省企
劃室編, 獨占禁止法の解說, 時事通信社, 1947, 12면).

로, 적용제외규정이 없는 이상 이들을 사업자의 정의의 해석에서 제외시키는 것은 옳지 않기 때문이다. 사업의 공익성이나 비영리성은 사업자성의 문제로서가 아니라 행위의 의도나 목적 등 위법요건의 해당성 문제로서 고려되어야 한다는 것이 판례와 통설의 입장이다.[211]

이와 관련하여 公營事業의 사업자성이 문제되었던 판례가 있다. 지방공공단체가 그 행정시책의 일환으로서 공익목적을 위해 영업하고 있는 사업에 있어서, 세금의 내부보충에 의해 부당염매를 행하였다고 하는 都立芝浦 畜場損害賠償事件에 있어서, 1심[212]과 2심[213]에 이어서 최고재판소도 다음과 같이 공영기업의 사업자성을 긍정하였다.

> 독점금지법 2조 1항은, 사업자란 상업, 공업, 금융업 기타의 사업을 행하는 것을 말한다고 규정하고 있고, 그 사업은 무언가 경제적 이익의 공급에 대응하여 반대급부를 반복 계속하여 받는 경제활동을 가리키고, 그 주체의 법적성격은 묻는 것이 아니기 때문에, 지방공공단체도 동법의 적용제외규정이 없는 이상, 이러한 경제활동의 주체인 관계에 있어서 당사자에 해당한다고 해석해야 한다. 따라서 지방공공단체가 도축료를 징수하여 도축사업을 경영하는 경우에는 도축장법에 의한 요금허가제도 하에 있어서도 부당염매규제를 받는 것이라고 해야 한다.[214]

---

210) 公取委事務局, 改止獨占禁止法解說, 日本經濟新聞社, 1954, 85면 잠조.
211) 後揭注(214)의 都立芝浦畜場事件 상고심 판결이 이에 해당한다; 實方謙二, 判評 324호, 34면; 今村成和, 公正取引 426호 18면.
212) 都立芝浦と畜場第一審判決 — 東京地判昭59·9·17 判時 1128호 21면 이하, 27면.
213) 都立芝浦と畜場控訴審判決 — 東京高判昭61·2·24 判時 1182호 34면 이하, 40면.
214) 都立芝浦と畜場上告審判決 — 最判平1·12·14 民集 43권 12호 2078면 이하, 2083면.

　後者의 논의에 대해서도, 통설과 판례는 事業者性을 부정하지 않는다. 일정한 사업은 법률에 의해 국가의 독점사업이 되기 때문에 독점금지법 위반이 문제되지 않는데, 동법이 적용되지 않는 것은 이러한 이유 때문이지 동법의 사업자에 해당되지 않기 때문은 아니다. 즉 이 경우 당연히 동법의 사업자에 해당하지만 단지 동법이 적용되지 않기 때문에 이를 논할 실익은 없다고 하는 것 뿐이다. 한편 고유한 국가독점사업상 행위에 해당되지 않거나, 인가요금이 上限料金 내지 幅料金인 경우, 또는 개별 사업자가 자기의 판단으로 인가요금 등을 신청하는 경우에는, 이러한 한도내에서 독점금지법이 적용될 수 있다.

　景品附年賀葉書 부당염매사건에서 오사까 지방재판소는 우편사업의 활동주체인 피고(국가)를 독점금지법 제2조 제1항에 말하는 사업자라고 판시함으로써,[215] 우편사업을 행하는 국가를 명백히 사업자로 인정하고 있다. 그 다음으로 독점금지법을 적용할지의 여부를 郵便法의 규정에 따르고 있다. 우선 우편법 제5조 제2항, 제30조, 제33조 제1항에 의해, 우편엽서(관제엽서)는 국가만이 발행, 판매가능한 것으로 그러한 한에 있어서는 국가의 독점이 인정된다고 하면서,[216] "관제엽서를 발행·판매하는 것은 피고(국가)의 고유한 獨占事業으로서, 그러한 한에 있어서는 독점금지법의 적용은 없다고 했다.[217] 그러나 경품부연하엽서 등에 관해서는 우편법 제22조 제3항 단서에 따라 다음과 같이 판시했다.

　　관제엽서에 복권번호를 부치거나 또는 圖畵 등을 기재하는 행
　위는 독점사업에 고유한 행위는 아니고, 그러한 독점사업에 고유
　하지 아니한 행위를 부가하여 관제엽서의 가치를 높여서 발행·

---

215) お年玉付年賀はがき不當廉賣事件－大阪地判平4・8・31　判時　1458호　111면 이하, 117면.
216) 전게주(215) 117면.
217) 전게주(215) 118면.

판매하는 것은 사제엽서의 시장과의 경쟁을 가져오는 것이기 때
문에, 본건 연하엽서 등의 발행, 판매가 국가의 독점사업이라고
하여 본건 연하엽서 등의 발행·판매에 대하여 독점금지법의 적
용이 없는 것이라고 할 수는 없다.[218]

오사까 고등재판소는 郵政省의 사업자성을 전제로 하여 우편법의 규
정을 참조한 뒤에 지방재판소와 같은 결론을 내렸다.[219] 그러나 그 이
론구성에 있어서 독점금지법의 적용범위를 官製葉書 일반으로 확대시
켰다. 즉,

   우편법 22조 3항에서는 우정대신은 일반적으로 우편엽서를 발
   행한다고 하고 있는 것뿐으로, 料額印面을 부착한 것만을 발행한
   다고 규정하고 있는 것은 아니기 때문에, 이것을 요액인면을 부
   착한 것으로서 우편엽서를 前記證標와 一體化해야 하는 것으로
   하고 있는 것은 省令인 郵便規則의 정함에 따르는데 지나지 않
   고, 또 수요자의 입장으로부터 보아 요액인면부의 우편엽서와 이
   것이 부착되지 않은 우편엽서와의 사이에 질적인 차이가 있을 리
   는 없고,……[220]

이 판결을 통하여 동법원은 法律에 의한 정함과 省令에 의한 정함을
구별하여, 후자에 대해서는 독점금지법의 적용이 가능하다고 판시했다.
이것이 지방재판소의 판결을 변경시키는 것은 아니지만, 공익사업의 規
則과 獨占禁止法이 관계에 새로운 지평을 여는 주목해야 할 판결로 인
식되었다. 결국 공영사업 등에 대한 동법의 적용이 부정되는 경우는 적
용제외규정이 존재하거나 또는 사업활동의 일부 또는 대부분이 법에
정해져 있는 경우에 한정된다.[221] 공법인과 관련된 규제는 주로 독점금

---

218) 전게주(215) 117면.
219) 大阪高判平6·10·14 判時 1548호 63면 이하.
220) 전게주(219) 65면.

지법 제19조의 不公正한 去來方法의 금지를 중심으로 행해지게 될 것이다. 즉 공법인이 그 독점적 지위를 이용하여 개개의 거래상대방에게 부당한 구속을 가하는 경우 등에 있어서 불공정한 거래방법이 문제되게 될 것이다.[222]

위의 판례 이외에도 사업자성이 쟁점은 아니었지만, 특수법인, 민법에 의한 공익법인 및 정부규제산업에 대하여 동법이 적용된 예가 있다. 예를 들면, 농림중앙금고(농림중앙금고법에 기초한 정부(당시)·민간의 공동출자로 설립된 특수법인)가 독점행위를 방조하는 거래거절을 행하였던 雪印乳業事件이 있다.[223] 구마모또현의 공익법인(재단)인 화학및혈청치료법연구소가 다른 9 사업자와 공모하여 動物用生物學的製劑의 판매가격을 정하고, 7 사업자와 공모하여 돼지콜레라생백신의 생산수량과 판매상대방을 결정하여 동법 위반이 문제되었던 사례가 있다.[224] 또 정부규제사업인 버스회사가 주식취득과 임원겸임으로 문제되었던 히로시마전철사건이 있다.[225]

3. 자유업자

自由業者에게 사업자성을 인정할 것인지의 여부는 사업자의 개념에 관한 또 하나의 중요한 논점이다. 의사, 변호사, 회계사, 변리사, 건축사 등의 자유업은 사업활동이라고 하기 보다는 일정한 윤리성이 요청되는 전문적 직업이기 때문에 이 부분에서는 경쟁원리가 적용될 수 없다는

---

221) 厚谷襄兒, 앞의 책, 18면.
222) 正田彬, 앞의 책, 129면.
223) 公取委審決昭31·7·28 集 8권 12면.
224) 動物用生物學的製劑價格カルテル事件 − 公取委勸告審決昭50·10·27 集 22권 73면: 豚コレラ生ワクチン生産數量制限事件 − 公取委勸告審決昭50·10·27 集 22권 79면.
225) 廣島電鐵事件 − 公取委同意審決昭48·7·17 集 20권 62면.

관념이 있었다.226) 자유업에 대한 이와 같은 사회통념의 영향을 받아서 학설은 이들을 독점금지법상 사업자라고는 생각하지 않았다.

그러나 의사회, 변호사회 등과 같이 이러한 종류의 직업에 종사하는 자의 단체가 구성원의 이익을 지키기 위해 신규개업을 억제시키거나 구성원의 활동을 제한하는 등의 행위를 행하는 사례가 나타났다. 이러한 단체들의 부당한 활동을 방치시켜 두는 것은 독점금지법의 취지목적에 반하기 때문에, 공정거래위원회는 해당 단체의 경쟁제한행위에 대하여 적극적으로 동법을 적용하게 되었다.227) 그 경우 해당 단체의 활동을 동법으로 규제하기 위해서는 단체의 구성원이 동법의 사업자에 해당되지 않으면 안된다. 그래서 학설도 종래의 입장을 변경하여 이들을 사업자라고 보는 견해가 유력하게 되었다. 이러한 경향은 이 시대의 경제활동의 발전에 따라 동법의 적용을 확대하려는 것으로서 定義規定의 취지에 적합한 것이었다.

그런데 일반적으로 이른바 자유업의 범위가 어디까지인가에 대한 명확한 판단 기준은 없으며,228) 개별적으로 정하는 수밖에 없다. 따라서 자영업자 일반이 여기에서 말하는 사업자에 해당되는가 아닌가를 논하는 것은 타당하지 않다. 개별적으로 거래사회에 있어서 경제활동으로서 행해지는 행위인가 아닌가, 바꾸어 말하자면, 거래의 객체가 經濟的 利益의 성격을 가지고 있는 것인가 아닌가가 판단의 기준이 된다. 기본적

---

226) 谷原修身, 現代獨占禁止法要論, 中央經濟社, 1992, 87면 참조.
227) 日本建築家協會事件 - 公取委審決昭54·9·19 集 26권 25면; 千葉市醫師會事件 - 공취위권고심결소55·6·19 집 27권 39면; 豊橋市醫師會事件 - 공취위권고심결소55·6·19 집 27권 44면; 和歌山市醫師會事件 - 공취위권고심결소55·9·29 집 27권 58면; 札幌齒科醫師會事件 - 공취위권고심결소56·2·18 집 27권 103면.
228) 지방세법상의 제3종사업이 기준이 되지 않는다는 것에 대해서는, 今村成和, 獨占禁止法, 有斐閣, 1978, 37면.

으로는 國民經濟와 관계가 있는 事業이 여기에서 말하는 사업이라고 생각할 수 있지만, 그렇다고 명확한 형태로 국민경제 전체의 지배구조에 연결된 것만에 한정지을 이유는 없다.[229] 이보다는 경제적 이익을 둘러싼 거래행위를 업으로 하는 자를 동법에서 말하는 사업을 행하는 자로 넓게 보는 것이 타당하다. 일반소비자에 대하여 용역의 제공을 행하는 자(의사, 변호사 등)는 경제적 이익에 관한 거래를 행하고 있으며 나아가 경쟁이 행해지는 것인 이상, 원칙적으로 동법에서 말하는 사업자에 포함된다고 해석해도 좋을 것이다. 건축사협회가 보수규정 등의 경쟁제한적 결의를 행하였던 것에 대하여, 경제적 이익을 둘러싸고 경쟁이 행해지고 있는 것이 그 규정을 설치한 취지라는 점을 부정할 수 없고 나아가 그 업무가 기업에 의해서 행해지고 있는 경우가 과반수를 점하고 있는 것 등으로부터 보아, 건축사를 사업자로서 다룬 공정취인위원회의 입장은 타당하다.[230]

독점규제법상 사업자에 勞動者가 포함되지 않는 것은 이미 보았지만, 노동자로서 성격짓는 것이 불가능한 자(노동의 종속성에 의한 규제를 받지 않는 자)가 용역을 제공하는 사업자가 되는 것은 가능하다. 그리고 프로야구나 J리그 등의 프로스포츠단체나 예술·예능활동의 단체에서도 선수나 예술인 개인의 사업자성이 문제로 될 가능성이 있으나 아직 이에 대한 충분한 논의는 행해지고 있지 않다. 그렇지만 이는 노동법, 방송법, 저작권법과도 관계되는 문제로서, 자유업의 문제와 반드시 동일한 것은 아니다.[231]

---

229) 正田彬, 앞의 책, 127면.
230) 公正取引委員會, 昭和 50年度 年次報告, 1975, 102면.
231) 厚谷襄兒, 앞의 책, 19면.

4. 학 교

학교의 教育事業이 독점금지법의 사업에 포함되는가에 대하여 의문이 있다. 學校教育法이 정하는 학교(동법 1조가 정하는 소학교, 중학교, 고등학교, 대학, 고등전문학교, 맹학교, 농학교, 양호학교, 유치원)에서 행해지는 교육활동 그 자체를 거래사회에 있어서 경제활동으로서 행해지는 경제적 이익의 공여로서 성격짓는 것은 타당하지 않을 뿐만 아니라 동법의 목적으로부터 보아도 이것이 경쟁질서와의 관계에서 의미를 가진다고는 해석되지 않기 때문에, 여기에서 말하는 사업에 포함되지 않을 것이다. 그렇지만 학교에서 행해진 교육활동이라도 각종 학교에서 행해지는 활동의 종류는 다양하다. 이들 각종 학교의 교육활동이 영리를 목적으로 하고 학교 이외의 형태로도 행해질 수 있거나 혹은 현재 행해지고 있는 경우에는, 독점금지법에서 말하는 사업으로서 다루는 것이 타당하다.[232] 또한 학교가 출판사업, 물품의 구입 등과 같은 副次的 活動을 하는 경우에는 그 행위의 범위 내에서 동법에서 말하는 사업자성이 인정될 수 있을 것이다.

5. 반사회적 사업활동

反社會的 事業活動을 행한 자의 사업자성이 문제로 되었던 사례가 있나. 이 사례에서 오사까 지방재판소는 다음과 같이 판시했다.

…… 獨占禁止法 및 景品表示法의 취지에 비추어 본다면, 그 적용대상인 사업자는 공정하고 자유로운 경쟁의 주체인 자가 아

---

232) 사이따마현 자동차교습소협회에 대한 건, 昭41・2・15 公取委 勸告審決, 審決集(13), 4면: 각종학교, 종교법인 등의 사업자의 범위에 관하여는 公正取引 233호, 25면 참조.

니면 안된다고 해야 한다. …… 완전히 사기거래를 행하는 등 공
정하고 자유로운 경쟁의 촉진을 꾀할 여지가 없는 거래활동을 행
한 자는 독점금지법 및 경품표시법의 적용대상인 사업자에는 해
당되지 않는다고 하지 않을 수 없다.[233]

그러나 이러한 법리는 잘못된 것이다. 동법상 사업자성의 유무는 사
업의 사회적인 가치로부터 판정되어야 하는 것이 아니다. 다른 단속법
규나 형벌법규가 있는 경우에도, 반사회적 사업활동을 행한 자에 대해
서는 동법에 의한 규제 가능성을 찾음과 함께 동법 위반을 이유로 하
는 손해배상청구 등 피해자 구제의 길을 확보해야 할 것이다.[234] 따라
서 반사회적 사업활동을 한 자의 사업자성은 긍정되어야 한다. 동재판
소도 결과적으로는 사업자성을 부정하지는 않았다.

6. 사업자단체에 있어서 사업자의 특칙

독점금지법 제2조 제1항 2문은 事業者團體를 염두에 둔 규정이다. 사
업자단체는 사업자에 의해 구성되므로, 사업자단체의 구성과 관련하여
사업자의 의의가 특수한 이해를 가질 필요가 있는 경우가 있다. 사업자
단체로서 기능하는 단체는 그 구성원이 사업자 자체인 경우가 많지만,
사업자인 회사의 任員, 從業員, 代理人 등이 개인으로서 그 구성원이
되고 회사를 위해 행동하는 경우도 적지 않다. 이와 같은 단체는 실질
적으로는 사업자의 단체로서의 성격을 가지기 때문에, 사업자 자체가
구성원으로 되어 있지 않은 단체라 하여도 동법에서 의미하는 사업자
단체로서 다룰 필요가 있고, 따라서 그 구성원은 사업자로 보게 된다.

---

233) 豊田商法國家賠償 (東京) 事件－東京地判平4・4・22 判時 1431호 72
　　　면 이하, 102면.
234) 민법상 불법원인급여가 된다면 사정은 달라진다.

이러한 의미에서 사업자의 이익 때문에 행위를 행하는 자를 사업자로 본다. 여기에서 事業者의 利益을 위해 行爲를 행한다는 것은 임원, 종업원, 대리인 기타의 자가 행하는 행위가 사업자와 실질적인 연결을 가지는 것을 뜻한다. 임원 등의 행위라고 하여도 사업자와 관계가 없거나 개인적 이유에 기인한 경우에는 문제되지 않는다.[235]

Ⅲ. 사업자단체

1. 연 혁

독점금지법은 "이 법률에 있어서 事業者團體라 함은 사업자로서의 共通의 利益을 증진시키는 것을 주된 목적으로 하는 2 이상의 사업자의 結合體 또는 그 聯合體를 말하고, 아래에서 정하고 있는 형태의 것을 포함한다. 단, 2 이상의 사업자의 결합체 또는 그 연합체로, 資本 또는 구성사업자의 出資를 가지고, 營利를 목적으로 하여 상업, 공업, 금융업, 기타의 사업을 영위하는 것을 주된 목적으로 하고, 또 현재 그 사업을 경영하고 있는 자를 포함시키지 않는 것으로 한다.

1. 둘 이상의 사업자가 사원(사원에 준하는 자를 포함)인 社團法人 기타의 社團

2. 눌 이상의 사업자가 이사 또는 관리인의 임면, 업부의 집행 또는 그 존립을 지배하고 있는 財團法人 기타의 財團

3. 둘 이상의 사업자를 조합원으로 하는 組合 또는 契約에 의한 둘 이상의 사업자의 聯合體"라고 규정하고 있다(제2조 제2항).[236]

---

235) 笹井昭夫, 獨占禁止法槪說, 中央經濟社, 1982, 32-33면.
236) 사업자와 사업자단체에 대한 법적용의 경합문제: 고도독점산업과 같은

본래 사업자단체에 관해서는 1948년 7월 29일 법률 제191호로서 제정된 事業者團體法이 있었다. 이 사업자단체법은 현재의 독점금지법상의 사업자단체의 활동규제에 비하여 상세하고도 상당히 엄격한 규제를 하고 있었다.[237] 이 법은 독점금지법에 대한 補助立法으로서 중요한 역할을 해왔다.

그러나 1953년 독점금지법을 개정하면서, 이 사업자단체법이 폐지되고 그 법률의 내용은 축소·완화되어 독점금지법 제3장에 편입되었고, 그에 따라 동법 제2조의 정의규정의 하나로서 사업자단체에 관한 정의가 정해졌다. 따라서 독점금지법 제2조 제2항의 규정은 옛 사업자단체법 제2조 제1항에 정해져 있었던 사업자단체에 관한 정의규정에 기초하여 정해져서, 동법 동조 동항의 규정이 거의 그대로 사용되고 있다.

옛 사업자단체법에 있어서 사업자단체의 정의규정은 그 제정 당시에는 사업자로서의 공통의 이익을 증진시키는 것을 목적에 포함하고 있는 복수의 사업자의 결합체 또는 그 연합체 모두를 말하는 것으로 규

소수의 유력한 사업자로 구성된 사업자단체는 단체의 의사결정이 개개의 구성사업자의 의사와 밀접한 관계에 있고, 위법행위의 책임을 구성사업자의 공동행위로서도, 사업자단체의 결정으로서도 책임구성시킬 수가 있다. 이 경우에 독점금지법의 적용은 어느 쪽을 대상으로 하여도 좋고 그것은 공정취인위원회의 재량적 규제권한에 맡겨져 있다(厚谷襄兒, 앞의 책, 22면: 村上政博, 獨占禁止法の日米比較[上], 弘文堂, 1991, 61면). 동경 고등재판소도, 부당한 거래제한행위가 사업자단체에 의해 행해졌던 경우에 있어서도, 본건과 같이 이것이 동시에 위 사업자단체를 구성하는 각 사업자의 종업원에 의해 업무에 관하여 행해졌다고 관념시킬 수 있는 때에는, 위 행위를 행하였던 것의 刑事責任을 사업자단체 외에 각 사업자에 대하여 물을 수 있고, 그 어느 것에 대하여 형사책임을 물을지는 공정취인위원회 내지 검사의 합리적 재량에 맡겨져 있다고 판시하고 있다(油價格協定刑事事件－最判昭 59·2·24 刑集 38권 4호 1287면). 실무상으로는 이러한 경우에 사업자의 행위로 책임 구성하는 사례가 늘고 있다.

237) 厚谷襄兒, 앞의 책, 21면.

정되어 있었다. 그리고 그 상태, 근거의 여하, 登記를 요하는지의 여부, 법인인지 여부와 영리를 목적으로 하는지의 여부 또는 사업자의 규모의 크기 등은 묻지 않았다.[238] 그러다가 1952년의 개정에 의해서 사업자단체로부터 영리를 목적으로 한 단체를 배제시킬 의도로 제2조 제2항이 추가되었다. 현행 독점금지법 제2조 제2항에서도 이 영리를 목적으로 한 단체는 사업자단체에서 제외된다. 이는 영리를 목적으로 하는 단체는 동법에 있어서는 사업자로서 규제를 받게 될 것이므로, 개념의 혼란을 방지하기 위한 것이다. 또 1952년의 사업자단체법 개정에 의해 종래 사업자로서의 공통의 이익을 "目的에 包含시킨다"고 되어 있었던 것이 사업자로서의 공통의 이익의 증진을 "主된 目的으로 한다"고 개정되었다. 이 개정은 실질적인 탈법행위를 막고자 한 것인데, 이를 위해서는 그 목적에 대한 실질적인 판단이 행해져야 한다.

2. 사업자단체의 목적

사업자단체는 비영리활동을 행하는 단체이지만, 그 활동은 독점금지법을 위반할 위험성을 항상 가지고 있다. 단체의 조직적인 통제력을 배경으로 구성원들로 하여금 경쟁제한행위를 하도록 유인하는 결의를 할 염려가 있기 때문이다. 실제로 일본의 독점금지법 위반행위의 다수가 사업자단체의 활동으로부터 생겨나고 있다.[239] 따라서 사업자와 함께 사업자단체가 동법의 주된 수범자가 되는 것은 당연할 것이다.

사업자단체의 경쟁제한적인 행위를 효과적으로 규제하기 위해서는 영리활동을 행하는 사업자와는 다른 존재로서 법기술적으로 명확히 구별을 하고, 이에 따라 사업자와 사업자단체에 대한 법적용의 整合的인 關係가

---

238) 正田彬, 앞의 책, 133면.
239) 厚谷襄兒, 앞의 책, 21면.

유지되지 않으면 안된다. 이것이 사업자단체의 정의가 내려진 이유이다.

(1) 사업자로서의 공통의 이익 증진

사업자단체의 목적은 사업자로서의 共通의 利益을 增進시키는 것이다. 먼저 사업자단체에 의해서 증진되어야 하는 이익은 '事業者로서의' 이익이다. 이것은 사업자에게 고유한 이익일 것을 요하고, 동시에 사업자의 사업활동에 관한 이익일 것을 필요로 한다. 사업자에게 고유한 사업활동에 관한 이익이면 그 내용의 여하는 묻지 않는다. 즉 받는 이익이 직접적이든 간접적이든 상관없고, 또 그것이 사업활동의 전체에 관한 것이어도 일부에 관한 것이어도 좋다. 사업자의 결합체라고 할지라도, 위에서 기술한 의미에서의 사업자의 이익과 관계가 없는 것을 목적으로 하는 경우는 사업자단체라고 할 수 없다.[240] 따라서 자선단체나 취미 등을 통한 친목회 등으로부터 얻어진 감정적, 심리적 만족과 같은 것은 여기에서 말하는 사업자로서의 이익은 아니다.

이와 같은 공통의 이익을 증진시키기 위한 대표적인 활동을 예시한다면, 대내적으로는 경영지도, 시장조사, 행정정보의 제공, 제품의 獨自規格, 自主基準의 책정, 법령연구, 기술연구, 자격인정, 기능훈련연수, 친목 등이 있고, 대외적으로는 국회나 행정청 등에 대한 의견표명, 행정협력, 광고, 선전활동 등을 들 수 있다.[241]

다음으로, 그 이익이 사업자에게 共通되어야 한다. 여기에서 공통이라 함은 구성사업자가 그 결합에 의해서 비슷한 성격의 이익을 얻는 것을 말하는 것이지만, 반드시 동일한 성질의 것에 한하지는 않는다. 구성사업자가 그 결합으로부터 사업활동에 관한 이익을 얻는다면, 구체적인 이익의 내용이 무엇인지는 중요하지 않다.[242] 따라서 판매자와 구

---

240) 今村成和, 앞의 책, 39-40면.
241) 厚谷襄兒, 앞의 책, 22면.

매자가 동일 결합체를 구성하는 경우에도 공통의 이익이라고 여겨질 수 있는 경우가 있을 것이다.

또한 공통의 이익은 구성사업자에게 균등하게 배분될 필요는 없다. 어떠한 이익 분배라도 그것이 사업자단체의 조직적 결정에 의한 결과라고 보여지면 된다. 즉 그 이익이 구성사업자 전체에 대해서 공통적인 경우 뿐만 아니라 그 일부만이 이익을 향유하는 경우에도 공통의 이익이라고 할 수 있다.[243]

(2) 주된 목적

위와 같은 사업자로서의 공통의 이익을 증진시키는 것을 主된 目的으로 할 것이 필요하다. 주된 목적이란 그 결합체의 목적 중에서 주요한 것을 말한다. 이것은 그 결합체의 規約 혹은 定款 등에 나타난 목적만을 말하는 것은 아니다. 그 결합체의 구체적인 상태를 보아 실질적으로 목적을 판단하지 않으면 안된다.[244] 정관 등에 나타난 형식적 목적 및 결합체의 실태를 보고 판단한 결과 주된 목적이 사업자로서 공통의 이익의 증진에 있는 것이 확실한 경우는 문제가 없지만, 결합체의 목적이 여러 개인 경우에는 문제가 발생할 것이다. 그러나 이 경우에도 사업자로서의 공통의 이익의 증진이 주요한 목적 중의 하나라고 판단된다면 충분하다고 해야 한다. 반드시 가장 중요한 목적이 아니면 안된다고 해야 할 필요는 없다. 이와 같은 경우에는 특히 현실 상황을 면밀히 검토할 필요가 있다.

독점금지법상 사업자단체의 유형으로는, 일본자동차공업회나 전국은

---

242) 正田彬, 앞의 책, 134면.
243) 今村成和, 앞의 책, 40면: 大阪綜合食品(株)外 25名에 대한 件의 審決取消請求事件, 昭26・11・30 東京高判, 심결집(三) 196면 이하.
244) 今村成和, 앞의 책, 40면.

행협회연합와 같은 同業者集團型團體, 상공회의소와 같은 地域集團型團體, 기업집단의 사장회와 같은 利益共同體型團體, 경제단체연합회나 일본경영자단체연맹과 같은 聯合會型團體가 있다.[245]

3. 사업자단체의 구성과 형태

(1) 구 성

사업자단체는 2 이상의 사업자의 결합체 또는 그 연합체이다. 여기에서 말하는 사업자에는 사업자의 이익을 위한 행위를 행하는 임원, 종업원, 대리인 기타의 자가 포함된다.

사업자단체는 2 以上의 구성사업자에 의해 형성되며, 구성사업자로부터 독립된 이사회 등의 의사결정기관을 가진다. 2 이상의 사업자란 보통 복수의 동업자(경쟁자)를 말한다. 경쟁사업자의 대부분을 포함하는 단체도 있고 또는 그 정도로 높은 조직율을 가지지 않는 단체도 있으며, 구성사업자의 규모도 다양하다. 그밖에 사업자단체는 동업자(경쟁자)만의 단체일 것을 요하지 않는다. 거래관계에 있는 제조업자와 판매업자가 단체를 만들기도 하고, 다른 거래단계의 판매사업자들이 단체를 만드는 경우도 있다.

2 以上의 事業者의 結合體란 둘을 포함한 복수의 사업자의 결합체를 의미한다. 또한 여기에서 말하는 사업자에는 독점금지법 제2조 제3항에서 정의되고 있는 임원도 포함되기 때문에, 사업자의 임원의 결합체도 사업자의 결합체로서 다루어지게 된다. 이러한 결합의 형태, 사업자단체의 설립 근거 및 구성사업자의 사업규모 등은 문제로 되지 않는다. 또한 옛 사업자단체법 제2조 제2항의 정의조항에서 규정하고 있었던

---

245) 根岸哲 外, 앞의 책, 64-65면.

"어떠한 형태의 것인가를 묻지 않고, 어떠한 법령 또는 계약에 의해 설립되었던 것인가를 묻지 않고, 등기를 요하는가 요하지 않는가를 묻지 않으며, 그 사업자의 사업의 규모의 대소를 묻지 않는다"고 하는 문언은 독점금지법에서는 삭제되어 있다. 이는 그 문언의 내용을 부정하기 위한 것이 아니라 너무도 당연한 것이기 때문에 불필요하다고 생각되어 삭제한 것이므로, 해석에 있어서는 그 문언의 의미를 그대로 살리는 것이 타당하다.

그 聯合體란 2 이상의 사업자의 결합체가 연합된 단체를 의미한다.[246] 여기에서 말하는 연합체에는 사업자의 결합체와 사업자의 양자를 구성원으로 하는 단체도 포함된다. 또한 결합된 단체가 同種인가 아닌가는 묻지 않는다.

사업자단체의 구성형태에는 독점금지법 제2조 제2항 1호 내지 3호에 기술되어 있는 것이 포함된다. 동항 각호에 기재되어 있는 형태는 단지 결합의 형태를 나타낸 것에 지나지 않기 때문에, 사업자로서의 공통 이익을 증진시킨다고 하는 목적을 그 주된 목적으로 하는가 아닌가의 판단은 별도로 행해지지 않으면 안된다.[247] 한편 包含이라고 함은 동항 각호에 기재된 형태의 것이 포함되지만, 이에 한정되는 것은 아니라는 의미이다.

(2) 형태—사단, 재단, 조합·계약에 의한 결합

사업자단체의 法的 形態는 어떠한 형태이어도 좋다. 이를 한정시키는 것은 탈법행위를 허용하고 규제에 헛점을 남길 염려가 있다. 재단이나 조합, 임의단체 등 어떠한 법적 형태에 따르는 것이어도 독점금지법상의 사업자단체로 된다. 사단법인 기타의 사단(1호), 재단법인 기타의

---

246) 福岡博之, 獨占禁止法, 勁草書房, 1981, 71면.
247) 正田彬, 앞의 책, 136면.

재단(2호), 조합 또는 계약에 의한 둘 이상의 사업자의 결합체(3호)란 그와 같은 취지를 구체적으로 규정한 것에 지나지 않으며, 특정의 법적 형태로 한정시킬 의도가 있었던 것은 아니다.[248]

(가) 2 이상의 사업자가 사원인 사단법인 기타의 사단(1호)

여기에서 사원(사원에 준하는 자를 포함)이란 사단의 구성원을 의미한다. 즉 사원이란 사단법인의 구성원을 말하고, 사원에 준하는 자는 법인격 없는 사단, 이른바 권리능력 없는 사단의 구성원을 가리킨다.[249]

社團法人 기타의 社團이하 함은 민법에 의한 공익법인인 사단, 상법에 의한 영리법인인 사단, 특별법에 의해 법인이 된 사단 및 권리능력이 없는 사단을 의미한다. 사단이란 재단에 대립되는 개념으로서 그 핵심은 人的結合에서 구할 수가 있다. 즉 사단은 일반의 사회관계에 있어서 구성원의 개인적 색채가 거의 보이지 않는 것을 특색으로 하는 단체이다. 이 사단 중에서 공익을 목적으로 하는 사단은 일본 민법 제34조에 의해 법인으로 볼 수 있는 것이 정해져 있고, 영리를 목적으로 하는 사단은 상사회사를 설립할 조건에 따라서 법인을 이룰 수가 있게 된다(민법 제35조). 이 양자에 들지 않는 사단은 권리능력이 없는 사단이 되는데, 어떠한 것이 권리능력 없는 사단으로 되는지는 그 단체의 실태에 의해 정해진다. 여기에서 말하는 사단 중에서 영리를 목적으로 하는 사단법인은 영리단체가 되기 때문에, 그 구성원에 사업자 또는 그 임원이 2 이상 포함되어 있다고 할지라도 사업자단체가 되지 않는다(독점금지법 제2조 제2항 단서).[250] 따라서 법인격이 없는 사단이라고 할지라도 동조 동항 단서에 해당되는 경우에는, 동조 동항에서 말하는

---

248) 石油價格協定刑事事件 – 最判昭 59・2・24 刑集 38권 4호 1287면.
249) 福岡博之, 앞의 책, 72면.
250) 다음의 4 참조.

사업자단체에 해당되지 않는다.

(나) 2 이상의 사업자가 이사 또는 관리인의 임면, 업무의 집행 또는 그 존립을 지배하고 있는 재단법인 기타의 재단(2호)

財團은 1호에 정해져 있는 사단과 대조적인 것으로서, 일정한 목적을 위해 재산이 존재하고 이것을 운용하기 위한 조직이 있는 형태이며, 재단을 구성하는 것은 재산이다. 따라서 재단에 있어서는 그것을 구성하는 개인의 집단은 존재하지 않는다. 재단에 있어서는 그 운영을 위한 조직이 필요하기 때문에, 독점금지법에서는 재단의 기본적 성격으로부터가 아니라, 그것에 부수되는 조직에 착안하여 그 조직을 사람의 결합으로 보아서 동법 제2조 제2항 본문의 요건을 충족하는 경우에는 사업자단체로 보는 것이다. 재단은 그 목적이 공익에 있는 것에 한하여 법인이 될 수가 있다. 또 재단은 그 구성원을 가지지 않기 때문에 영리법인이 되는 일은 없다.[251]

사업자가 재단의 운영에 관여하고 있는 것만으로 동조 동항에서 말하는 사업자단체라고 할 수는 없기 때문에, 둘 이상의 사업자가 이사 또는 관리인의 임면, 업무의 집행 또는 그 존립을 지배하고 있는 경우에만 사업자단체가 될 가능성이 있는 것으로 정하고 있다.

理事 또는 管理人의 임면을 지배한다는 것은 재단의 운영조직에 있어서 이사 또는 관리인이라고 하는 재단의 운영에 대한 최고기관을 임면하기에 충분한 만큼의 사실상의 힘을 가지고 있다는 것을 말하고, 구체적으로는 이사 또는 관리인의 선출기관에 있어서 지배적 지위를 점하고 있는 것을 말한다. 현실적으로 그것을 지배하고 있을 것을 반드시 요하지는 않으며 지배력을 가지고 있는 것으로 충분하다.

---

251) 正田彬, 앞의 책, 137면.

業務의 執行 또는 그 存立을 支配한다는 것은 2 이상의 사업자가 재단의 업무집행기관을 지배하는 힘을 가지는 것 또는 재단의 운영에 참가하고 있는 사업자들 만으로 그 해산을 유효하게 행할 수가 있는 것과 같은 상태를 말한다.

(다) 2 이상의 사업자를 조합원으로 하는 조합 또는 계약에 의한 2 이상의 사업자의 결합체(3호)

組合이란 조합계약에 의해 각 당사자가 출자하여 공동의 사업을 영위하기 위해 결성된 결합체이다. 그것이 인적결합을 수반하는 점에 있어서는 사단에 가깝지만, 사단에 의한 것보다도 구성원의 개인적 색채가 강하다는 것이 특징이다. 여기에서 말하는 조합이란 민법상의 조합을 그 전형으로 한다고 해석된다. 이것은 각호의 예시가 사단, 재단, 조합이라고 하는 것처럼 민법의 규정에 따라서 정해지고 있다는 점을 보아도 명확하다. 이 조합의 경우도 2 이상의 사업자가 조합원일 것을 요한다.

契約에 의한 2 이상의 사업자의 結合體에서 契約이란 위에 기술한 조합계약 이외의 모든 계약을 포함한다. 그리고 結合體라고 하는 이상 계약에 의해 결합되는 것뿐만 아니라 그 결합이 어떠한 형태로 지속되고 있을 필요가 있다.

4. 영리단체의 제외

(1) 근 거

사업자의 결합체 또는 그 연합체라 하여도 그 단체 자체가 영리단체인 경우에는 사업자단체로서 취급되지 않는다. 영리단체라고 하기 위해서는 동항 단서에 정해진 세가지 요건이 모두 충족되어야 한다. 이것은 사업자단체에 대한 옛 사업자단체법 제5조 제1항 13호에 의한 영업행위의 금지규정이 1952년의 동법개정 때에 삭제되면서 그것이 독점금지법에 수용되었기 때문에, 사업자단체가 營業行爲를 행할 수 있게 된 것에 기초한다. 동항 단서에 의해서 영리단체라고 인정되면 事業者로 취급된다. 따라서 사업자단체가 영리행위로서 행하는 공동판매나 공동구매 등은 사업자단체를 구성하고 있는 사업자에 대해서 독점금지법 제3조 위반인지의 문제가 발생함과 동시에, 사업자단체 자체에 대해서도 사업자로서 동법 제3조를 위반했는지 여부가 문제된다.

(2) 자본 또는 출자를 가질 것

영리단체로 되기 위한 첫 번째 요건은 資本 또는 構成事業者의 出資를 가지는 것이다. 2 이상의 사업자가 주식회사나 유한회사의 주주, 합명회사나 합자회사의 사원으로서 출자하여 구성된 회사(공동판매회사 등)가 전형적인 형태이다.[252] 이와 같은 출자를 가지는 단체로서는 사단법인, 상법상의 익명조합, 민법상의 임의조합 등이 있다.

(3) 영리목적으로 사업을 영위하는 것을 주된 목적으로 할 것

영리단체가 되기 위한 두 번째 요건은 營利를 목적으로 하여, 商業, 工業, 金融業, 기타의 事業을 영위하는 것을 主된 目的으로 하고 있을 것이다. 이것은 그 단체의 자본구성에 대한 조건과 관련해서 이해되어야 한다. 즉 營業에 의해 이익을 얻을 것이 주된 목적이어야 한다는 의미이다. 여기에서 말하는 主된 目的에 대해서는 정관 등에 나타나 있는 목적의 비중이 커다란 의미를 가지는 것을 부정할 수 없다고 하여도 역시 실질적인 판단이 행해져야 할 것이다. 즉 그 단체가 전체로서 객관적으로 영리목적의 영업을 주된 목적으로 하고 있는 것이라고 판단

---

252) 笹井昭夫, 앞의 책, 37면.

되어야 할 것이다.

(4) 현재 그 사업을 영위하고 있을 것

영리단체로 되기 위한 세 번째 요건은 現在 그 事業을 營爲하고 있을 것이다. 이것은 둘째의 요건과 밀접한 관련을 가지는 것으로서, 그 단체의 주된 목적이 영리를 목적으로 한 영업이라고 판단되는 경우에는 대체적으로 현재 그 사업을 영위하고 있다고 보아도 될 것이다.[253] 현재 그 사업을 영위하고 있는지 여부가 영리단체이기 위한 요건이므로, 위 (3)의 요건을 판단함에 있어서 형식적 목적만 가지고 있으면 충분하다고 할 수도 있겠으나, 이미 기술한 바와 같이 실질적으로 판단하는 것이 타당하다고 본다.[254]

영업을 주목적으로 설립된 단체가 현실적으로 영업을 행하기까지의 準備期間 또는 정당한 이유에 기초한 休業期間 등에 대해서는 그 성격을 엄밀히 판단한 다음, 위의 조건에 해당하는 경우에는 현재 그 사업을 영위하고 있는 경우와 마찬가지로 영리단체로서의 취급을 받게 될 것이다.

IV. 정 리

일본 독점금지법의 수범자는 사업자와 사업자단체이다. 여기서 사업이란 경제적 이익을 제공하고 이에 대한 반대급부를 받는 행위를 계속·반복적하는 경제활동을 말한다. 사업자는 사업을 경영하고 있어야 하며, 사업이 영리목적을 가지는지 여부는 문제되지 않는다. 그러나 이

---

253) 正田彬, 앞의 책, 140면.
254) 福岡博之, 앞의 책, 76면.

러한 사업이 구체적으로 무엇인지는 법에서 규정하고 있지 않다. 동법의 수범자의 범위를 경제현실에 맞추어 적절하게 정하기 위해서이다. 개별적으로는 주로 정부기관, 지방공공단체 등의 公法人, 自由業者 그리고 學校의 사업자성이 문제되는데, 이들이 행하는 경제활동이 동법 제2조 제1항의 事業에 해당하는 경우에는 사업자로 다루어진다.

사업자단체라 함은 사업자로서의 공통의 이익을 증진시키는 것을 주된 목적으로 하는 2 이상의 사업자의 결합체나 그 연합체를 의미한다. 이 사업자단체는 비영리활동을 하는 단체이지만 현실적으로 독점금지법 위반행위의 다수가 이들과 관련되어 있다. 또한 사업자의 결합체 또는 연합체라고 하여도 그것이 영리단체인 경우에는 사업자단체가 아니라 하나의 사업자로 다루어진다.

제4장 독점규제법상 사업자 개념

제1절 서 설

Ⅰ. 사업자 정의규정의 변천

1. 개 관

獨占規制 및 公正去來에 관한 法律은 1980년 12월 31일에 법률 제 3320호로서 공포되어 1981년 4월 1일부터 시행된 이래, 7차례의 개정을 거쳐 오늘에 이르고 있다. 동법은 市場經濟秩序를 기본으로 하는 우리나라에서 市場의 機能이 제대로 작동할 수 있도록 배려하기 위하여 제정된 법으로서, 자유시장경제의 基本秩序를 규율하는 우리 경제질서의 根本規範이라고 할 수 있다. 이러한 지위를 차지하고 있는 독점규제법은 사업자의 시장지배적지위의 남용과 과도한 경제력의 집중을 방지하고, 부당한 공동행위 및 불공정거래행위를 규제하여 公正하고 自由로운 競爭을 촉진함으로써 창의적인 기업활동을 조장하고 소비자를 보호함과 아울러 국민경제의 균형있는 발전을 목적으로 하고 있다.[1]

이미 살펴 본 바와 같이, 독일의 경쟁제한방지법에는 사업자에 관한 정의규정을 두고 있지 않으며, 미국의 반트러스트법에서는 사업자라는 개념을 사용하고 있지 않다. 반면에 우리 독점규제법은 일본의 독점금지법과 마찬가지로, 사업자에 관한 定義條項을 법제정 당시부터 두고

---

1) 독점규제법 제1조.

있다. 여기서는 이러한 사업자의 정의조항이 법제정 이후 7차례의 개정을 거치는 동안에 어떠한 변천을 거쳐왔고, 이를 통하여 사업자에 대한 인식이 어떻게 변화되어 왔는지를 살펴보고자 한다.[2]

2. 限定的 列擧方式

독점규제법 제정 이후 제6차 개정까지는 事業의 개념과 범위를 法令에서 정하고, 이에 해당하는 사업을 영위하는 자만을 동법의 수범자로 보았다. 따라서 여기에 해당하지 않은 사업을 영위하고 있지 않는 자의 경쟁제한행위에 대해서는 동법을 적용할 수가 없었다.

(1) 제정법령

법　　률: 제2조(定義) ① 이 법에서 "사업자"라 함은 제조업, 도·소매업, 운송·창고업, 건설업 기타 대통령령이 정하는 사업을 영위하는 자를 만한다. 사업자의 이익을 위한 행위를 하는 任員·從業員·代理人 기타의 자는 事業者團體에 관한 규정의 적용에 있어서는 이를 사업자로 본다.

시행령[3]: 제2조(事業의 範圍) ① 법 제2조 제1항에서 "大統領令이 定하는 事業"이라 함은 다음 각호의 사업을 말한다.

1. 음식 및 숙박업
2. 개인 및 가사서비스업
3. 용역업과 사회 및 개인서비스업중 경제기획원장관이 관

---

2) 독점규제법에 대한 전체적인 법제정 및 개정 경위에 관한 보다 자세한 내용은, 권오승, 경제법, 법문사, 1999, 97면 이하: 이동규, 독점규제 및 공정거래에 관한 법률 개론, 행정경영자료사, 1997, 49면 이하: 김찬진,「한국독점규제법의 제정연혁」, 경쟁법연구 제1권, 1989, 119면 이하.
3) 대통령령 제10267호(1981. 4. 1. 공포).

계행정기관의 장과 협의하여 지정·고시하는 사업

② 제1항 각호의 사업의 분류는 統計法 제11조 제1항의 규정에 의하여 경제기획원장관이 고시하는 韓國標準産業分類에 따른다.

(2) 제1차 시행령 개정[4]

제2조(事業의 範圍) ① 법 제2조 제1항에서 "大統領令이 定하는 事業"이라 함은 다음 각호의 사업을 말한다.

1. 음식 및 숙박업
2. 통신업[5]
3. 전기·가스 및 수도사업
4. 금융·보험업
5. 부동산 및 家事서비스업
6. 사회 및 개인서비스업

② 法 제2조 제1항과 제1항 각호의 사업의 분류는 統計法 제11조 제1항의 규정에 의하여 경제기획원장관이 고시하는 韓國標準産業分類에 따른다.

(3) 제1차 법률 개정[6]: 제2조(정의) ① ─ 제정법률과 동일

(4) 제2차 시행령 개정[7]

제2조(事業의 範圍) ① 법 제2조 제1항에서 "大統領令이 定하는 事業"이라 함은 다음 각호의 사업을 말한다.

---

4) 대통령령 제11475호(1984. 7. 21. 개정).
5) 밑줄친 부분은 개정시 새로 추가된 사업분야를 의미한다.
6) 법률 제3875호(1986. 12. 31).
7) 대통령령 제12120호(1987. 4. 1. 개정).

      1. 음식 및 숙박업

      2. 통신업

      3. 전기·가스 및 수도사업

      4. 금융·보험업

      5. 부동산 및 事業서비스업

      6. 사회 및 개인서비스업

      ② 法 제2조 제1항과 제1항 각호의 사업의 분류는 統計法 제11조 제1항의 규정에 의하여 경제기획원장관이 고시하는 韓國標準産業分類에 따른다.

(5) 제2차 법률 개정 및 제3차 시행령 개정

법　률8)：제2조(정의) 이 법에서 사용하는 用語의 定義는 다음과 같다.

      1. "事業者"라 함은 다음 各目의 1에 해당하는 사업을 영위하는 자를 말한다. 사업자의 이익을 위한 행위를 하는 任員·從業員·代理人 기타의 자는 事業者團體에 관한 규정의 적용에 있어서는 이를 사업자로 본다.

      가. 제조업

      나. 전기, 가스 및 수도사업

      다. 건설업

      라. 도·소매 및 음식, 숙박업

      마. 운수, 창고 및 통신업

      바. 금융, 보험, 부동산 및 사업서비스업

      사. 사회 및 개인서비스업

      아. 기타 대통령령이 정하는 사업

시행령9)：제2조(事業의 分類) 법 제2조 제1호 각목의 사업의 분류는

---

8) 법률 제4198호(1990. 1. 13.).

통계법 제11조 제1항의 규정에 의하여 경제기획원장관이
고시하는 한국표준산업분류에 따른다.

(6) 제3차 법률 개정 및 제4차 시행령 개정

법　　률[10]: 제2조(정의) 이 법에서 사용하는 用語의 定義는 다음과 같다.

　　　1. "事業者"라 함은 다음 各目의 1에 해당하는 사업을 영
　　　위하는 자를 말한다. 사업자의 이익을 위한 행위를 하
　　　는 任員・從業員・代理人 기타의 자는 事業者團體에 관
　　　한 규정의 적용에 있어서는 이를 사업자로 본다.

　　　가. 제조업

　　　나. 전기, 가스 및 수도사업

　　　다. 건설업

　　　라. 도・소매 및 소비자용품 수리업

　　　마. 숙박 및 음식점업

　　　바. 운수, 창고 및 통신업

　　　사. 금융 및 보험업

　　　아. 부동산・임대 및 사업서비스업

　　　자. 교육서비스업

　　　차. 보건 및 사회복지사업

　　　카. 기타 공공・사회 및 개인서비스업

　　　타. 가사서비스업

　　　파. 기타 대통령령이 정하는 사업

시행령[11]: 제2조(사업의 분류등) ① 법 제2조 제1호 각목의 사업의 분

---

9) 대통령령 제12979호(1990. 4. 14.).

10) 법률 제4513호(1992. 12. 8. 개정).

11) 대통령령 제13842호(1993. 2. 20.).

류는 통계법 제11조 제1항 및 동법 시행령 제11조 제1항 제5
호의 규정에 의하여 통계청장이 고시하는 한국표준산업분류
에 따른다.

② 법 제2조 제1호 파목에서 "기타 대통령령이 정하는 사
업"이라 함은 연탄제조업을 말한다.

(7) 제4차, 제5차, 제6차 법률 개정과 제5차 제6차 제7차 시행령 개
정에서는 사업자의 정의조항과 관련하여 변동이 없었다.

3. 包括的 規定方式

1998년 4월말 정부관계부처, 학계, 실무계 등이 공동으로 참여하는
公正去來法 改正을 위한 民官合同委員會가 구성되었고, 이 위원회는 같
은 해 8월초 公正去來法 改正勸告案을 확정하여 이를 공정거래위원회
에 제출하였다. 1999년 1월 6일 제199회 임시국회에서 통과된 독점규제
및공정거래에관한법률 제7차 개정안은 이러한 민관합동위원회의 개정
권고안을 토대로 하고, 持株會社를 제한적으로 허용하며, 金融去來情報
要求權을 한시적으로 도입하는 방안을 골자로 하여 이루어졌다.

이와 함께 사업자의 정의조항도 개정되었다. 현행법 제2조 1호에서는
"사업자라 함은 제조업, 서비스업, 기타 사업을 행하는 자를 말한다. 사
업자의 이익을 위한 행위를 하는 임원, 종업원, 대리인 기타의 자는 사
업자단체에 관한 규정의 적용에 있어서는 이를 사업자로 본다"고 규정
함으로서, 원칙적으로 모든 事業領域에 독점규제법이 적용될 수 있게
되었다. 이는 종래 한정적 열거방식으로 규율해 오던 사업자의 정의조
항을 包括的 規定方式으로 전환한 것이다. 이로써 제7차 개정 전까지는
독점규제법이 적용될 수 없었던 ① 농업·수렵업 및 임업, ② 어업, ③

광업, ④ 공공행정, 국방 및 사회보장행정, ⑤ 국제 및 기타 외국기관에 대해서도 동법을 적용하는 것이 가능하게 되었다.

4. 평 가

독점규제법의 제정 이후 제6차 개정까지는 동법의 수범자인 사업자의 범위를 오로지 동법령에서 열거하고 있는 사업을 영위하고 있는 자로 한정했다. 그러나 경제현실이 급변하고 경제발전이 가속화됨에 따라 경쟁제한이나 경제력집중이 문제되지 않았던 사업분야에 대해서도 독점규제법을 적용해야 할 필요성이 대두되었다. 또한 예전에는 사업이라고 생각하지 않았던 분야에서 활동하는 자에 대해서도 사업자성이 새로이 문제되기도 하였다. 따라서 법령의 개정을 통하여 사업의 범위를 계속 확장해왔으나, 정당한 사업자 개념과 범위가 정해질 수는 없었다. 열거주의라는 입법태도를 계속 취하고 있으면서, 독점규제법이 적용되어야 할 모든 사업분야를 법령에서 규정하는 것은 불가능하기 때문이다. 또한 종래 産業生産統計를 위해 작성된 한국표준산업분류체계를 독점규제법의 수범자인 사업자를 판단하는 기준으로 사용한 것은 도무지 납득할 수 없는 입법태도였다.

생각건대 독점규제법은 市場經濟의 機能을 유지하기 위한 법으로서 經濟秩序의 基本法이라는 동법 자체의 성격을 고려해 볼 때, 원칙적으로 모든 事業分野에 대해 널리 적용되는 것이 마땅하다. 따라서 제7차 개정을 통하여 한정적 열거방식을 포기하고 포괄적 규정방식으로 입법태도를 바꿈으로서 원칙적으로 모든 사업분야에 대하여 독점규제법을 적용할 수 있는 토대를 마련한 것은, 동법의 목적과 정신에 한층 더 부합하는 조치라고 여겨진다.

우리의 현행 입법태도와 마찬가지로, 日本의 獨占禁止法 제2조 제1항에서도 "사업자라 함은 상업, 공업, 금융업 기타 事業을 행하는 者를 말한다"고 함으로서 包括的 規定方式을 취하고 있다. 이는 광범위한 사업분야에서 자유롭고 공정한 경쟁을 촉진시키기 위해서, 동법의 수범자의 범위를 경제현실에 맞추어 유연하게 파악하고자 하기 때문으로 보고 있다.

그러나 농업협동조합, 수산업협동조합 등 제1차 산업 생산자 조직의 경우에는 동법 제60조의 규정에 의해 예전과 마찬가지로 법적용대상에서 제외될 수 있을 것이다. 한편 현행법에서는 금융·보험사업자의 시장지배적지위 남용행위도 규제하고 있다. 이전에는 이들에 대해서는 시장지배적지위 남용금지 조항의 적용이 배제되어왔으나, 이들을 일반사업자와 달리 취급할 정당한 근거가 없을 뿐 아니라, IMF 관리체제 이후 金融産業의 구조조정이 이루어지면서, 이 분야에서의 독과점 형성 및 남용 가능성이 크게 증대하였다는 현실적인 이유도 있다(동법 제2조 7호).[12]

II. 유사개념

2000년 1월 6일 현재 독점규제법 이외에도 총 521건의 현행 법령에서 사업자라는 용어를 사용하고 있으며, 그밖에도 이와 유사한 개념을 사용하고 있는 개별 법령들이 많다. 그 중에서 독점규제법상 사업자 개념과 관련해서는 상법상 상인, 조세법상 사업자, 노동법상 사용자의 개념들이 類似概念으로서 특히 문제되고 있다.

---

12) 이병주, 공정거래법 개정 주요 내용, 월간 공정경쟁, 한국공정경쟁협회, 1999년 1월, 24면.

1. 상법상 상인개념

상법은 企業에 관한 법이다. 기업은 營利의 實現을 위하여 다른 기업이나 일반공중과 거래관계를 맺는다. 이로 인해 생기는 법률관계를 해결하기 위하여 기업은 權利와 義務의 主體를 필요로 한다. 이러한 법적 주체가 商人이다. 여기서 상인이라 함은 형식적으로 기업과 관계있는 권리·의무의 귀속자를 말한다.[13] 개인기업의 경우에는 영업주가 상인이 되고, 공동기업인 회사는 법인격을 갖추고 있기 때문에 회사 자체가 상인이 된다.

기업의 주체인 상인은 自己名義로 商行爲를 營業으로 하여야 한다. 營業으로 한다는 의미는 영리를 목적으로 동종의 행위를 계속·반복적으로 하는 것을 말한다.[14] 또한 營業意思를 대외적으로 인식할 수 있어야 한다. 따라서 상인개념에 있어서는 영리목적이 중요한 요소로서 고려된다. 그러나 독점규제법상 사업자는 경제활동에 참가할 것을 기본적인 전제조건으로 삼고 있지만, 반드시 영리를 목적으로 할 것을 요건으로 하지는 않는다.

또한 상인은 상인적 설비를 갖추어야 하는데, 이는 物的 設備와 人的 設備로 나누어진다. 이 가운데서 우리 상법에서 규정하고 있는 물적 설비로는 주소, 지점, 상호, 상업장부 등이 있다. 그러나 독점규제법상 사업자 개념에서는 물적 설비를 갖추었는지의 여부가 중요하지 않다. 이와 같은 물적 설비를 가지고 있지 않은 경우에도 시장에 참가하여 경쟁제한행위를 할 수 있기 때문이다. 실제로 私人이 재화나 용역을 공급하는 경우에도 이를 독점규제법상 사업자로 본다.[15] 다만 독점규제법

---

13) 최기원, 상법학신론(上) [제9전정증보판], 1998, 박영사, 46면.
14) 대판 94. 4. 29, 93다54842.
15) Vgl. WuW/E BGH 1661, 1663 „Berliner Musikschule“.

상 사업자는 절대적 사업자와 상대적 사업자로 나뉘어지고, 절대적 사업자는 商事會社를 포함하고 있는데 이 때 상사회사인지의 여부를 판단하는 기준으로는 고려될 것이다.

2. 조세법상 사업자 개념

부가가치세법 제2조 제1항에서 租稅法上 事業者를 정의하고 있다. 이에 따르면 事業者라 함은 영리목적의 유무에 불구하고 사업상 독립적으로 재화 또는 용역을 공급하는 자이며, 附加價値稅의 納稅義務者를 의미한다. 이점에서 독점규제법상 사업자 개념과 근본적으로 차이가 있다.

또한 독점규제법상 사업자를 판단하는 경우에는 그가 營利의 目的을 가지고 있는지는 고려되지 않는다. 그러나 조세법상 사업자와 관련해서는 서로 상반되는 판례가 있다. 즉 시장시설의 관리와 보수, 도난방지 및 방화대책, 보건위생에 관한 사업 등을 위하여 설립된 비영리 사단법인에 대해서도 부가가치세법 제2조의 의미에서 사업자성을 인정한 판례가 있는 반면에,16) 부동산매매업자에 대한 조세법상 사업자성을 판단함에 있어서, 부동산업자 또는 부동산매매업자라고 하여 부가가치세가 부과되려면 당해 부동산매매행위가 영리를 목적으로 하여 이루어진 경우에 한한다는 판결도 있다.17)

사업상 獨立하여 재화 또는 용역을 供給하는 者라 함은 부가가치를 창출해 낼 정도의 사업형태를 갖추고, 계속·반복적인 의사로 재화 또는 용역을 공급하는 자를 말한다.18) 따라서 조세법상 사업자가 되기 위해서는 ① 부가가치를 창출해 낼 정도의 事業形態, ② 獨立性 및 ③

16) 大判 1984. 6. 26, 84누236.
17) 대판 1980. 1. 29, 79누355.
18) 대판 1995. 2. 10, 93누18396.

繼續性・反復性이 있어야 한다.[19] 반면에 독점규제법상 사업자는 부가가치를 창출해 낼 정도의 사업형태를 갖추지 못했더라도, 경제활동에 참가하고 있다면 (또는 장래에 경제활동에 참가할 것이라면) 사업자로 인정된다는 점에서 차이가 있다.

한편 당해 재화와 용역의 공급 자체를 사업으로 하는 자뿐만 아니라 자기가 영위하는 사업의 범위 내에서 이와 관련하여 또는 부수적으로 재화 또는 용역을 공급하는 자에 대해서도 부가가치세의 납세의무자를 규정한 부가가치세법 제2조 제1항의 사업자에 포함하고 있는 점과[20] 동법상 사업의 개시・폐지 등은 법률상 등록신고 여부와는 관계없이 그 해당사실의 실질에 의하여 결정된다고 하는 점에 대해서는 독점규제법상 사업자 개념에서의 논의와 매우 유사하다.

3. 노동법상 사용자개념

근로기준법에서는 使用者라 함은 事業主 또는 事業經營擔當者 기타 근로자에 관한 사항에 대하여 사업주를 위하여 行爲하는 者라고 규정하고 있다(법 제15조).[21] 이처럼 근로기준법에서 사용자 개념을 규정하고 있는 것은 근로계약관계에 있는 근로자의 보호를 위하여 동법에서 정하고 있는 최저근로조건을 준수할 사용자의 범위를 명확히 하기 위한 것이다.[22] 여기서 사용자란 근로자에 대응하는 개념으로서 근로

---

19) 이태로・안경봉, 조세법 강의(신정3판), 박영사, 1999, 478면.
20) 대판 1987. 1. 20, 86누622.
21) 근로기준법상의 사용자 정의는 노동조합및노동관계조정법(제2조 2호), 최저임금법(제2조) 및 근로자참여및협력증진에관한법률(제3조 3호) 등에서도 이용된다(이상윤, 노동법(제3판), 법문사, 1999, 100면 각주 17).
22) 김형배, 노동법(제11판), 박영사, 1999, 248면.

기준법을 준수할 의무가 있는 사용자를 의미한다.[23] 근로기준법은 근로자의 근로조건을 보호하려는 목적으로 최저 기준을 정한 다음, 사용자들에게 이를 준수하도록 하고 그 위반자들에 대해서는 벌칙을 부과하는 법률이다. 근로기준법상의 사용자개념은 동법상 의무를 이행하고 벌칙을 부담하는 자의 범위를 명확히 하기 위한 기능을 하고 있다. 즉 근로기준법상 사용자는 동법의 실효성 확보를 위하여 責任主體를 명확히 하기 위한 정립된 개념이다. 그러나 독점규제법상 사업자 개념은 책임귀속과는 관계가 없으며 行爲主體의 범위를 정하기 위한 개념이기 때문에, 이 점에 있어서 근로기준법상 사용자 개념과 구별된다.

근로기준법상 사용자개념의 본질적 징표가 무엇인지에 대해서는 명시적으로 규정하고 있지 않지만, 근로자에 대한 지휘·명령권을 가지고 있는지 여부가 핵심적 징표가 될 수 있다고 하는 견해가 있다.[24] 이러한 사용자의 범위로서 동법 제15조에서는 사업주, 사업경영담당자, 그리고 근로자에 관한 사항에 대하여 사업주를 위하여 행위하는 자를 들고 있다.[25] 현실적으로 인사, 급여, 노무관리 등에 있어서 사업주를 위하여 행위하는 자들도 이에 해당한다. 따라서 이점에 있어서도 경제활동의 참여가 본질적 징표인 독점규제법상 사업자 개념과 차이가 있다. 이와 같은 개념 징표의 차이는 각각의 법률의 목적에 따라 기능적으로 이해되면서 발생하는 필연적인 결과이다.

---

23) 김형배, 위의 책, 247면.
24) 김수복, 노동법, 중앙경제사, 1991, 216면.
25) 상세한 내용은 이상윤, 앞의 책, 100면 이하.

제2절 사업자 개념에 관한 논의와 평가

I. 서 설

독점규제법의 규정들은 사업자를 수범자로 하며 사업자의 일정한 행위를 규제대상으로 삼고 있다는 점에서, 事業者는 매우 기본적인 개념이라고 할 수 있다. 그러나 사업자의 개념이나 범위와 관련하여 독점규제법 시행 이후 이제까지 축적된 심결례과 판례는 그다지 많지 않다. 더욱이 제7차 개정 이후에 사업자 개념이 문제된 심결이나 판례는 아직 찾아볼 수 없다.

이는 먼저 사업자를 수범자로 하는 독점규제법이 그동안에는 규범적 측면이 중요시되기보다는 그 당시의 經濟政策의 手段으로 사용되어 왔다는 점에서 원인을 찾을 수 있을 것이다. 즉 産業政策을 강조하면 할수록 동법의 적용범위는 상대적으로 좁아질 것이다. 반대로 경쟁정책이 산업정책에 우선하는 경우에는 그 적용범위가 넓어질 것이다. 과거 정부의 주도로 경제발전을 최우선 과제로 삼았던 시절에는 독점규제법의 적용여부의 문제가 정책적 문제로 인식되었기 때문에, 이를 규범적인 측면에서 접근하거나 경쟁당국과 다툰다는 것은 매우 어려웠을 것이다.

다른 한편 경쟁당국이 독점규제법 위반사건을 처리하는 節次 속에서도 그 원인을 찾을 수 있을 것이다. 실무상으로 공정거래위원회는 審査節次開始 前段階인 심사관의 事前審査을 통하여 독점규제법 제2호 1호의 규정에 의한 事業者 要件을 충족하고 있는지를 검토하여, 그렇지 않다고 판단되는 경우에 심사관은 심사절차를 개시하지 아니한다는 決定을 할 수 있다.26) 따라서 심사관이 사업자의 요건을 충족하지 못했다고 판단하는 경우에는 事業者性에 대한 본격적인 검토없이 審議節次는

終了되어 버리고 만다.[27] 따라서 심사관은 문제된 사건에서 사업자의 요건이 충족되었는지를 판단함에 있어서, 사업자 개념에 관한 이론과 외국의 사례 등을 바탕으로 보다 엄정하게 규범적으로 검토를 할 필요가 있으며, 이와 동시에 심사관의 사전심사활동을 견제할 수 있는 制度的 裝置를 생각해 볼 수도 있을 것이다.

II. 사업자

1. 사업자의 요건

현행 독점규제법 제2조 1호에서는 事業者를 "製造業, 서비스業, 기타 事業을 행하는 者"라고 定義하고 있으며, 但書에서는 사업자의 이익을 위한 행위를 하는 임원·종업원·대리인 기타의 자에 대해서도 사업자단체에 관한 규정의 적용에 있어서는 이들을 事業者로 의제하고 있다. 결국 사업자가 되기 위해서는 "사업"을 "행하는" "자"일 것을 요한다.

여기서 "事業"이라 함은 타인에게 일정한 經濟的 利益을 제공하고 이에 상응하는 反對給付를 받는 행위, 즉 경제활동을 계속적 또는 반복적으로 하는 것을 말한다.[28] 따라서 자선행위나 단순한 기부행위는 경제적 이익을 제공하는 것이기는 하지만 반대급부를 받지 않는 행위이기 때문에, 이에 해당하지 않는다.[29] 사업자에 관한 이러한 정의는 '사업이

---

26) 공정거래위원회 회의운영 및 사건절차 등에 관한 규칙 제11조.
27) 공정거래위원회 회의운영 및 사건절차 등에 관한 규칙 제44조.
28) 권오승, 앞의 책, 137면: 이남기, 앞의 책, 82-83면: 이기수, 경제법, 세창출판사, 1999, 71면: 이동규, 독점규제 및 공정거래에 관한 법률 개론, 행정경영자료사, 1997, 76면.
29) 권오승, 앞의 책, 137면: 이동규, 앞의 책, 76면.

라 함은 물자·자금, 그밖의 경제상의 이익을 반복·계속하여 공급하고 그 공급행위에 대한 반대급부로 어떤 형태의 경제가치의 제공을 받는 것을 총칭하는 것으로서, 경제가치의 교환을 행하는 일체의 경제활동을 포함한다'고 하는 일본 공정거래위원회의 입장과 맥을 같이 한다.

그리고 옛 독점규제법에서는 사업자를 "사업을 營爲하는 자"라고 규정하고 있었으나, 현행법에서는 "사업을 행하는 자"라고 개정하였다. 이와 같이 개정한 이유에 대한 공정거래위원회의 공식적인 입장은 찾을 수 없었다. 일본에서도 역시 이와 동일한 개정을 한 사실이 있는데, 독점금지법상 사업자의 개념에서 의미하는 事業이 반드시 영리를 목적으로 한 것에 한정되지 않는다는 점을 분명히 하기 위한 조치였다.[30] 이러한 점에서 볼 때, 우리의 경우도 사업을 영위한다는 것이 반드시 영리를 목적으로 해야 하는 것은 아니라는 점을 분명히 하기 위한 의도를 가지고 위와 같이 개정을 한 것이 아닌가 여겨진다.[31] 학설도 역시 사업자의 경제활동이 반드시 영리를 목적으로 할 필요는 없다고 한다.[32] 사업을 행한다는 것은 자기의 계산 하에 사업을 경영해야 한다는 것으로서, 즉 사업자는 경제적 독립성이 있어야 한다는 의미로 풀이된다.

대한건축사협회는 공정거래위원회가 대한건축사협회의 경쟁제한행위를 판단하면서 동협회의 구성원들을 사업자로 본 것에 대하여[33] 다음

---

30) 제3장 제3질 I 1 참조.
31) 이병주, 사례중심의 공정거래법 해설 -법적용대상자-, 월간 공정경쟁 (제40호), 1998년 12월, 45면 참조: 그러나 공정거래위원회의 1999년 1월 25일자 보도자료(독점규제및공정거래에관한법률제7차 개정안 공포 예정)에 의하면 영리를 목적으로 사업을 행하는 모든 사업자가 공정거래법의 대상이라고 한다. 이것이 공정거래위원회의 공식적 입장인지 작성자의 실수인지는 확실하지 않다.
32) 권오승, 앞의 책, 137면: 이남기, 앞의 책, 84면: 이기수, 앞의 책, 71면: 이동규, 앞의 책, 76면.

228

과 같이 이의신청을 하였다.

> 대한건축사협회는 법정공익의무자인 건축사를 법률상 當然構成員으로 하고, 건축사의 품위보전, 업무개선, 기술개발연구등 공익을 법정목적으로 하여 강제 설립된 특수공법인이므로, 이를 가입탈퇴가 자유롭고 민법준칙에 따라 임의설립된 사단법인으로 보는 것은 사실을 오인한 것으로서 건축사는 그 의무내용과 공익의무가 법정되어 있기 때문에 의무수행상 최소비용으로 최대이윤을 추구하는 기업활동이 아니므로 공정거래법상 사업자에 해당되지 않는데도 이를 오인하여 사업자로 인정하였고, …….

이에 대하여 공정거래위원회는 다음과 같이 판단했다.

> '사업'이라 함은 …… 이는 어떤 경제적 이익의 공급에 대하여 그것에 대응하는 경제적 이익의 반대급부를 받는 행위를 말하고, 반드시 영리를 목적으로 하지 않아도 되며, …… 사업자의 의무가 법령에 의하여 규정되어 있는지 여부 및 그 목적의 공익성 여부는 사업자성의 판단과는 관계가 없다. …… 건축물의 설계, 공사감리 등의 서비스를 제공하고 그 대가로 보수를 받는 행위를 계속적·반복적으로 행하는 건축사의 업은 경제적 이익을 공급하고 그것에 대응하는 경제적 이익의 반대급부를 받는 경제행위에 해당되는 것으로서 …… 건축사의 업은 공정거래법의 적용대상이다.[34]

이 심결은 공정거래위원회가 사업자 개념을 명확히 밝힌 심결이며, 또한 자유업에 속하는 건축업에 종사하는 자에 대해 사업자성을 인정했다는 점에서도 의미있는 심결이다. 여기서 공정거래위원회는 사업자가 되기 위한 요소로서, 경제활동(경제적 이익에 있어서 대가관계)에 참여하고 있을 것, 그리고 그 활동이 계속적·반복적일 것을 들고 있

---

33) 공정위 의결 제86-59호 (1986. 7. 30).
34) 공정위 재결 제87-1호 (1987. 3. 25).

다. 그러나 사업자가 반드시 영리를 추구할 필요는 없다고 한다.

이러한 사업을 행하는 "자"는 자연인, 법인, 법인격 없는 사단이나 조합 등을 포함하는 넓은 의미로 해석된다.[35] 즉 이들의 法的 形態는 문제삼지 않는다.[36] 경제적 상황과 사업목적에 따라 사업자의 의사에 의해 다양하게 바뀔 수 있는 법적 조직형태를 사업자 개념의 징표로 삼을 수는 없기 때문이다. 그리고 법인의 경우 독점규제법상 사업자는 법인 그 자체를 의미하며, 법인의 대표이사가 아님을 주의하여야 한다.[37]

2. 사업자의 분류

우리나라에서도 독일에서와[38] 마찬가지로 사업자를 절대적 사업자와 상대적 사업자로 구별하는 견해가 있다.[39] 이 견해에 따르면, 絶對的 事業者는 모든 상사회사와 그밖에 법적으로 독립된 사법상의 사업책임자를 말한다. 그 사업자가 다른 사업자에게 종속되어 있는지, 또는 시장에서 현재 활동하고 있는지 여부는 문제되지 않는다. 절대적 사업자는 모든 관점에서 사업자로 간주되며, 따라서 가장 일반적이고도 중요한 독점규제법의 적용대상이다.

반면에, 相對的 事業者는 그 활동의 어느 특정한 영역에 대해서만 사업자로 취급된다. 자연인은 그가 재화나 용역의 공급자로서 독립적으로 활동하는 한, 독점규제법상 사업자로 간주된다. 또한 사업활동을 주된 활동으로 하지 않는 사법상의 법인이나 권리능력없는 사단이라도 그들이 사업활동을 하는 부분에 있어서는 사업자로 취급된다. 공법상의 단

---

35) 권오승, 앞의 책, 137면; 이남기, 앞의 책, 84면; 이동규, 앞의 책, 76면.
36) 권오승, 앞의 책, 137면.
37) 이남기, 앞의 책, 84면.
38) 자세한 것은 제2장 참조.
39) 권오승, 앞의 책, 137면 이하.

체나 기관이 적극적으로 사업자와 유사하게 경제적 거래에 참가하고 있는 경우에는, 그 한도내에서 사업자로 다루어질 수 있다. 특히 상대적 사업자 개념과 관련해서 자유업, 그리고 국가나 지방자치단체가 사업자에 포함되는지가 문제되고 있다.

3. 국가 또는 지방자치단체

國家 또는 地方自治團體의 활동이라도 私的 經濟主體로서 활동을 하는 경우에는 사업자로 간주되며,[40] 특히 수요 측면과 관련해서는 더욱 중요한 의미를 가진다. 그러나 그의 高權的 行爲는 독점규제법의 적용을 받지 아니한다. 즉 동법의 적용대상은 국가 또는 지방자치단체라는 행위주체에 따라 정해지는 것이 아니라, 그들이 행하는 활동내용이 무엇인지 여부에 따라 정해진다. 예를 들어 국가기관인 철도청이 행하는 행위일지라도, 그 내용이 고권행위가 아니고 고객에 대한 유상의 서비스 제공인 경우에는 동법의 규율을 받게 된다.[41]

서울시와 전동차제작회사(현대차량주식회사)간에 전동차제작납품계약을 체결함에 있어서 계약금액 결정에 하자 또는 착오가 있어 계약금액을 감액할 사유가 발생할 경우에는 계약체결 후라도 서울시가 계약금액을 감액 또는 환수 조치할 수 있도록 하는 내용의 특약이 독점규제법상의 불공정거래행위에 해당하는지가 문제되었다. 이 사건에 독점규제법을 적용하기 위해서는 계약당사자인 서울시가 사업자인지를 먼저 판단하여야 한다. 즉 국가나 지방자치단체가 사경제주체로서 거래행

---

40) 권오승, 앞의 책, 139면: 이남기, 앞의 책, 86면: 이기수, 앞의 책, 71면: 이동규, 앞의 책, 76면: 손주찬, 앞의 책, 경제법, 법경출판사, 1990, 73면; 대판 1990.11.23 선고, 90다카3659 (법원공보 1991, 161).
41) 권오승, 앞의 책, 139면.

위를 하는 경우에, 동법의 사업자에 포함되는지 여부가 문제된 것이다. 이에 대해 서울고등법원은 서울시의 사업자성을 인정하지 않았다.[42] 그러나 대법원은 다음과 같은 이유로 이에 반대하였다.

> …… 감액조항이 특수조건에 관하여 이를 독점규제및공정거래
> 에관한법률에 반한다는 원고의 주장에 대하여 원심은 특별한 이
> 유실시도 없이 피고와 같은 지방자치단체에는 적용되지 아니한다
> 고 판단하였는바 이는 잘못된 견해이다. 원심은 계약 당시의 피
> 고와 같은 지방자치단체는 위 법률 제2조 제1항의 사업자에 포함
> 되지 않는 것으로 보았는지 모르나 국가나 지방자치단체도 사경
> 제의 주체로서 타인과 거래행위를 하는 경우에는 그 범위내에서
> 위 법률 소정의 사업자에 포함된다고 보아야 하는 것이다.……[43]

즉 사경제주체로서 타인과 거래행위를 하는 경우에는 국가나 지방자치단체라고 할지라도, 그 범위내에서는 독점규제법에서 정한 사업자에 포함된다.

4. 자유업자

의사, 변호사, 회계사, 학자, 예술가, 프로선수 등의 自由業者가 독점규제법의 적용대상인지에 관해서, 우리나라에서는 아직 본격적인 논의가 없다. 다만 이들이 제3자와의 사이에서 경쟁의 여지가 있는 한, 이들에 대해서도 역시 독점규제법을 적용하는 것이 타당하다는 주장이 있을 뿐이다.[44] 공정거래위원회는 앞에서 이미 살펴본 대한건축사협회의 경쟁제한행위에 대한 심결에서, 자유업자단체인 이 단체를 사업자단

---

42) 서울고등 89. 12. 19 선고 88나18295.
43) 대판 1990. 11. 23, 90다카3659.
44) 이기수, 앞의 책, 71면.

체로 인정했다.[45)

5. 法律上 擬制

사업자의 이익을 위한 행위를 하는 任員, 從業員, 代理人 기타의 者는 事業者團體에 관한 규정의 적용에 있어서는 이를 사업자로 본다.[46) 여기서 任員이라 함은 이사·대표이사·업무집행을 하는 무한책임사원·감사나 이에 준하는 자 또는 지배인 등 본점이나 지점의 영업전반을 총괄적으로 처리할 수 있는 商業使用人을 말한다.[47)

이렇게 법률상 의제를 하는 이유는 회사의 임원이나 종업원 등의 개인명의로 일정한 단체를 조직하거나 참여하면서 실질적으로는 사업자인 회사의 이익을 위하여 경쟁제한행위를 하는 경우에, 이 단체를 독점규제법상의 사업자단체에 포함시키기 위해서이다.[48) 회사의 임원이나 종업원 등이 단체를 조직한 후 회사를 위하여 가격이나 물량을 조절하기로 하는 등의 경쟁제한행위를 결의하여 행하면, 당해 시장에서 경쟁을 실질적으로 제한하는 결과가 발생할 수 있다. 이러한 경우 이들을 사업자로 보지 않으면, 이들의 단체를 사업자단체로 간주할 수 없기 때문이다.[49) 이러한 법률상 의제는 법문에서 밝히고 있는 바와 같이, 사업자단체에 관한 규정을 적용하는 경우에만 가능하다.

공정거래위원회는 건설회사 과장급 이상들이 모여 사업자의 이익을 위한 행위를 한 사건에서 이들을 사업자로 의제했다.

---

45) 각주 34 참조.
46) 독점규제법 제2조 1호 단서.
47) 독점규제법 제2조 5호.
48) 이동규, 앞의 책, 76면.
49) 이남기, 앞의 책, 85면.

····· 피심인 건설회사자재직협의회는 건설회사들의 과장급 이상이 건설자재구매·관리정보의 교환, 관련업무의 원활한 수행 등 공동의 이익을 증진할 목적으로 1991. 4. 19 조직한 결합체이며, ····· 독점규제및공정거래에관한법률 제2조 제1호는 "사업자의 이익을 위한 행위를 하는 임원·종업원·대리인 기타의 자는 사업자단체에 관한 규정의 적용에 있어서는 이를 사업자로 본다"고 규정하고 있는 바, 피심인의 구성원은 건설회사의 구매과장들로서 사업자인 소속회사의 이익을 위한 행위를 하는 종업원으로 볼 수 있으므로 피심인은 사업자들의 조직체로서 법 제2조 제4호의 규정에 의한 사업자단체에 해당된다.[50]

Ⅲ. 사업자단체

事業者團體라 함은 그 형태 여하를 불문하고, 2 이상의 사업자가 共同의 利益을 증진할 목적으로 조직한 結合體 또는 그 聯合體를 말한다.[51] 사업자단체는 사업자 개념을 기초로 하고 있지만, 사업자와는 별개의 독점규제법상 행위주체로 취급된다. 사업자단체는 우선 사업자들이 조직한 私法上의 모든 단체를 포괄한다. 그 단체의 구성원 모두가 사업자일 필요는 없으며, 단체의 법적 형태도 불문한다. 사단, 조합, 민법상 조합, 상사회사, 법인격 없는 단체 등 어떠한 형태든지 가능하다.[52]

共同의 利益을 增進할 目的이라 함은 定款 등에 기재되어 있는 목적에 한하지 않으며, 그 난체가 사실상 가지고 있는 목적을 보고 판단해야 한다. 이러한 이익은 직접적일 수도 있고, 간접적일 수도 있으며, 構成事業者가 받는 이익이 반드시 같은 것이어야 할 필요도 없다. 이러한

---

50) 공정위 의결 제95-99호 (1995. 6. 5).
51) 독점규제법 제2조 4호.
52) 권오승, 앞의 책, 140면.

사업자단체에는 카르텔과 같이 경쟁을 제한하기 위해 조직된 단체뿐만 아니라, 구성사업자들의 경제적 여건이나 지위를 향상시킬 목적으로 설립된 단체들이 포함된다. 수많은 경제단체, 직업단체, 사용자단체, 상공회의소, 수공업자협회 등이 이에 해당된다.[53] 이에 반하여 학술단체, 사회사업단체, 종교단체, 단순한 친목단체 등은 일반적으로는 사업자로서의 이익을 증진할 목적으로 형성된 것이 아니기 때문에 사업자단체라고 할 수 없다. 그러나 이들이 일정한 영역에서 구성사업자들의 공동의 이익증진을 위한 행위를 하는 경우에는 그 명칭 여하에 불구하고 독점규제법상의 사업자단체로 본다.[54]

> 전국메리야스상우회는 전국메리야스도매상이 모여 상호친목과 권리이익을 도모할 목적으로 조직한 결합체라고 그 정관에서 밝히고 있어 친목단체인 것처럼 보인다. 그러나 실제에 있어서는 회원들의 염매행위를 방지할 목적으로 판매가격을 결정, 협정하고 그 협정가격을 위반한 자에 대하여는 제조회사로부터 제품출고를 정지할 것이라는 내용을 회원들에게 통보하는 등, 동상우회의 행위가 단순한 친목단체의 행위 범위를 넘어, 구성사업자의 공동의 이익을 추구하는 행위를 하고 있는 바, ……[55]

사업활동과 관계없이 단순히 친목을 도모하거나 취미를 즐기기 위한 동호회나 단체, 그리고 종교나 사회사업을 위한 단체 등은 독점규제법상의 사업자단체라고 할 수 없다. 그러나 그 단체의 명칭이 무엇인지와는 관계없이 실제로 이 단체가 행하고 있는 활동내용을 보아서 사업자단체인지 여부를 판단하여야 한다. 단체의 정관에서 정하고 있는 목적도 이러한 한에서 의미가 있을 것이다. 이에 관한 또 다른 심결이 있다.

---

53) 권오승, 앞의 책, 141면.
54) 이남기, 앞의 책, 257면.
55) 시정권고 제2호 1981. 9. 21.

…… 비록 친목회라는 명칭을 사용하고 있더라도 그것이「판매 가격 협정과 그 준수의무에 관한 사항을 규정」하고,「위반자에 대한 벌칙으로 손해배상의무를 규정하여 경쟁제한행위를 제도화」하였음에 비추어, 이는 실질적인 의미에서 사업자의 공동의 이익을 증진할 목적으로 설립된 사업자단체에 해당하는 것이라 보고, ……56)

이밖에 서울시극장협회와57) 서울지역에서 연식품(두부)을 생산하여 판매하는 사업자들이 공동의 이익을 증진할 목적으로 조직한 단체를58) 사업자단체로 본 심결이 있다.

또한 사업자단체는 둘 이상의 사업자가 조직한 결합체 또는 연합체이다. 그러므로 반드시 同業者들의 결합일 필요는 없으며, 예를 들어 제조업자와 판매업자가 동시에 구성사업자로 참가하고 있는 단체라도 상관없다.59) 한편 구성사업자들의 경제활동에 대한 이익이 그들의 결합체에 귀속되며 구성사업자의 독립성은 상실될 정도의 강도 높은 단체는 이를 사업자단체로 볼 것이 아니라, 그 자체를 하나의 사업자로 보아야 할 것이다.60)

위에서 살펴 본 바와 같이, 사업자단체에 관한 규정을 적용함에 있어서는 사업자의 이익을 위한 행위를 하는 임원·종업원·대리인 기타의 자는 사업자로 간주된다.61) 따라서 社長團이나 部長會 등이 사적인 모임으로서 친목단체처럼 보인다고 할지라도, 그 행위 내용이 사업자의 이익을 위한 것이라면 사업자단체로 간주된다. 그리고 일정한 사업지단

---

56) 시정명령 제9호 1981. 9. 21.
57) 공정위 의결 제86-10호 (1986. 2. 12).
58) 공정위 의결 제90-41호 (1990. 7. 25).
59) 이남기, 앞의 책, 257-258면.
60) 김충환, 한국의 공정거래제도, 삼일당, 1982, 63면.
61) 독점규제법 제2조 1호.

236

체의 지부와 같은 下部機關이라고 하더라도, 이 하부기관이 상부기관인 사업자단체와는 별도로 그 하부기관 구성사업자들의 공동의 이익증진을 목적으로 특정한 행위를 하였다면, 이 하부기관 자체를 별도의 사업자단체로 간주해야 한다.[62]

오늘날 사업자 개념이 점차 확장되어감에 따라 사업자단체의 개념도 점차 확장되고 가고 있다. 예컨대 의사, 약사, 변호사, 건축사 등과 같은 자유업이 사업자의 개념에 포함됨에 따라, 이들 사업자들의 결합체인 의사협회, 약사회, 변호사협회, 건축사협회 등도 사업자단체로 다루어지고 있다.[63] 경제전반에서 차지하는 자유업의 비중이 급속히 높아가고 있으며, 이들간의 요금협정 등과 같은 일련의 경쟁제한행위를 그대로 방치할 수 없기 때문이다.[64] 이와 관련하여 공정래위원회는 서울특별시의사회의 경쟁제한행위,[65] 서울건축사복지회의 경쟁제한행위,[66] 대한법무사협회의 구성사업자에 대한 사업활동제한행위,[67] 대한건축사협회의 경쟁제한행위,[68] 한국관세사회의 경쟁제한행위,[69] 사단법인 대한프로사진가협회의 경쟁제한행위[70] 등에 대한 심결에서 이들을 사업자단체로 보았다.

사업자단체의 사업자성 판단과 관련된 고등법원의 판결이 있다. 1994년 8월 31일 문화체육부로부터 설립허가를 받은 사단법인 서울마주협회에 관한 것이다. 동 협회는 회원상호간 친목도모와 경마의 시행과 발

---

62) 이남기, 앞의 책, 258면.
63) 권오승, 앞의 책, 141면.
64) 보다 자세한 내용은, 이남기, 앞의 책, 258면 이하.
65) 공정위 심결 제92-56호 (1992. 5. 12).
66) 공정위 심결 제93-12호 (1993. 2. 23).
67) 공정위 심결 제94-263호 (1994. 8. 17).
68) 공정위 시정권고 제95-65호 (1995. 8. 24).
69) 공정위 심결 제95-280호 (1994. 11. 24).
70) 공정위 의결(약) 제98-1호 (1998. 6. 8).

전에 기여하기 위하여 설립된 단체로서, 1995년 5월 31일 현재 국내의
모든 馬主 358명이 그 구성사업자였다. 국내 경마산업은 한국마사회법
과 문화체육부의 '개인마주제 전환 세부 시행규칙'에 따라, 한국마사회
의 단일마주제에서 다수의 개인마주제로 바뀌었고, 경주마의 공동구
입·추첨·분배방식과 개별구입·등록방식을 모두 허용하고 있었다. 그
럼에도 불구하고 사단법인 서울馬主協會는 이사회 의결에 의한 경주마
공동구입·추첨·분배방식에 따를 것을 구성사업자들에게 강제하여, 국
산 경주마 생산농가와 마주간의 직접 매매를 하지 못하게 하거나 마주
와 조교사간의 경주마 위탁관리계약 체결을 방해하는 등의 행위를 하
여 국산 경주마 거래분야에서의 경쟁을 실질적으로 제한하는 행위를
하였다. 이에 공정거래위원회는 이러한 경쟁제한행위를 하여서는 아니
된다는 취지의 시정명령을 내렸다.[71] 서울마주협회는 이에 대해 이의
신청을 하였고, 동위원회는 이를 기각했다.[72] 그 후 서울마주협회는 법
원에 제소를 하였는데, 여기서 동협회의 사업성이 문제되었다. 서울고
등법원은 다음과 같이 판시함으로서, 서울마주협회의 사업자성을 인정
했다.

> 원고(서울마주협회)는 자신이 영위하고 있는 사업은 공정거래
> 법 제2조나 한국표준산업분류의 어느 항목에도 해당하지 아니하
> 므로 피고(공정거래위원회)가 원고를 법적용대상 사업자로 보고
> 한 처분은 위법하다고 주장하고 있으나, 경마는 공정거래법 제2조
> 제1항 카목 소정의 "기타 공공·사회 및 개인 서비스업" 또는 한
> 국표준산업분류표상의 이른바 축산관련서비스업에 속하는 것이라
> 하겠고 마주는 경마와 관련하여 독립하여 경주마의 조달·소유와
> 경주출주를 업으로 하는 자로서 위의 기타 공공·사회서비스업 또
> 는 축산관련서비스업을 영위하는 사업자라고 할 수 있다.[73]

---

71) 공정위 의결 제95-126호 (1995. 7. 5).
72) 공정위 재결 제95-16호 (1995. 9. 29).
73) 서울고등 96. 7. 9, 95구32169.

그런데 이는 사업자의 범위를 법에서 한정하고 있던 구 독점규제법 당시의 판례이기 때문에, 원고가 사업자의 범위를 규정한 항목 중 어느 것에 해당되는지 여부가 다투어졌다. 하지만 사업장의 범위를 한정하고 있지 않는 현행 독점규제법에서는 사업자성의 판단에 관한 기준이 달라져야 할 것이다. 즉 서울마주협회가 계속·반복하여 독립적으로 경제활동에 참가하고 있는 2 이상의 사업자가 공동의 이익을 증진할 목적으로 조직한 결합체인지 여부를 문제삼아야 한다. 이러한 기준에 비추어 볼 때, 비록 동협회가 친목도모 등을 위해 만들어졌다고 할지라도, 동협회의 사업내용이나 활동으로 보아 사업자성을 인정하는 것이 타당할 것이다.

Ⅳ. 평 가

1980년 독점규제법이 제정된 이래 사업자 개념과 직접적으로 관련된 심결례와 판례는 매우 적다. 이는 독점규제법의 적용범위가 規範的 觀點보다는 政治的 또는 政策的 側面에서 결정되어 왔고, 공정거래위원회의 事件處理節次에서 사업자 개념을 깊이있게 검토할 수 있는 제도적 장치가 미비했다는 점에서 원인을 찾을 수 있겠다.

그동안의 심결례와 판례의 입장은 명시적으로 기능적 해석이라는 용어는 사용하고 있지 않지만 사업자 개념을 기능적으로 이해하고 있다. 공정거래위원회가 대한건축사협회를 사업자단체로 인정한 것이나, 대법원이 自治團體인 서울시를 독점규제법상 사업자로 본 것도 사업자 개념을 기능적으로 이해하였기 때문이다. 그러나 機能的 解釋의 구체적 내용 및 나아가 기능적 관점에서 사업자를 判斷하는 구체적인 基準이 무엇인지가 아직 밝혀지지 않고 있기 때문에, 이를 법이론적 측면에서 검토해 볼 필요가 있을 것이다.

제3절 사업자 개념의 판단기준과 한계 사례

Ⅰ. 사업자 개념의 기능적 해석과 판단기준

1. 기능적 이해

(1) 한계설정기능

독점규제법에서는 그 수범자를 표현함에 있어서, 민법상의 人이나 상법상의 商人의 개념을 차용하여 사용하지 않고 특별히 事業者라는 개념을 쓰고 있다. 이에 관해서는 독일 경쟁제한방지법의 연혁을 살펴봄으로써 그 이유를 찾을 수 있다. 처음부터 경쟁제한방지법의 수범자를 人이나 商人이 아닌 사업자(Unternehmen)로 규정한 것은 일정한 범주에 속하는 행위주체를 동법의 人的 適用範圍로부터 제외시키려는 의도가 있었기 때문이다. 즉 사업자 개념이 限界를 設定하는 機能을 하고 있는 것이다. 이 기능을 통하여, 비록 경제활동에 참가하고 있을지라도 私的 消費를 하는 者, 고권적 행위를 하는 국가나 지방자치단체 그리고 사용자의 지시에 따라 종속적 업무를 하는 근로자나 노동조합은 사업자에서 제외된다.[74]

사업자 개념은 경제학 용어인 企業(Unternehmung)에서 유래한 것으로서, 이는 家計 또는 消費者에 대응하는 개념이다. 그 결과 좁은 의미의 소비자, 즉 경제적으로 단지 수요자로서만 활동하는 자연인 및 사업자단체에 대응하는 소비자단체는 사업자에 해당되지 않는다. 가령 소비자단체의 보이콧과 같이 계획적인 단체행동이 현저하게 시장에 영향을

---

74) 제2장 제3절 Ⅰ: 제3장 제1절 Ⅲ 1 (1) 참조.

미치는 경우라고 할지라도, 이는 독점규제법의 규율대상이 아니라 민법
제103조에 의해 규율된다.

　勤勞者와 그들의 단체인 勞動組合도 원칙적으로 독점규제법의 적용을
받지 않는다. 이들은 통상 사용자의 지시에 따라 종속적으로 업무를 수
행하기 때문에, 독자적인 시장참가자라고 할 수 없기 때문이다. 또한 근
로자들의 團結의 自由나 團體協約制度 등에 대해서 독점규제법을 가지
고 개입해서도 안된다. 독점규제법의 목적과 취지에 어긋나기 때문이다.

　또한 사업자 개념은 국가나 지방자치단체 등의 高權的 行爲를 독점
규제법으로부터 배제시키는 기능을 한다. 이러한 영역은 자유롭고 공정
한 경쟁이 기능해야 할 부분이 아니기 때문이다. 그러나 국가나 지방자
치단체가 私經濟主體로서 경제활동에 참가하는 경우에는 독점규제법상
사업자에 해당된다.

(2) 절대적 사업자와 상대적 사업자

　한계설정기능에 의해 제외되는 부분들을 제외하고 나면, 사업자 개념
을 절대적 사업자와 상대적 사업자로 나눌 수 있다. 이는 독일의 학자
들에 의해 개발된 講學上의 區分이지만 사업자 개념을 이해하는데 매
우 유용하다.75)

　먼저 絕對的 事業者라 함은 商事會社를 포함하여 법적으로 독립된
私法上의 企業擔當者와 公法上의 독립적인 기업담당자를 의미한다. 여
기서는 상법(회사법)상의 형식적인 구성요건을 중요시하며, 다른 사업
자에게 종속되어 있는지 또는 현재 시장에 참가하고 있는지의 여부는
중요하게 다루어지지 않는다. 즉 여기서의 사업자 개념은 制度的인 개
념인 것이다. 절대적 사업자의 활동은 모든 영역에서 事業者性이 인정
되기 때문에, 사무실용품의 구입과 같은 需要活動에 있어서도 역시 사

---

75) 자세한 것은 제2장 제3절 Ⅱ 참조.

업자이다. 따라서 통상적으로 쉽게 사업자성이 인정되며, 이들이 가장 일반적이고 중요한 독점규제법의 수범자이다.

이에 비하여 相對的 事業者라 함은 일정한 영역에서만 그 활동의 사업자성이 문제되는 私人, 團體 기타 독립적인 主體를 말한다. 여기서는 사업자 자체보다는 사업자의 특정한 행위에 초점이 맞추어지며, 이는 行爲關聯的 사업자 개념을 의미하는 것이다. 따라서 개개의 행위에 대해서 그때마다 사업자성이 판단되어야 하는데, 사업자의 개념과 범위의 문제는 주로 상대적 사업자 개념과 관련하여 발생한다. 독일, 유럽공동체, 미국 등에서는 상대적 사업자 개념의 범주에 속하는 주체들에 대한 事業者性의 判斷을 機能的으로 하고 있다. 이를 이른바 機能的 事業者 槪念이라고 한다.

(3) 기능적 이해와 독점규제법의 목적

독점규제법상 사업자의 개념을 기능적으로 이해하는 경우에는 무엇보다도 동법의 目的과 趣旨, 體系, 沿革 등이 고려되어야 한다. 기능적 해석이라는 것이 본래 개개의 법개념들을 체계적이고 목적론적인 관점 아래에서 규범 내에서의 역할에 따라 해석하는 것이기 때문이다.

독점규제법은 시장지배적 지위의 남용과 과도한 경제력의 집중을 방지하고, 부당한 공동행위 및 불공정거래행위를 규제하여 公正하고 自由로운 競爭을 촉진함으로써 창의적인 기업활동을 조장하고 소비자를 보호함과 아울러 국민경제의 균형있는 발전을 도모하는 것을 目的으로 한다(법 제1조). 이 목적조항은 내용상으로 두 단계, 즉 직접적 목적과 궁극적 목적으로 나눌 수 있다. 직접적 목적은 자유롭고 공정한 競爭의 촉진이며, 이를 통한 궁극적 목적은 창의적인 企業活動 助長, 消費者 保護 및 國民經濟의 균형있는 發展이다.[76] 그리고 독점규제법은 자유

---

76) 독점규제법의 궁극적 목적의 타당성에 관한 검토는 권오승, 앞의 책,

롭고 공정한 경쟁을 촉진하기 위하여, 시장지배적 지위의 남용과 과도한 경제력의 집중을 방지하고 부당한 공동행위 및 불공정거래행위를 규제하고 있다. 따라서 우리 독점규제법은 카르텔법의 고유한 규율대상이 아닌 일반집중이나 소유집중까지도 규율하고 있는 것이다. 이는 몇몇 재벌이 국민경제전체를 지배하고 있는 우리나라의 사정에 기인하고 있다. 그러므로 우리 개별시장에서 자유롭고 공정한 경쟁의 촉진이라는 직접적 목적을 달성하기 위해서는 재벌에 의한 경제력 집중 억제라는 과제를 반드시 고려하여야 할 것이다.

2. 사업자성의 판단기준

이미 살펴본 바와 같이 기능적 사업자 개념에서는 사업자 자체가 아니라 상거래에서 행해지는 행위가 고려된다. 따라서 어떠한 주체가 사업자인지의 여부는 그가 사업자로서 행동하고 있거나 행동할 수 있는지의 여부를 묻는 것과 다름없다. 이러한 사업자 개념은 독점규제법의 목적을 가능한 한 포괄적으로 달성할 수 있도록 넓게 해석되어야 할 것이다.

(1) 경제활동에 참가

독점규제법 제2조 1호의 규정상 사업자라 함은 제조업, 서비스업, 기타 사업을 행하는 자를 말한다. 여기서 事業이라 함은 타인에게 일정한 經濟的 利益을 제공하고 이에 상응하는 反對給付를 받는 행위를 繼續的 또는 反復的으로 하는 것으로 보는 것이 공정거래위원회와 通說의 입장이다.77) 일본 독점금지법 제2조 제1항에서도 우리 독점규제법과

___

　　85면 이하.

77) 공정위 재결 제87-1호 (1987. 3. 25.); 권오승, 앞의 책, 137면; 이기수,

유사한 규정을 두고 있으며, 여기서의 事業의 의미도 국내 학설의 입장과 동일하게 새기고 있다.[78] 여기서 사업을 행한다는 것은 시장에 참가하는 것을 의미하고 이는 곧 經濟的 活動을 뜻한다.

사업자 개념에 관한 규정을 규정을 별도로 두고 있지 않은 독일 경쟁제한방지법의 경우에도, 연방대법원,[79] 연방카르텔청[80] 및 학설도[81] 일관되게 "商去來上의 活動"이라는 요건이 충족되어야 동법의 사업자에 해당된다고 보고 있다. 유럽공동체 카르텔법에서도 사업자가 되기 위한 요건으로서 持續的인 經濟的 (또는 상업적) 活動을 들고 있으며, 이 경우 경제적 활동은 매우 넓게 이해된다.[82]

결국 우리 독점규제법을 포함한 각국의 카르텔법은 經濟活動, 즉 市場 參加를 사업자 개념을 위한 필수적인 요소로 하고 있으며, 이는 사업자성 판단을 위한 가장 기본적인 원칙임을 알 수 있다. 그리고 경제질서의 기본법인 독점규제법은 원칙적으로 모든 사업분야에 폭넓게 적용되는 것이 마땅하므로, 경제활동의 범위는 넓게 파악되어야 할 것이다. 이는 외국의 사례에서도 이와 같은 입장을 취하고 있음은 이미 살펴보았다.

(2) 독자성

경제활동에 참가하고 있다고하여 모두가 독점규제법상 사업자인 것

앞의 책, 71면, 이동규, 앞의 책, 76면; 이남기, 앞의 책, 82-83면.

78) 正田彬, 앞의 책, 126면; 今村成和, 앞의 책, 36면; 根岸哲 外, 앞의 책, 23면.

79) WuW/E BGH 442 „Gummistrümpfe".

80) TB 1961, S. 61.

81) Emmerich, Die höchstrichterliche Rechtsprechung zum GWB, ZHR 139 (1975), S. 476 ff.

82) Vgl. EuG 14. 7. 1994, Slg. 1994 Ⅱ 531, 543 (Tz. 32) = EuZW 1994, 664, 666 „Herlitz".

은 아니다. 獨自的으로 經濟活動에 참가하고 있어야 동법의 사업자가 될 수 있다. 즉 獨自性이 사업자성을 판단하는 두 번째 기준이다. 여기서 독자성이라 함은 사업활동 및 이와 관련된 결정을 자유롭게 할 수 있다는 의미이다.

독자적으로 경제활동하는 자만을 사업자로 보는 이유에 대하여, 독일에서는 競爭은 自治的인 市場參加者들에 의해 유지된다고 보는 것이 경쟁제한방지법의 정신이기 때문이라고 한다.[83] 유럽공동체 법원도 유럽공동체 카르텔법의 의미에서의 사업자는 독자적으로 경제적 거래에 참가하고 있어야 한다고 판시하고 있다.[84] 국내에서는 독자성 기준과 관련된 논의를 아직 찾아볼 수 없다. 그러나 경쟁은 자치적으로 시장에서 활동하는 자들에 의해 유지될 수 있다는 思考는 우리 독점규제법에 있어서도 마찬가지로 타당할 것이다.

따라서 종업원이 자신의 고용주를 위하여 경쟁제한적 협정을 맺는 경우에, 비록 그가 시장에 참가하고 있다고 할지라도 독자적인 활동이 아니기 때문에 사업자로 볼 수 없으며, 그 행위는 고용주에게 귀속된다. 즉 근로자의 종속적 업무는 독점규제법의 적용대상에서 제외된다. 그러나 그 근로자가 종속적 업무를 행하는 것이 아니라, 자신의 계산으로 독립적으로 경제활동에 참여하는 경우에는 동법의 사업자가 된다.

이러한 독자성 기준이 獨立된 法的 組織形態나 權利能力을 갖추어야 한다는 것을 의미하는 것은 아니다. 권리능력없는 社團도 자신의 결정에 근거해서 시장에서 독자적으로 행동할 수 있기 때문이다. 또한 독점규제법은 신사협정이나 동조적 행위와 같이 순수한 事實行爲도 규율대상으로 삼고 있기 때문에, 권리를 행사하거나 의무를 부담하는 자로 수범자를 한정할 필요가 없다. 오히려 문제된 행위주체가 독점규제법에서

---

83) 제2장 제4절 Ⅱ 참조.
84) 전게주 82 참조.

금지하고 있는 행위를 할 수 있는지의 여부를 고려하여야 할 것이다.

(3) 시장참가의 유형

현재 시장에 참가하고 있어야만 독점규제법상 사업자가 될 수 있는 것은 아니다. 경쟁제한적 합의를 할 당시에는 사업자적으로 활동하고 있지 않지만 장래에 (다시) 그러한 행동을 할 구체적인 가능성이 있는 자, 즉 潛在的 事業者도 독점규제법의 적용대상에 포함된다. 이것이 경쟁을 보호함으로써 시장의 기능을 유지하려는 동법의 목적에도 부합한다. 독일의 학설과 판례 및 유럽공동체 기관도 장래에 시장에 참가할 충분한 가능성, 즉 사업자로서 활동할 의도를 객관적으로 인식할 수 있는 경우에는 이들에 대해 사업자성을 인정하고 있다.[85]

이로써 경제활동에 참가하고 있던 자가 카르텔합의를 맺을 당시에 일시적으로 시장에 참가하지 않음로써 사업자의 판단기준으로부터 벗어나 독점규제법의 적용대상에서 벗어나려는 回避行爲를 규율할 수 있다.

Ⅱ. 한계 사례의 분석

사업자의 개념과 범위를 정함에 있어서 현실적으로 그 한계가 애매한 경우가 있다. 이러한 사례들을 사업자성의 판단기준에 따라 분류하여 구체적으로 검토하였나.

---

85) 제2장 제4절 Ⅲ 및 제3장 제1절 Ⅱ 1 (4) 참조.

1. 경제활동에 참가

(1) 자유업자와 자유업자단체

과거 독일에서는 자유업자에 대해서는 경쟁제한방지법을 적용해서는
안된다는 주장이 우세했다.[86] 그 첫째 이유는 職業法 또는 身分法을
통하여 입법자가 의도적으로 이들 영역에 대해서는 경쟁을 제한하고자
했기 때문에, 자유업자들에 대해서는 경쟁원리가 1차적으로 고려되어서
는 안된다는 것이다.[87] 둘째로는 자유업에 종사하는 것은 개인의 직업
활동의 실현이기 때문에, 생산수단의 최적 이용을 지향하거나 기업결합
을 하려고 하는 사업자적 활동과는 구별해야 한다는 것이다. 그러나 機
能的 事業者槪念이 확산되어 市場에서의 活動이 중요한 기준이 되면서,
종래 制度的으로 파악되던 사업자와 私人의 활동을 통해 나타나는 自
由業 사이의 구별은 의미가 없어졌다. 따라서 현재는 자유업자를 사업
자 개념에 포함하고 있다. 그리고 자유업자단체들의 報酬談合, 集團去
來拒絶 또는 자신의 단체의 소속해서만 활동을 할 수 있도록 하는 행
위 등에 대해서 경쟁제한방지법을 적용하고 있다.

일본에서도 과거에는 의사, 변호사, 변리사, 건축사 등의 자유업은 사
업이라기 보다는 윤리성이 요구되는 전문직업이기 때문에, 여기에는 경
쟁원리가 적용되어서는 안된다는 관념이 있었다.[88] 그러나 의사회나
변호사회 등의 자유업자단체들이 신규개업을 억제하거나 구성원들의
활동을 제한하는 사례가 나타났다. 이를 방치하는 것은 독점금지법의
목적과 취지에 반하기 때문에, 일본 공정거래위원회는 자유업자단체의

---

86) Schmidt, Freie Berufe und Kartellgesetz, Diss. Köln, 1969, S. 50.
87) Rittner, Unternehmen und freie Beruf als Rechtsbegriffe, Recht und
    Staat in Geschichte und Gegenwart, Heft 261/261, 1962, S. 34 ff.
88) 谷原修身, 앞의 책, 87면 참조.

경쟁제한행위에 대해 동법을 적용하기 시작하였다. 이 경우 독점금지법을 적용하기 위해서는 단체의 구성원이 사업자가 아니면 안되기 때문에, 종래의 입장을 변경하여 자유업자를 사업자로 보게 되었다.

국내 학계에서는 아직 이에 관한 구체적인 논의가 없지만, 변리사, 개업의사, 건축사, 회계사 등의 자유업자들도 독자적으로 경제적 거래에 참가할 수 있기 때문에 이들도 사업자로 보아 독점규제법을 적용범위에 포함하는 것이 정당할 것이다. 그리고 자유업자단체들도 독점규제법상의 사업자단체에 포함시켜야 할 것이다. 이미 살펴본 바와 같이 공정거래위원회도 의사회, 법무사협회, 건축사협회, 관세사회 등의 자유업자단체들을 사업자단체로 인정하고, 이들 단체의 경쟁제한행위에 대해서 독점규제법을 적용하였다.

특히 변호사, 공인회계사, 관세사, 세무사, 행정사, 변리사, 공인노무사, 수의사, 건축사 등 9개 전문직종의 단체가 정한 報酬基準은, 독점규제 및 공정거래에 관한 법률의 적용이 제외되는 부당한 공동행위 등의 정비에 관한 법률(약칭 카르텔일괄정리법)이 1999년 1월 6일 국회에서 통과되어 같은 해 2월 5일 공포·시행됨에 따라 폐지되었다.

(2) 예술가, 발명가, 학자 등

藝術家의 창작활동, 發明家의 연구활동 및 學者의 연구·저술활동 등은 경제활동이 아니므로, 원칙적으로 독점규제법이 적용되는 영역이라고 할 수 없다. 그들의 능력을 經濟的으로 利用하거나 또는 예술품, 발명품 그리고 저작물들이 시장에서 去來의 對象이 되는 경우, 이들은 독점규제법상 사업자가 된다. 따라서 저작권이나 저작물보호에 관한 계약, 또는 발명 등에 관한 라이센스계약 등은 특별규정이 없는 한 독점규제법의 적용을 받는다. 즉 개별적으로 경쟁규범이 적용될 수 없는 것으로 간주되는 경우에는 다른 실제적 이유들이 존재하는 것이지 참가자들의 사업자성이 부인되기 때문은 아니다. 따라서 著作權法, 特許法, 實用新案法, 意匠法 또는 商標法에 의한 권리를 행사하는 경우에 독점 규제법이 적용되지 않는 것은 그 권리행사자가 사업자가 될 수 없기 때문이 아니라 동법 제59조에서 적용을 제외하고 있기 때문이다.

그러나 만일 그들의 활동이 독립적인 아니라 雇傭契約 등에 의한 勞務의 제공에 불과한 경우에는 사업자라고 할 수 없다. 물론 고용계약에 묶여 있는 예술가라고 할지라도, 그 계약의 영역밖에서는 사업자로서 활동할 수 있음은 당연하다. 독일 연방카르텔청은 영화배우의 출연료에 관한 합의와 관련된 문제에 경쟁제한방지법을 적용하지 않았다.[89] 이 사건에서 그는 사업자가 아니라 근로자로 간주되었기 때문이다. 그러나 이러한 판단이 일반화되어서는 안된다. 영화배우가 예술부문에서 활동하는 것이 아니고 상업적 영역에서 (공동)책임을 부담하는 등의 사업자적 활동을 하는 경우에는 사업자로서 다루어져야 한다. 이 경우 영화배우가 어느 정도의 이윤을 차지하는지는 사업자성을 판단하는 간접증거가 될 수 있다고 한다. 이 사건에서는 전체 이윤의 10%까지를 勞動의 對價로 보았다.

(3) 국가, 지방자치단체 및 공공사업자

국가가 고권적 활동을 하는 경우에는 독점규제법상 사업자가 아니다. 그러나 國家, 地方自治團體 및 公共事業者가 私經濟主體로서 시장에 참가하여 경제활동을 하는 경우에는 독점규제법의 규율을 받는다. 이는 사업자 개념을 활동과 관련지어 이해하는 기능적 사업자 개념으로부터 유래한 것이다.

국내에서 국가와 지방자치단체를 독점규제법상 사업자로 인정한 판례와 심결례가 있다. 대법원은 "국가나 지방자치단체도 사경제의 주체

---

89) WuW/E BKartA 502 „Gagenstoppabkommen" = BB 62, 978.

로서 타인과 거래행위를 하는 경우에는 그 범위내에서 위 법률(독점규제법) 소정의 사업자에 포함된다"고 판시했다.[90] 한편 공정거래위원회도 시흥시 공영개발사업소가 택지개발공급사업에서 주택건설업체를 상대로 행한 우월적 지위남용행위에 대하여 시정권고를 한 바 있다.[91]

따라서 국가, 지방자치단체 및 공공사업자가 재화나 용역의 수요자 또는 공급자로서 활동하는 경우에 상대방 수요자나 공급자를 자의적으로 선택하거나 부당하게 대우해서는 아니된다. 이로써 私的 供給者는 국가나 지방자치단체 등의 需要力의 濫用으로부터 보호받을 수 있을 것이다.

자동차 정기검사 업무와 같이 국가의 위탁에 의해 업무를 수행하는 자에 대해서도 사업자성은 인정된다. 이들의 행위는 경제활동에 참가하여 행해지는 국가의 업무이기 때문이다. 따라서 자동차검사의 대가를 부당하게 정하고 있거나 이를 변경하는 경우에는 독점규제법 제3조의2의 시장지배적지위 남용금지 규정으로 규율할 수 있다.

(4) 이윤획득이나 영리활동을 목적으로 하지 않는 조직

독점규제법의 사업자가 되기 위해서는 經濟活動에 參加하고 있거나 장래에 참가할 개연성이 있어야 한다. 그러나 사업자의 경제활동이 반드시 利潤獲得이나 營利를 목적으로 할 필요는 없다. 즉 이윤획득이나 영리목적의 존재 여부는 사업자 개념에 있어서 본질적인 요소가 아니다. 따라서 이윤획득이나 영리추구를 목적으로 하지 않는 조직이라고 할지라도 독자적으로 경제활동 참가하는 한, 독점규제법상 사업자가 된다. 이와 관련해서는 국가의 國庫活動, 스포츠단체, 종교단체, 비영리병원 그리고 학교의 事業者性이 주로 문제된다.

---

90) 대판 1990. 11. 23, 90다카3659.
91) 공정위 시정권고 제97-56호.

250

(가) 국고활동

國庫活動이 商去來 活動에 해당되는 경우에는 국가를 사업자로 본다. 여기서 상거래 활동이라는 징표를 통하여 국가의 社會事業上의 給付는 독점규제법의 적용에서 제외될 것이다.[92] 독일에서는 국방부의 국방행정에 대해서도 경쟁제한방지법을 적용한 사례가 있다.[93] 그러나 우리나라의 경우 국방부의 행위를 사업자적 활동으로 보는데에 현실적으로 어려움이 있을 것이다.[94] 이러한 사례는 국가의 고권적 활동과 사경제주체로서의 활동의 한계가 문제되는 부분으로서 개별적인 검토를 요한다.

(나) 스포츠단체

프로스포츠團體는 비영리단체이지만 현실적으로는 매우 중요한 경제주체가 되어버렸다. 이 단체들의 조직형태가 사법상 어떻게 분류되는지와는 관계없이, 대가를 받고 운동경기를 개최하거나, 팀의 선전효과를 상업적으로 이용하거나, 선수들을 스카웃 또는 트레이드하는 등의 활동을 하는 경우, 이러한 단체는 사업자로 간주되어야 한다. 가령 스포츠용품 전시회를 개최해 놓고 전시장의 매장을 제공하는 행위도 당연히 사업자적 행위로 간주된다. 프로선수들이 자신의 실력을 시장에 내놓아 돈벌이를 하는 한, 이들도 역시 사업자로 보아야 한다. 미국의 법원도 프로야구를 제외한 각종 프로스포츠에 대하여 반트러스트법이 적용된다고 일관되게 판시하고 있다. 그러나 아마츄어선수들은 돈벌이가 금지되어 있기 때문에 원칙적으로 사업자적으로 활동할 수 없을 것이다. 그리고 아마츄어스포츠단체라고 할지라도 운동경기의 개최를 위해 시장에 참가하여 활동하는 경우에는 이들 역시 사업자가 된다. 그러나 이

---

92) Vgl. LG Mannheim WuW/E LG/AG „Herzklinik".
93) WuW/E BGH 1581 „Bundeswehrheime" = NJW 79, 1208 Leits.
94) 권오승, 앞의 책, 140면 각주 6.

단체가 상거래 영역이 아닌 스포츠 영역에서 자신의 회원들의 이익을 대변하는 하는 경우에는 사업자로 볼 수 없다.

(다) 종교단체

宗敎團體라고 할지라도 일정한 경우에는 독점규제법상의 사업자가 될 수 있다. 찬송가책의 저작권자인 교회협의회가 찬송가책의 제작에 관한 계약을 체결하고 상대방으로부터 대금지불을 약속받는 경우에 있어서, 교회협의회를 경쟁제한방지법의 사업자로 본 독일 연방대법원의 판결이 있다.[95] 종교단체의 사업자성을 판단하는 경우에 이 단체가 통상 精神的 또는 靈的인 目標를 추구하고 있는지의 여부는 고려되지 않는다. 미국의 컬럼비아 순회법원도 종교비판서적 출간문제을 놓고 종교서적 출판업자와 카톨릭교회 사이에서 발생한 다툼을 판단하면서, 신앙심이라는 주관적 동기를 고려하지는 않았다.[96]

(라) 비영리병원

비영리재단인 醫療法人의 형태로 존재하는 非營利病院의 사업자성을 인정할 수 있는지가 문제될 수 있다. 먼저 비영리병원은 그 법적 조직형태가 무엇인가와 관계없이 이들도 역시 의료서비스를 제공하고 이에 대한 반대급부를 받는다. 또한 현실적으로 비영리사업자는 자신이 참가하고 있는 시장에서 실제로는 영리사업자와 동일한 유혹을 받을 수 있다. 즉 비영리사업자도 역시 근로자들과 공급자들에게 보수와 대가를 지급하여야 하며, 자신의 경쟁상대방과 경쟁을 해야 하기도 하고, 때로는 부당한 행위를 통해서 자신의 영역을 확장하려고 하기도 한다. 따라서 독점규제법의 관점에서 볼 때, 배당금 지급을 제외하고는 비영리사

---

95) WuW/E BGH 127, 131 „Gesangbuch V" = BGHZ 19, 72.
96) Costello Publishing Co. v. Rotelle, 670 F.2d 1035 (D.C. Cir. 1981).

업자와 영리사업자는 비슷한 점이 많으며, 자신의 사업을 위해 경쟁제한행위를 하려고 하는 점에서도 동일하다.

이러한 이유로 비영리병원도 독점규제법의 사업자에 포함된다. 미국의 모든 법원들도 비영리병원을 포함한 비영리사업자들을 반트러스트법의 적용대상에 포함시키고 있다.

(마) 학 교

學校의 활동이 독점규제법의 적용대상 事業인지가 문제된다. 이에 관해 교육기관도 교육서비스를 제공하고 그 반대급부로서 경제적 대가를 받는 행위를 계속·반복적으로 행하고 있기 때문에, 독점규제법의 관점에서는 일반 회사와 전혀 다를 바 없는 사업자라는 견해가 있다.[97] 그러나 학교의 활동과 관련해서는, 이를 교육활동 그 자체와 그밖의 활동으로 나누어 검토할 필요가 있다.

먼저 학교에서 행하는 敎育活動 자체를 경제활동을 통한 경제적 이익의 제공으로 보는 것은 타당하지 않으며, 교육활동이 경쟁질서와의 관계에서 의미를 가진다고 해석되지 않기 때문에, 이를 독점규제법상 사업자 개념에서 말하는 事業에 포함시키는 것은 타당하지 않다. 이러한 활동을 상거래상의 행위라고 보아 경쟁원리를 적용하는 것은 독점규제법의 목적과도 부합하지 않는다. 일본에서도 교육활동 자체는 원칙적으로 독점금지법상의 규율대상인 사업에 포함하지 않고 있다.

그러나 학교들이 학생들에게 지급되는 장학금과 같은 財政支援이나 授業料 등에 관한 담합은 독점규제법의 적용대상이 된다. 미국에서 아이비 리그(ivy league)에 속하는 대학들이 학생들에게 제공되는 재정적 지원을 공동으로 결정하기로 한 합의에 대해, 제3순회법원은 이는 경쟁

---

97) 이병주, 사례중심의 공정거래법 해설, 월간 공정거래 (제40호), 1998. 12., 45면.

을 해치는 결과를 초래한다고 판시했다.[98] 한편 또 다른 판결에서는
학생들의 입학과 관련해서 셔먼법을 적용하지 않았다.[99] 또한 모든 학
생은 캠퍼스내의 기숙사에서 생활해야 한다는 대학당국의 방침에 대해
서도, 이는 "通商이나 商去來"에 해당하지 않기 때문에 셔먼법이 적용
되지 않는다고 판시했다.[100] 그밖에 학교가 출판사업이나 물품구입과
같은 활동을 하는 경우에는 그러한 범위내에서 사업자성을 인정할 수
있을 것이다.

2. 독자성

(1) 법인격 없는 사단

법인격없는 사단이라고 하더라도 스스로 독립적으로 경제활동을 하고
있으며 앞으로도 계속 활동할 수 있는 경우에는 통상 그 자체를 독점규제
법상 사업자로 보아야 할 것이다. 이밖에 商事會社의 無限責任社員도 독
점규제법상 사업자로 간주되어야 할 것이다. 자신의 책임하에 회사를 운
영하고 있기 때문이다.[101] 個人企業도 역시 동법의 사업자에 해당되지만,
그가 個人的 消費活動을 하는 경우에는 여기서 제외된다.[102]

(2) 대리상

代理商이 사업자성을 가지는지를 일률적으로 판단할 수는 없다. 대리

---

98) United States v. Brown University, 5 F.3d 658 (3d Cir. 1993).

99) Selman v. Harvard Medical School, 494 F. Supp. 603, 621 (S.D.N.Y.),
aff'd, 636 F.2d 1204 (2d Cir. 1980).

100) Hamilton Chapter of Alpha Delta Phi v. Hamilton College, 1996-1
Trade Cas. ¶71,392 (N.D.N.Y).

101) Rinck/Schwark, a.a.O., Rdnr. 250.

102) Vgl. Niederleithinger, a.a.O., S. 27 Fn. 60.

상이 사업자의 판매조직에 불과할 수도 있기 때문이다. 이 경우 대리상의 경제적 독립성 여부를 고려한다면 그의 사업자성은 부인되어야 한다. 그러나 현실적으로 대리상에는 여러 단계의 경제적 독립성이 존재할 수 있기 때문에, 경제적 독립성이라는 요소는 도움이 되지 못한다. 이 때에는 오히려 法的 獨立性과 市場에서의 行態가 사업자성 판단의 근거로서 고려될 수 있을 것이다.[103]

(3) 재벌과 그 계열기업

(가) 서 설

독점규제법의 입법자가 사업자로서의 財閥(大規模企業集團)문제를 기업결합의 제한 및 경제력집중억제의 측면에서만 해결하고자 했다고 해서, 그밖의 영역에서 발생하는 재벌과 관련된 문제들을 고려할 필요가 없는 것은 아니다. 경쟁법적 관점에서, 필요에 따라서는 재벌 자체를 하나의 사업자로 보아야 할 경우도 있을 것이다. 예를 들어 사업자가 독점규제법 제19조 제2항 1호의 산업합리화 카르텔에 참가하고 있는 경우 이로 인해 시장지배적 지위가 형성되거나 강화되지 않는지 여부를 판단해야 하는데, 이 때 동일한 부문에서 활동하면서 당해 카르텔에 참가하고 있지 않는 자매회사들의 市場占有率도 고려해야 할 필요가 있다. 또한 동조 제2항 5호의 의미의 中小規模의 기업 여부를 판단하는 경우에도 마찬가지이다. 이러한 경우에 당해 계열기업만을 고려하고 재벌 자체를 고려하지 않는다면, 回避可能性이 발생할 염려가 있다. 예를 들어 單一한 指揮下에 있는 법률상 독립된 다수의 사업자들에게 생산공장을 분할, 배분시킴으로써 모든 자회사들의 시장점유율을 원하는대로 일정하게 유지할 수 있을 것이다.

그런데 재벌은 일반적으로 法人格이 없는 事業者組織이다. 이러한 조직

---

103) Meissner, a.a.O., S. 19-20: Cramer, a.a.O., S. 91.

형태를 어떻게 다루어야 할 것인지가 문제이다. 만일 재벌의 실체가 독일의 事實上 콘체른, 특히 加重된 事實上 콘체른(qualifizierter faktischer Konzern)과 유사하다면, 독일이나 유럽공동체 카르텔법상 콘체른에 관한 논의를 참고할 수 있을 것이다. 경제법적 관점에서 콘체른을 논의함에 있어서, 독일에서는 콘체른의 法的 組織形態는 문제삼지 않는다. 그 형태는 콘체른 指揮部(Konzernspitze)에 의해 적당하게 변형될 수 있기 때문이다. 그러므로 콘체른의 사업자성을 판단함에 있어서는 다른 기준이 필요하다. 기능적 사업자 개념에 의해 콘체른의 시장행태에 중점을 두는 경우, 독일 주식법 제18조의 "單一한 指揮"가 중요한 요건으로 고려될 수 있다. 단일한 지휘란 순수하게 사실적으로 행해지는 것이기 때문에 權利能力과는 관련이 없다.

우리나라에 존재하는 財閥을 사실상 콘체른이라고 말할 수 있을지에 대해 대답하기란 쉽지 않다. 재벌이 독일법상 콘체른의 성립요건을 충족하는지를 구체적으로 검토해보아야 하기 때문이다. 그러나 사실상 콘체른의 성립여부는 역시 單一한 指揮가 실제로 존재하느냐에 의해 좌우될 것이다. 우리나라 재벌의 경우, 예전에는 회장비서실이나 기획조정실 등으로 불리워지다가 현재에는 구조조정본부 등으로 불리워지는 組織이 있으며, 이른바 재벌총수를 중심으로 하는 이 조직은 재벌 전체 차원의 영업기획이나 자금운용계획 등의 주요사항을 결정하거나 이에 깊이 관여하고 있는 것으로 알려져 있다. 또한 계열회사의 고위 임원들에 대한 人事는 총수를 비롯한 이 지휘부에 의해 실제로 결정되고 있다고 한다. 이러한 중앙집권적인 경영권의 행사는 事實上 支配可能性의 존재를 의미하는 것으로 볼 수 있다.[104] 이밖에 독일에서는 지배기업으로 전자정보처리장치를 중앙화하는 것을 사실상의 콘체른의 인정근거

---

104) 권기범, 사실상의 콘체른과 재벌, 양승규교수 화갑기념논문집, 삼지원, 1994, 250면.

로 보기도 하는데,[105] 이러한 정보처리장치를 국내 계열기업들 뿐만 아
니라 해외 현지법인에까지 구축한 재벌들도 적지 않은 것으로 알려져
있다. 긴밀하게 구축된 정보처리장치를 이용함으로써 총수 또는 지휘부
에 의한 단일한 지휘는 더욱 쉽고 효과적으로 행해질 수 있을 것이다.
우리나라의 재벌과 독일의 사실상 콘체른 사이의 이러한 유사한 점들
이 있기 때문에, 독점규제법적 측면에서의 財閥問題를 독일과 유럽공동
체 경쟁법에서의 콘체른에 관한 논의와 연관시켜 검토하는 것도 의미
있는 작업이 될 것이다.

  (나) 재벌의 사업자성

  재벌 자체는 법인격을 가지고 있지 않다. 이 재벌을 독점규제법상 사
업자로 볼 수 있는지가 문제되는데, 국내에서는 이에 관한 논의를 찾아
볼 수 없다. 재벌은 권리능력을 가지고 있지 않지만 신사협정이나 동조
적 행위 등을 할 수는 있다.[106] 따라서 재벌도 독점규제법의 수범자로서
다루어져야 한다. 재벌 총수나 지휘부에 의한 단일한 지휘는 계열기업
뿐만 아니라 재벌 자체도 동법의 수범자가 되는 것을 정당하게 한다.[107]
  과징금절차와 행정절차에서는 수범자로서의 사업자가 아니라, 企業擔
當者가 참가한다. 이 경우 독일에서 콘체른 사업자를 기업담당자로 간주
하는 것과 마찬가지로, 계열기업을 기업담당자로 볼 수 있을 것이다. 따
라서 법인격 없는 조직이라는 이유로 재벌의 사업자성을 부인하는 것은
정당하지 않다. 즉 사업자로서의 재벌은 과징금절차나 행정절차와 관련

---

105) 유진희, 사실상 콘체른의 법률관계, 안암법학, 창간호(1993), 507면에
    서 재인용.
106) Vgl. Haberkorn, Behandlung von Konzernunternehmen nach Art. 65
    des Montanunionvertrages, NJW 1960, S. 86 f.
107) Vgl. Haberkorn, Können konzernmäßige Zusammenschlüsse unter §1
    GWB fallen?, WRP 1967, S. 39 f.

해서가 아니라, 문제된 경쟁제한행위에 의해 발생한 시장점유율을 구체적으로 파악하는 경우 및 회피시도(Umgehungsversuchen)를 방지하는 데에 기여한다.

(다) 계열기업의 사업자성

계열기업이 외부의 제3자와 상거래를 하는 경우에는 당연히 사업자로 간주된다. 그러나 동일한 재벌에 속해 있는 사업자들이 경쟁제한행위 또는 경쟁제한적 합의를 하는 경우가 있다. 가령 모회사와 그에 속해 있는 자회사 사이에서, 또는 동일한 모회사에 속해 있는 자회사들간에 경쟁제한적 합의를 하는 경우를 생각해 볼 수 있다. 이러한 경우에 이들 계열기업들을 사업자로 볼 수 있는지가 문제된다.

이 문제와 관련하여 국내에서는, 재벌 자체를 독점규제법상 하나의 사업자로 보아야 하기 때문에 이에 속하는 계열기업들에 대해서는 사업자성을 인정할 수 없고, 결국 이들간의 내부거래에 독점규제법이 적용되어서는 안된다는 견해를 찾을 수 있을 뿐이다.[108) 독일에서도 오로지 법적으로만 독립적일 뿐이고 경제적으로는 비독립적인 콘체른 자회사의 사업자성을 부인하는 견해가 있다. 그러나 재벌 내부관계에서의 경쟁제한행위는 현실적으로 시장에 미치는 영향이 크며 이로 인해 시장의 기능이 침해될 수 있기 때문에, 시장의 기능을 유지하려는 독점규제법의 목적과 정신을 고려해 볼 때, 계열기업의 사업자성을 부인하는 이 주장은 타당하지 않다.

반면에 콘체른 지휘부가 자신의 指示權(Weisungsrecht)을 실제로 행사하고 있는지를 고려해야 한다는 견해도 있다. 이 지시권이 사실상 행사되고 있지 않는 한, 내부관계에 있어서 콘체른 사업자들을 각각 카르

---

108) 이문지, 한국 공정거래법 비판, 자유기업센터, 1997, 86-109면.

텔법상의 사업자로 보아야 한다는 것이다.[109] 이에 대해 콘체른 지휘부가 지시권을 행사하였는지의 여부 그리고 어느 정도나 행사하였는지에 따라 사업자 개념이 결정되어서는 곤란하다는 비판이 있다. 이는 콘체른 지휘부가 상황에 따라 임의대로 변경할 수 있는 것이기 때문이다.

이에 반해 개별 콘체른사업자들을 잠재적 사업자로 보아서 경쟁제한방지법을 적용하려는 시도가 있다. 콘체른 사업자도 콘체른 지휘부의 동의 하에 독자적으로 시장에 참가하여 활동할 수 있기 때문에, 적어도 잠재적 사업자로서 카르텔법의 수범자로 볼 수 있기 때문이다. 실제로 독일의 연방대법원은 經營權讓渡契約을 체결했기 때문에 현실적으로 시장참가가 불가능한 사업자에 대해서 이를 潛在的 事業者라고 판시했다.[110]

우리나라 재벌의 계열기업들은 법적 독립성을 갖추고 있으며 그 조직 안에서 고유하게 형성된 意思에 근거하여 독자적으로 경제활동에 참가하기 때문에, 이들간의 내부관계에 있어서도 독점규제법이 적용되어야 할 것이다. 재벌의 총수나 지휘부가 계열기업간 경쟁제한행위를 하도록 지시를 한 경우에도 마찬가지로 독점규제법이 적용된다. 이러한 행위는 계열기업간의 동조적 행위가 되기 때문이다. 한편 독일의 판례는 재벌 내부관계에서의 경쟁제한과 관련해서는 종래 사업자의 개념에 초점을 맞추던 해결방식을 점점 지양하고, 콘체른사업자들간의 경쟁제한행위에 초점을 맞추는 해결방식으로 나아가고 있다.[111]

Ⅲ. 사업자단체

독점규제법은 사업자간의 경쟁제한행위뿐만 아니라 事業者團體의 경

---

109) 자세한 독일의 사례는 제2장 제5절 Ⅱ 참조.
110) WuW/E BGH 359, 361 „Gasglühkörper" = BGHZ 31, 105.
111) OLG Frankfurt WuW/E OLG 3600, 3601 „Guy Laroche".

쟁제한행위도 규율하고 있다. 즉 사업자 이외에 사업자단체도 동법의 수범자에 속한다. 이러한 사업자단체의 개념에 대하여 독점규제법 제2조 4호에서는 "사업자단체라 함은 그 형태 여하를 불문하고 2 이상의 사업자가 공동의 이익을 증진할 목적으로 조직한 결합체 또는 그 연합체를 말한다"고 규정하고 있다. 사업자단체에 관한 이러한 定義는 통상적으로 넓게 해석된다.

1. 사업자단체의 판단기준

먼저 사업자단체의 形態는 문제되지 않는다. 즉 반드시 일정한 법형식을 취하여야 할 필요가 없지만, 어느 정도의 共同體的 組織은 갖추고 있어야 한다. 공동체적 조직을 갖추었는지 여부는 구성사업자의 영업에 영향을 끼칠 수 있는 가능성이 그 조직의 형태로부터 나올 수 있는지에 의해 결정된다.[112] 私法上 團體인지 公法上 團體인지도 구별하지 않는다. 사업자간에 강제적인 결합이 이루어지는 경우라 할지라도 독점규제법은 적용된다. 그래서 변호사협회와 같은 자유업자단체도 사업자단체에 포섭된다. 일정한 경제적 목적을 추구하기 위해 결성된 단체가 구성원들의 이익을 보장하는 하는 임무를 띠는 한, 이는 사업자단체로 인정된다. 그러나 단체가 고유한 경제적 목적을 추구하는 한, 이 단체는 사업자단체가 아니라 곧 사업자로서 다루어진다.

둘째로 사업자단체는 2 이상의 사업사에 의해 조직되어야 한다. 이 경우 비사업자가 참여했는지는 중요하지 않으며,[113] 반드시 동업자들의 결합일 필요도 없다. 예를 들어 거래관계에 있는 제조업자와 판매업자가 단체를 형성할 수도 있고, 서로 다른 거래단계의 판매사업자들이 단

---

112) 제2장 제6절 Ⅱ 참조.
113) WuW/E BGH „Stromversorgungsgenossenschaft" = BB 74, 1221.

체를 구성하기도 한다. 하지만 이들 구성사업자가 자신의 경제적 독립성을 잃고 있으면, 이것은 사업자단체라고 할 수 없다.[114] 이 경우에는 오히려 그 자체가 하나의 事業者로서 독점규제법의 수범자가 되어야 할 것이다.

셋째로 사업자단체는 共同의 利益을 增進할 目的으로 조직되어야 하는데, 이러한 목적 역시 넓게 해석된다. 사업자단체의 목적과 조직은 사실상 그 법적 형태나 소재지만큼이나 중요한 역할을 하지 못한다. 오히려 구성원들의 이익을 대변하는 것을 목적으로 하는 여러 사업자들의 결합이라는 점이 중요하다. 여기서 利益이라 함은 사업자의 고유한 사업활동에 관한 이익을 의미하며, 그 내용이 무엇인지는 중요하지 않다. 즉 받는 이익이 직접적이어도 좋고 간접적이어도 좋으며, 사업활동의 전체에 관한 것이어도 좋고 일부에 관한 것이어도 좋다. 사업자의 결합체라고 할지라도 이러한 이익과 관련이 없으면 사업자단체라고 할 수 없다.[115] 이러한 이익은 구성사업자들의 共同利益이어야 한다. 여기서 말하는 共同이라 함은 구성사업자가 그 결합에 의해서 비슷한 성격의 이익을 받는 것을 말하며, 반드시 동일한 성질이어야 하는 것은 아니다. 그래서 구성사업자가 그 결합으로부터 사업활동에 관한 이익을 얻고 있다면, 그 이익이 구체적으로 무엇인지는 판단하지 않아도 될 것이다.[116] 따라서 판매자와 구매자가 단체를 구성하더라도 공동의 이익이 존재할 수 있을 것이다. 또한 공도의 이익이 구성사업자들에게 균등

---

114) 이러한 경우 독일에서는 사업자단체가 아니라 콘체른으로 보고 있다. 콘체른은 경제적 통일체를 형성하기 때문에, 카르텔법의 수범자로서 콘체른 자체가 고려된다. 그러나 자회사들이 보다 많은 독립성을 가지고 있는 느슨한 형태의 사업자들간의 결합이 문제되는 경우에는 사정이 다르다(제2장 제6절 Ⅱ 참조).

115) 今村成和, 앞의 책, 39-40면.

116) 正田彬, 앞의 책, 134면.

하게 배분될 필요도 없다. 이익분배가 어떻게 행해지든지 그것이 사업자단체의 조직적 결정에 의한 결과라고 보여지면 된다.[117] 이러한 공동의 이익을 증진시키기 위한 활동으로는 구성사업자 내부적으로는 경영지도, 시장조사, 행정정보 제공, 법령연구, 기술연구, 資格認定 등이 있고, 대외적으로는 국회나 정부부처 등에 대한 의견표명, 광고, 선전활동 등이 있다.[118]

넷째로 2 이상의 사업자의 結合體라 함은 複數의 사업자의 결합체를 의미한다. 여기서 말하는 사업자에는 독점규제법 제2조 1호 후단의 규정에 따라 사업자의 이익을 위한 행위를 하는 任員, 從業員, 代理人 등이 포함된다. 이 결합의 형태인지, 사업자단체의 설립근거, 구성사업자의 규모 등은 문제되지 않는다. 또한 聯合體라 함은 2 이상의 사업자의 결합체가 연합된 단체를 의미한다. 사업자와 사업자의 결합체의 양자를 구성원으로 하는 단체도 포함된다.[119] 지역적 또는 분야별로 나뉘어져 있는 경제단체들의 산하기관들도 이에 해당되어 사업자단체로 간주된다.[120] 연합체도 구성사업자들의 행동에 영향을 미칠 가능성이 있기 때문에 이를 사업자단체에 포함시킨 것은 정당하다.

2. 개별 사례

각종 職業團體와 經濟團體, 使用者團體 등이 전형적인 사업자단체에 해당된다. 우리나라의 경우에는 전국경세인연합회나 중소기업중앙회, 상공회의소 등이 대표적인 사례에 해당된다. 따라서 이 단체들의 경쟁

---

117) 今村成和, 앞의 책, 40면.
118) 厚谷襄兒, 앞의 책, 22면.
119) 福岡博之, 앞의 책, 71면.
120) Müller-Henneberg, a.a.O., Anm. 22; Müller/Giessler/Scholz, a.a.O., Rdnr. 46.

제한행위에 대해서도 그밖의 사업자단체와 마찬가지로 엄정한 법적용
을 해야 할 것이다.

한편 消費者團體와 같은 개인 수요자들의 단체는 통상 사업자단체라
고 할 수 없다. 따라서 소비자단체와 같은 私的 需要者들의 단체는 독
점규제법의 적용을 받지 않는다.[121] 그러나 이러한 단체라고 할지라도
상거래 활동을 하는 경우에는 사업자성이 문제된다. 예를 들어 개인 소
비자들의 共同購買가 이에 해당할 것이고, 이 공동구매가 오로지 자신
의 회원들을 위한 상거래인 경우에도 마찬가지이다.[122] 사용자단체는
사업자단체인 반면에, 勞動組合은 근로자들의 단체로서 사업자단체라고
할 수 없다. 그러나 노동조합이 상거래활동을 하는 경우에는 당연히 사
업자가 될 수 있다.[123] 이와같이 사용자단체와 노동조합을 다르게 취급
하는 이유는, 사용자단체는 자신의 구성원들의 사업자적 행위를 조정할
수 있지만, 노동조합은 그렇지 않기 때문이다.

IV. 과징금규정과의 관계

독점규제법상의 수범자인 사업자는 권리능력을 갖추고 있을 것을 요
하지 않으므로, 법인격없는 사단이나 재벌에 대해서도 사업자성을 인정
할 수 있었다. 그러나 독점규제법 제55조의3 이하의 과징금규정은 자연
인과 법인을 고려하고 있으며, 법인격없는 사단이나 재벌의 책임은 배
제된다. 그러나 이는 사업자 개념과 배치되는 것이 아니다. 과징금규정

---

121) Vgl. WuW/E BGH 1919, 1923 „Preisvergleich" = NJW 81, 2304:
    OLG Hamburg WuW/E OLG 2092.
122) WuW/E BGH 1142, 1143 „Volksbühne Ⅱ".
123) OLG Hamburg WuW/E OLG 79, 80 „Gewerkschaft-Sterbekasse"
    zum Dekartel-lierungsrecht.

은 원칙적으로 사업자 개념과 관련있는 것이 아니기 때문이다. 즉 독점
규제법의 受範者(行爲主體)와 責任歸屬主體가 분리되어 있는 것이다.

　만일 행위주체로서의 사업자에게 책임을 귀속시키려고 한다면, 독점
규제법의 적용대상인 사업자의 범위는 좁아질 수밖에 없을 것이다. 그
러나 행위주체와 책임주체를 분리함으로써 이러한 문제를 해결할 수
있다. 이와 같이 수범자와 책임주체가 분리되는 경우에는 企業擔當者
(Unternehmensträger)에게 책임을 지우는 것이 논리적이다. 여기서 기
업담당자라 함은 법적, 경제적으로 사업자에 관한 책임을 부담하는 자
를 의미한다. 우리 독점규제법 제55조의4 이하에서는 課徵金納付義務者
라는 용어를 사용하고 있다. 이 곳에서 實體規定들에서 사용하던 사업
자 개념과는 별도로 과징금납부의무자라는 개념을 사용한 것을 통하여,
입법자가 행위주체로서의 사업자와 책임귀속주체로서의 과징금납부의
무자를 구별하려는 의도를 가지고 있었음을 알 수 있다. 따라서 가령
사업자가 민법상 조합인 경우에는 사원들이 책임을 지게 될 것이다. 그
리고 재벌의 지휘부에서 활동하는 자들은 스스로가 직접 책임을 부담
해야 할 것이다.[124)]

V. 적용제외와의 관계

　자유롭고 공정한 경쟁을 통하여 시장의 기능을 유지하기 위한 독점
규제법은 우리나라 경제질서의 기본법이기 때문에 원칙적으로 모든 사
업분야에 적용되는 것이 마땅하다. 그러나 市場經濟가 가지고 있는 한
계로 인하여 시장의 기능에 맡겨 놓을 수 없는 경제영역도 존재한다.
따라서 시장경제를 경제질서의 기본으로 하면서도 특정한 사업자나 특

---

124) Vgl. Immenga/Mestmäcker, a.a.O., S. 80.

정한 행위에 대해서는 독점규제법의 적용을 제외하고 있다.

그리하여 法令에 따른 정당한 행위(제58조), 無體財産權의 행사행위 (제59조), 그리고 일정한 組合의 행위(제60조)에 대해서는 독점규제법의 적용을 제외하고 있다. 이러한 행위를 하는 자들에 대해서 동법을 적용하지 않는 이유는 이들이 사업자가 아니기 때문이 아니다. 政策的 考慮 또는 市場失敗라는 다른 이유가 존재하기 때문이다.[125] 즉 사업자 개념은 독점규제법의 人的 適用範圍를 설정하는 역할을 하며, 이렇게 설정된 적용범위 안에서 특정한 이유로 인하여 일정 부분에 대해서는 동법의 적용을 제외하는 것이다. 따라서 사업자 개념이 문제되는 영역과 적용제외가 고려되는 영역은 분명히 구별된다.

독점규제법이 경제질서의 기본법으로서의 역할을 다하기 위해서는 모든 사업분야에 널리 적용되어야 한다. 이에 따라 사업자 개념은 점점 넓게 이해되고 있는 추세이다. 그러나 특정한 사업분야나 사업자에 대해서는 불가피하게 동법의 적용제외를 인정해야만 하는 경우가 있다. 이러한 경우에도 독점규제법이 경제질서의 기본법으로서의 지위를 차지할 수 있도록 하고, 시장참가자들이 시장의 기능에 확신을 가지도록 하기 위해서는 合理的 根據가 있는 때에 한하여 적용제외를 인정해야만 할 것이다.[126] 그리고 적용제외를 인정하는 경우에도 그 구체적인 범위를 정하여 法令에 명시하고, 시행과정에서 적용제외가 남용되고 있지 않은지의 여부와 본래의 목적에 맞추어 제대로 운용되고 있는지 여부를 감독관청이 지속적으로 감독하는 것이 바람직하다. 불필요하게 넓게 적용제외를 인정하면 할수록, 사업자 개념을 기능적으로 넓게 이해하는 의미는 그만큼 퇴색될 것이기 때문이다.

---

125) 자세한 내용은 권오승, 독점규제법상의 적용제외, 법경제연구(Ⅱ), 한 국개발연구원, 1995, 111면 이하 참조.
126) 권오승, 앞의 논문, 145면.

제5장 결 론

우리나라의 경제질서는 市場經濟를 기본으로 하고 있다. 시장경제가 정상적으로 기능하기 위해서는 自由롭고 公正한 競爭이 유지되고 있어야 한다. 그러나 현실 시장에서는 시장지배적 지위의 남용, 기업결합, 부당한 공동행위 및 불공정 거래행위 등의 각종 競爭制限行爲들로 인해 경쟁이 제한될 위험이 항상 도사리고 있다. 독점규제법은 자유롭고 공정한 경쟁을 유지하기 위해서 이러한 경쟁제한행위를 규율함으로써, 우리 經濟秩序의 基本인 시장경제의 기능을 유지하려고 한다. 따라서 독점규제법이 경제질서의 기본법으로서의 역할을 다하기 위해서는 원칙적으로 모든 사업분야에 적용되어야 한다.

그리고 민법의 人, 상법의 商人 등과 같이 독점규제법도 事業者라는 고유의 수범자를 중심으로 법체계가 형성되어 있다. 따라서 사업자는 동법의 人的 適用範圍를 확정하는 중요한 개념임에도 불구하고 1980년 독점규제법이 제정된 이래 사업자의 개념이나 범위에 관한 공정거래위원회의 심결례나 법원의 판례는 불과 소수에 지나지 않는다. 이러한 현상은 當局이나 法院이 사업자 개념이 가지고 있는 의미의 중요성을 제대로 인식하지 못하고 있기 때문에 발생한 결과라고 볼 수 있다. 學界에서도 이에 관한 중요성은 인식하면서도 아직 깊이있는 논의는 이루어지지 않고 있는 실정이다.

그러나 독점규제법을 시행하는 과정에서 종래의 事業者 定義條項이 한국표준산업분류표를 따르고 있다는 점과 1차 산업 등 일부 사업분야를 불합리하게 제외시키고 있다는 점이 문제시되면서, 1999년의 제7차 개정에서 사업자 정의조항이 개정되기에 이르렀다. 그런데 개정된 정의

조항은 매우 추상적인 包括的 規定方式을 취하고 있다. 일본의 입법례에서도 찾아볼 수 있는 이러한 규정방식은 급변하는 경제현실에 법을 적용하기 위한 입법자의 배려이기는 하지만, 이것만 가지고는 사업자 개념을 제대로 이해할 수가 없다. 따라서 그 시대의 상황에 맞도록 사업자 개념을 정립하는 과제는 學說과 競爭當局(공정거래위원회와 법원)으로 넘어가게 되었다. 이 논문은 학설과 경쟁당국의 판단에 맡겨진 사업자의 개념과 범위에 관한 연구를 통하여 독점규제법의 타당한 적용범위를 밝힘으로써, 동법의 실효성을 높이고 經濟秩序의 基本法으로서의 사명을 다하도록 하는 데에 도움을 주고자 작성되었다. 그러나 국내에는 이에 관한 자료를 찾는데 한계가 있었기 때문에, 경쟁법 분야에서 우리 문제 해결에 시사점을 주고 있는 국가들의 이론과 실무 경험들을 비교법적으로 고찰하고 우리의 법현실을 감안하여 이를 바탕으로 독점규제법상 事業者槪念의 判斷基準을 제시하였다.

  그러나 사업자 개념의 판단기준을 논의하기에 앞서서, 먼저 독점규제법에서 사업자 개념이 가지고 있는 限界設定機能을 살펴보아야 할 것이다. 독점규제법에서 특별히 사업자라는 용어를 사용하는 데에는 일정한 행위를 처음부터 受範者의 범위에서 제외시키려는 이유가 있었기 때문이다. 私人의 個人的 消費, 근로자의 從屬的 業務, 국가나 지방자치단체 등의 高權的 行爲가 이에 해당된다. 사업자 개념에서 이들을 제외한 나머지 영역은 絶對的 事業者와 相對的 事業者로 나뉠 수 있다. 절대적 사업자에는 주로 商事會社가 포함되기 때문에 여기서는 상법(회사법)상의 형식적인 구성요건을 중요시한다. 즉 절대적 사업자 개념은 制度的인 성격이 강하며, 통상적으로 쉽게 사업자성이 인정될 수 있다. 이들이 가장 일반적이고 중요한 독점규제법의 수범자이다. 이에 비하여 相對的 事業者는 일정한 영역에서만 그 활동의 事業者性이 문제되기 때문에, 사업자 자체보다는 사업자의 일정한 行爲에 초점이 맞추어진다. 따라서 개개의 행위에 대해서 그때마다 사업자성이 판단된다. 사업자 개념과 관련된 問題點은 주로 상대적 사업자 개념의 영역에서 발생한다. 상대적 사업자 개념의 범주에 속하는 주체들에게 事業者性을 인정할 수 있는지에 대해서는 機能的인 관점에서 이해하는 것이 각국의 학설과 실무의 입장이다. 이와 같이 독점규제법상 사업자 개념도 기능적으로 이해하는 경우에는 무엇보다도 동법의 目的과 趣旨, 體系, 沿革 등이 고려되어야 한다. 기능적 해석이라는 것이 본래 개개의 법개념들을 체계적이고 목적론적인 관점 아래에서 규범 내에서의 역할에 따라 해석하는 것이기 때문이다.

機能的 事業者概念에서는 사업자 자체가 아니라 상거래에서 행해지는 행위가 고려된다. 따라서 어떠한 주체가 사업자인지를 판단하는 것은 그가 사업자로서 행동하는지를 판단하는 것과 다름없다. 이 경우에 독점규제법의 목적을 가능한 한 포괄적으로 달성할 수 있도록 사업자 개념은 넓게 해석되어야 할 것이다.

이러한 관념들에 기초하여 事業者性의 判斷基準이 정해져야 한다. 첫째로 사업자는 경제활동에 참가하여야 한다. 우리나라를 포함한 각국은 經濟活動, 즉 市場 參加를 사업자 개념을 위한 필수적인 요소로 하고 있다. 이 경우 경제질서의 기본법인 독점규제법은 원칙적으로 모든 사업분야에 적용되어야 하기 때문에 經濟活動의 범위는 넓게 파악되어야 할 것이다. 그러나 경제활동에 참가하고 있다고하여 모두가 독점규제법상 사업자인 것은 아니다. 獨自的으로 經濟活動에 참가하고 있어야 동법의 사업자라고 할 수 있다. 따라서 獨自性이 사업자성을 판단하는 두 번째 기준이 된다. 독자성이라 함은 사업활동 및 이와 관련된 결정을 자유롭게 할 수 있다는 의미이다. 이러한 독자성 기준이 獨立된 法的 組織形態나 權利能力을 갖추어야 한다는 것을 의미하는 것은 아니다. 권리능력없는 社團도 자신의 결정에 근거해서 시장에서 독자적으로 행동할 수 있기 때문이다. 또한 독자성 기준은 法的 獨立性이나 經濟的 獨立性과도 구별된다. 경제적·법적 독립성을 인정할 수 없는 경우에도 독자성은 인정되는 경우가 있기 때문이다. 그러나 경제적·법적 독립성 은 독자성 인정을 위한 일응의 고려요소는 될 수 있다. 셋째로 현재 시 장에 참가하고 있는 자 뿐만 아니라 장래에 (또는 다시) 시장에 참가 할 구체적인 가능성이 있는자, 즉 潛在的 事業者도 사업자 개념에 포함 된다. 이로써 경제활동에 참가하고 있던 자가 카르텔합의를 맺을 당시 에 일시적으로 시장에 탈퇴함으로써 사업자의 판단기준으로부터 벗어 나 독점규제법의 적용대상에서 벗어나려는 脫法行爲를 막을 수 있다.

이러한 판단기준에도 불구하고 사업자의 개념과 범위를 정함에 있어 서 그 限界가 애매한 경우가 있다. 또한 규범적 관점에서는 명백히 독 점규제법의 사업자 개념에 해당하지만 規範的 理由 이외의 다른 현실 적인 이유로 이제까지 법적용에 소극적이었던 事業分野도 있다.

먼저 변호사, 변리사, 개업의사, 회계사, 건축사 등을 포함한 각종 自 由業者들이 여기에 해당되나. 종래 독일이나 일본에서는 이들을 카르텔 법상 사업자에 포함하지 않았으나. 이들도 역시 독자적으로 시장에 참 가하여 활동하고 있으며 특히 자유업자단체들에 의한 경쟁제한행위가 빈번하게 발생하고 있기 때문에, 현재는 각국에서 자유업자 및 자유업 자단체들을 카르텔법으로 규제하고 있다. 우리나라에서도 각종 자유업 자단체의 경쟁제한행위에 대한 공정거래위원회의 심결례들을 많이 찾 아 볼 수 있다. 특히 변호사, 공인회계사 등 9개 직종의 자유업자단체 들이 정해 놓은 報酬基準은 1999년에 제정된 독점규제 및 공정거래에 관한 법률의 적용이 제외되는 부당한 공동행위 등의 정비에 관한 법률 을 통하여 폐지되었다. 그러나 보수기준 이외에 자유업자 또는 자유업 자단체들이 행하는 각종 談合이나 경쟁제한행위에 대해서도 앞으로 적 극적으로 법적용을 해야 할 것이다. 이와 함께 이제는 중요한 事業分野

가 되어버린 프로스포츠 영역에 대해서도 자유롭고 공정한 경쟁을 통해 시장기능이 유지될 수 있도록 독점규제법이 적용되어야 할 것이다.

둘째로 國家, 地方自治團體 및 公共事業者가 고권적 활동이 아닌 私經濟의 주체로서 타인과 거래행위를 하는 경우에는 그 범위 내에서 독점규제법상 사업자가 된다. 국가의 國庫活動이 상거래활동에 해당하는 경우에도 역시 國家를 사업자로 본다. 따라서 국가, 지방자치단체 및 공공사업자가 재화나 용역의 수요자 또는 공급자로서 활동하는 경우에 상대방 수요자나 공급자를 자의적으로 선택하거나 부당하게 대우해서는 아니된다.

셋째로 우리나라에 고유하게 존재하는 기업집단형태인 財閥 자체도 독점규제법상 사업자에 포함된다. 어느 계열기업이 독점규제법 제19조 제2항 1호의 산업합리화 카르텔에 참가하고 있는 경우 이로 인해 시장지배적 지위가 형성되거나 강화되지 않는지 여부를 판단해야 한다. 이때 동일한 부문에서 활동하면서 당해 카르텔에 참가하고 있지 않는 동일한 재벌에 속하는 다른 계열기업의 市場占有率도 고려해야 할 것이다. 또한 동조 제2항 5호의 의미의 中小規模의 기업 여부를 판단하는 경우에도 마찬가지이다. 이러한 경우에 당해 계열기업만을 고려하고 재벌 자체를 고려하지 않는다면 이는 回避可能性을 열어놓는 결과가 된다. 가령 單一한 指揮下에 있는 법률상 독립된 다수의 계열기업들에게 생산공장을 분할·배분시킴으로써 모든 자회사들의 시장점유율을 임의로 일정하게 유지할 수 있을 것이기 때문이다.

이처럼 재벌 자체를 동법의 사업자로 인정한다고 할지라도 系列企業의 사업자성이 否認되어서는 안된다. 재벌에 속하는 계열기업들은 각각 法的 獨立性을 갖추고 있으며 자신의 조직 안에서 고유하게 형성된 意思에 근거하여 독자적으로 경제활동에 참가하고 있기 때문이다. 따라서 이들간의 內部關係에서 발생하는 경쟁제한행위에 대해서도 독점규제법이 적용되어야 할 것이다. 재벌의 총수나 지휘부가 계열기업간 경쟁제한행위를 하도록 지시를 한 경우에도 마찬가지로 독점규제법이 적용된다. 이러한 행위는 계열기업간의 同調的 行爲가 되기 때문이다. 따라서 계열기업간의 不當한 支援行爲는 당연히 독점규제법 제23조 제1항 7호에 의해 규율된다.

事業者團體는 그 형태 여하를 불문하고 2 이상의 사업자가 공동의 이익을 증진할 목적으로 조직한 결합체 또는 그 연합체를 말한다. 이는 사업자와는 별개인 또 하나의 독점규제법의 수범자이지만 그 개념적 토대는 사업자 개념에 기초하고 있다. 이미 살펴본 자유업자단체를 포함하여, 각종 職業團體와 經濟團體, 使用者團體 등이 전형적인 사업자단체에 해당된다. 가령 전국경제인연합회나 중소기업중앙회, 상공회의소 등이 대표적인 사례에 해당된다. 따라서 이 단체들의 경쟁제한행위에 대해서도 그밖의 사업자단체에서와 마찬가지로 엄정한 법적용을 하는 것이 경제질서의 기본법으로서 독점규제법의 역할에도 부합한다.

消費者團體와 같은 개인 수요자들의 단체는 통상 사업자단체라고 할 수 없다. 따라서 소비자단체와 같은 私的 需要者들의 단체는 독점규제법의 적용을 받지 않는다. 그러나 이러한 단체라고 할지라도 상거래 활동을 하는 경우에는 사업자성이 문제된다. 개인 소비자들의 共同購買가 이에 해당할 것이고, 이 공동구매가 오로지 자신의 회원들을 위한 상거래인 경우에도 마찬가지이다. 使用者團體는 사업자단체인 반면에, 勞動組合은 근로자들의 단체로서 사업자단체라고 할 수 없다. 그러나 노동조합이 상거래활동을 하는 경우에는 당연히 사업자가 될 수 있다. 사용자단체는 자신의 구성원들의 사업자로서의 행위를 조정할 수 있지만 노동조합은 그렇지 않기 때문이다.

독점규제법이 경제질서의 기본법으로서 시장에서 자유롭고 공정한 경쟁을 유지할 수 있도록 하는 事業者의 權利章典의 역할을 다하기 위해서는 원칙적으로 모든 사업분야에 널리 적용되어야 한다. 이는 동법의 수범자인 사업자와 사업자단체의 개념이 넓게 이해되어야 함을 의미한다. 각국의 카르텔법도 실제로 동법의 수범자를 넓게 파악하고 있다. 그러나 수범자의 입장에서는 독점규제법을 국가의 행정규제수단으로 생각하고 있는 것이 국내의 현실이다. 이 문제는 사업자 개념에 관한 논의와는 별도로, 경쟁당국이 독점규제법을 적용함에 있어서 정책적 결단보다는 規範的 判斷을 중요시하여 法的安定性과 豫測可能性을 확보할 수 있도록 노력함으로써 해결해야 할 것이다.

이처럼 사업자의 개념을 넓게 이해하여 독점규제법이 모든 사업분야에 적용되도록 노력을 하더라도, 불필요하게 넓은 범위의 適用除外를 인정하는 경우에는 사업자 개념에 관한 논의가 의미를 상실할 염려가 있을 뿐 아니라 독점규제법의 實效性도 저하될 것이다. 따라서 합리적인 근거가 있는 경우에만 적용제외를 인정해야 하며, 적용제외를 하는 경우에도 그 범위를 구체적으로 法令에 명시하고, 적용제외가 남용되지 않고 본래 목적에 맞게 운용되고 있는지를 지속적으로 감독해야 할 것이다. 또한 對外的으로는 사업자 개념에 관한 각국의 立法과 判例의 動向을 지속적으로 관찰하는 동시에 카르텔규범의 國際的 統一化 趨勢에도 관심을 가져서, 그것이 우리에게 주는 의미가 무엇인지를 깊이 검토하여야 할 것이다.

한편 사업자 개념은 固定不變한 개념이 아니라 그 시대의 經濟的, 社會·文化的 환경과 밀접한 관련을 가지면서 流動的으로 변화한다. 이 때문에 각국의 카르텔법은 사업자 개념을 일반조항으로 규정하고 있거나 아예 사업자 정의조항을 두고 있지 않다. 따라서 학설이나 실무에서 사업자 개념을 이해하는 과정에서 그 시대의 경제적, 사회적, 문화적 환경을 고려할 수도 있을 것이다. 그러나 이로 인해 법적안정성을 해쳐서는 안된다.

끝으로 독점규제법은 사업자의 경쟁제한행위를 규율하는 것을 내용으로 하고 있기 때문에, 事業者의 槪念과 아울러 競爭(또는 競爭制限)의 槪念도 역시 동법의 해석과 관련하여 주요한 의미를 갖는다. 따라서 독점규제법을 정확하게 이해하기 위해서는 이 두 개념들을 서로 연관지어서 검토할 필요가 있다. 이에 관한 연구는 앞으로의 과제로 남겨 놓는다.

《참고문헌》

Ⅰ. 국내문헌

1. 단행본

권오승(譯), Rittner(著), 독일경쟁법, 법문사, 1997.

_____, EC 경쟁법, 법문사, 1992.

_____, 경제법, 법문사, 1999.

_____, 기업결합규제법론, 법문사, 1991.

김수복, 노동법, 중앙경제사, 1991.

김충환, 공정거래법 개설, 학연사, 1987.

_____, 한국의 공정거래제도, 삼일당, 1982.

김형배, 노동법(제11판), 박영사, 1999.

_____, 노동법 연구, 박영사, 1991.

박길준, 한국독점규제법, 삼영사, 1983.

박길준/김성준, EC 기업법, 조선일보사, 1993.

박세일, 법경제학, 박영사, 1995.

손주찬, 경제법, 법경출판사, 1990.

신광식(譯), Bork(著),반트러스트의 모순, 교보문고, 1991.

양명조, 국제독점금지법, 박영사, 1986.

이기수, 경제법, 세창출판사, 1999.

이남기, 경제법, 박영사, 1999.

이동규, 독점규제 및 공정거래에 관한 법률 개론, 행정경영자료사, 1997.

이상윤, 노동법(제3판), 법문사, 1999.

이태로/안경봉, 조세법 강의(신정3판), 박영사, 1999.

_____(편역), 판례체계 조세법, 조세통람사, 1991.

정호열(譯), Emmerich(著), 부정경쟁법, 삼지원, 1996.

_____, 부정경쟁방지법론, 삼지원, 1993.

조동성, 한국재벌, 매일경제신문사, 1997.

최기원, 신회사법론(제9대정증보판), 박영사, 1999.

공정거래위원회, 공정거래백서(1999년판), 1999.

2. 논 문

권기범, 사실상의 콘체른과 재벌, 양승규교수 화갑기념논문집, 삼지원, 1994.

권오승, 독점규제법상 손해배상책임, 민사판례연구[ⅩⅩ], 박영사, 1998.

_____, 독점규제법상의 적용제외, 법경제연구(Ⅱ), 한국개발연구원, 1995.

김건식, 콘체른에 있어서 소수주주보호, 이태로교수 화갑기념논문집, 조세
　　　통람사, 1992.

김찬진, 한국 독점규제법의 제정 연혁, 경쟁법연구 제1권, 1989.

노일석, 결합기업에 있어 기업개념, 이태로교수 화갑기념논문집, 조세통람
　　　사, 1992.

손주찬, 경제법제의 변천, 법제연구 제15호, 1998.

안희원, 카르텔일괄정리법의 주요내용과 기대효과, 월간 공정경쟁, 한국공
　　　정경쟁협회, 1999. 2.

양명조, 집단휴업행위에 대한 독점규제법의 적용, 민사판례연구[ⅩⅨ], 박
　　　영사, 1997.

유진희, 사실상 콘체른의 법률관계, 안암법학(창간호), 1993.

이병주, 공정거래법 개정 주요 내용, 월간 공정경쟁, 한국공정경쟁협회,

1999. 1.

_____, 사례중심의 공정거래법 해설, 월간 공정경쟁, 한국공정경쟁협회, 1998. 12.

임영철, 공정거래관계법제 정비의 현황과 전망, 법제연구 제16호, 1999.

정찬형, 상법학상의 기업개념, 기업법의 행방, 박영사, 1991.

Ⅱ. 독일문헌

1. 주석서

Baumbach/Hefermehl, Wettbewerbsrecht, 20. Aufl., 1998.

Bechtold, Kartellgesetz Kommentar, 1993.

Callmann, Das deutsche Kartellrecht, Kommentar, 1934.

Dauses(Hrsg.), Handbuch des EG-Wirtschaftsrechts, Stand: 1996.

Frankfurter Kommentar, GWB, Stand 1999.

Gleiss/Hirsch, Kommentar zum EWG-Kartellrecht, 3. Aufl., 1978.

Grabitz, Kommentar zum EWG-Vertrag, Loseblatt, Stand: Sept. 1992.

Groeben/Thiesing/Ehlermann, Kommentar zum EU-/EG-Vertrag, Bd. 2, 5. Aufl., 1999.

_____, Kommentar zum EWGV-Vertrag, 4. Aufl., 1991.

Hailbronner/Klein/Müller-Graff/Magiera, Handkommentar zum EWG-Vertrag, Loseblatt.

Immenga/Mestmäcker, EG-Wettbewerbsrecht Kommentar, Bd. Ⅰ, 1997.

_____, GWB Kommentar zum Kartellgesetz, 2. Aufl., 1992.

Köhler/Piper, Gesetz gegen den unlauteren Wettbewerb, 1995.

Langen, Kommentar zum Kartellgesetz, 3. Aufl. 1958.

Langen/Bunte, Kommentar zum deutschen und europäischen Kartellrecht, 7. Aufl., 1994.

_____, Kommentar zum deutschen und europäischen Kartellrecht, Bd. 1, 8. Aufl., 1998.

Langen/Niederleithinger/Schmidt, Kommentar zum Kartellgesetz, 6. Aufl., 1983.

Loewenheim/Belke, Gesetz gegen Wettbewerbsbeschränkungen, Kommentar, 4. Aufl., 1977.

Müller/Giessler/Scholz, Wirtschaftskommentar: Kommentar zum Gesetz gegen Wettbewerbsbeschränkungen (Kartellgesetz), 4. Aufl., 1981.

Müller-Henneberg, Gemeinschaftskommentar, 1958.

_____, Gemeinschaftskommentar, 3. Aufl., 1972.

Ruß, Heidelberger Kommentar zum Handelsgesetzbuch, 5. Aufl, 1999.

Röhricht/Graf von Westphalen, Handelsgesetzbuch, 1998.

Staudingers Kommentar, 1998.

V. d. Groeben/Thiesing/Ehlermann, Kommentar zum EWG-Vertrag, 4. Aufl., 1991.

2. 단행본

Baron, Das neue Kartellgesetz, 1999.

Bericht der Bundesregierung über die Lage der freien Berufe BTDrucks. 8/3139.

Brecher, Das Unternehmen als Rechtsgegenstand, 1953.

Bundestagsdrucksache 13/10633.

Burkhardt, Kartellrecht, 1995.

Cramer, Die Wettbewerbsverbote von Handelsvertretern und ihre kartell-rechtliche Beurteilung, FIW-Schriftreihe Heft 6, 1972.

Dahm, Deutsches Recht, 2. Aufl., 1963.

Deneke, Die freien Berufe, 1956.

Deutsches Verwaltungsblatt, 1954, S. 669 ff.

Emmerich, Das Recht des unlauteren Wettbewerbs, 4. Aufl., 1995.

———————————, in: Steiner(Hrsg.), Sport und Medien, 1990.

———————————, Kartellrecht, 8. Aufl., 1999.

Emmerich/Sonnenschein, Konzernrecht, 6. Aufl., 1997.

Eucken, Die Grundlagen der Nationalökonomie, 8. Aufl., 1965.

Fechner, Das wirtschaftliche Unternehmen in der Rechtswissenschaft, 1942.

———————————, Das wirtschaftliche Unternehmen in der Rechtswissenschaft, Antrittsvorlesung der Universität Bonn, Heft 7, 1942.

Fechner, Die Treubindungen des Aktionärs, 1942.

Fritzsche, Die Auslegung des §1 GWB und die Behandlung von Einkaufs-gemeinschaften im Kartellrecht, FIW-Schriftenreihe, Heft 149, 1993.

Gandenberger, Was ist ein Unternehmen?, 1963.

Gugerbauer, Das EWR-Kartellrecht, 1993.

Herrnring, Der Unternehmensbegriff im Aktiengesetz vom 6. 9. 1965, Diss., Hamburg, 1970.

Hitzler, Kartellrechtsweg gegen berufsrechtliche Maßnahmen einer Landesapothekerkammer, GRUR 1982, S. 474 ff.

Immenga, Grenzen des kartellrechtlichen Ausnahmebereiches Arbeitsmarkt, 1989.

Isay, Das Recht am Unternehmen, 1910.

Isay-Tschierschky, Kartellverordnung, 1925.

Kalian, Europäisches Wirtschaftsrecht, 1996.

Karl, Der Zusammenschlußbegriff in der europäischen Fusions-
kontrollverordnung, 1996.

Kosiol, Einführung in die Betriebswirtschaftslehre, 1968.

Langer, Der Begriff Unternehmen im GWB, Diss., Berlin, 1978.

Lukes, Der Kartellvertrag, 1959.

Meissner, Die Auslegung des §15 GWB im Hinblick auf Preisbindungen
im Rahmen von Interessenwahrungsverhältnissen, Diss., Hamburg
1965

Merz, Die Vorfeldthese, 1988.

Mestmäcker, Der verwaltete Wettbewerb, 1984.

_____, Europäisches Wettbewerbsrecht, 1974.

Michalski, Das Gesellschafts- und Kartellrecht der berufrechtlich
gebundenen freien Berufe, 1989.

Miegel, Der Unternehmensbegriff des Aktiengesetzes 1965, Diss., 1970.

Monopolkommission, 10. Hauptgutachten, 1994.

_____, Hauptgutachten I, 1976.

Möschel, Das Wirtschaftsrecht der Banken, 1972.

_____, Recht der Wettbewerbsbeschränkungen, 1983.

Niederleithinger, Die Stellung der Versorgungswirtschaft im Gesetz gegen
Wettbewerbsbeschränkungen, 1968.

Nordmeyer, Der Unternehmensbegriff im Konzernrecht, Diss., Köln, 1970.

Passow, Betrieb, Unternehmung, Konzern, Beiträge zur Lehre von den
Unternehmungen, Heft 11, 1925.

Pisko, Das Unternehmen als Gegenstand des Rechtsverkehrs, 1907.

Raisch, Geschichtliche Voraussetzungen, dogmatische Grundlagen und Sinnwandlung des Handelsrechts, 1965.

Raiser, Das Unternehmen als Organisation, 1969.

Rehbinder, Konzernaußenrecht und Allgemeinesprivatrecht, 1969.

Reich, Europäisches Verbraucherschutzrecht, 1993.

Rincke/Schwark, Wirtschaftsrecht, 6. Aufl., 1986.

Ring, Wettbewerbsrecht der freien Berufe, 1989.

Rittner, Unternehmen und freie Beruf als Rechtsbegriffe, Recht und Staat in Geschichte und Gegenwart, Heft 261/262, 1962.

_____, Unternehmen und Freier Beruf als Rechtsbegriffe, 1962.

_____, Wettbewerbs- und Kartellrecht, 5. Aufl., 1995.

_____, Wirtschaftsrecht, 2. Aufl., 1987.

Sandrock, Grundbegriffe des Gesetzes gegen Wettbewerbsbeschränkungen, 1968.

Schmidt, Freie Berufe und Kartellgesetz, Diss., Köln 1969.

Schmidt, Handelsrecht, 4. Aufl., 1994.

Schmidt, US-amerikanische und deutsche Wettbewerbspolitik gegenüber Marktmacht, 1973.

Schmidt, Wirtschaftslehre der Unternehmung, 1969.

Schmude, Der Unternehmensbegriff im Gesetz gegen Wettbewerbsbeschränkungen, Diss., 1968.

Schwarz, Die wirtschaftliche Betätigung der öffentlichen Hand im Kartellrecht, 1969.

Spindler, Recht und Konzern, 1993.

Säcker, Zielkonflikte und Koordinationsprobleme im deutschen und europäischen Kartellrecht, 1971.

V. Brunn, Grundzüge des Kartellrechts, 1938.

V. Gamm, Das Kartellrecht im EWG-Bereich, 1961.

V. Gamm, Kartellrecht, 2. Aufl., 1990.

Von Ohmeyer, Das Unternehmen als Rechtsobjekt, 1906.

Wagner, Unternehmensrecht, 1997.

Werner, Der aktienrechtliche Abhängigkeitstatbestand, 1979.

Zäch, Grundzüge des Europäischen Wirtschaftsrechts, 1996.

Unterrichtung des Ausschusses für Wirtschaft zu dem Entwurf eines Zweiten Gesetzes zur Änderung des GWB, BTDrucks. 7/765 (Bericht 1973).

Bundeskartellamt, Tätigkeitsberichte
        TB 1961 BTDrucks Ⅳ/378.
        TB 1971 BTDrucks Ⅵ/3570.
        TB 1972 BTDrucks 7/986.
        TB 1974 BTDrucks 7/3791.
        TB 1977 BTDrucks 8/1925.

3. 논 문

Ballerstedt, Unternehmen und Wirtschaftsverfassung, JZ 1951, 486 ff.

_____, Was ist Unternehmensrecht?, Festschrift für Konrad Duden, 1977, S. 15 ff.

Belke, Grundfragen des Kartellverbots, ZHR 143 [1979] 74 ff.

Benkendorff, Freie Berufe und Kartellgesetz, WuW 1956, S. 20 ff.

Canenbley, Urteilsanmerkung zu „Architeken-Gebühren", GRUR 1977, S. 739 ff.

Conig, Wirtschaftswissenschaften und Rechtswissenschaften, in: Das Verhältnis der Wirtschaftswissenschaft zur Rechtswissenschaft, Soziologie und Statistik, 1964, S. 2 ff.

Ehricke, Staatliches Arbeitvermittlungsmonopol und Gemeinschaftsrecht, WuW 1991, S. 970 ff.

Eichenhofer, Das Arbeitvermittlungsmonopol des Bundesanstalt für Arbeit und das EG-Recht, NJW 1991, S. 2857 ff.

Emmerich, Die Auslegung von Art. 85 Abs. 1 EWG-Vertrag durch bisherige Praxis der Kommission, EuR 1971, 295

_____, Die höchsstrichterliche Rechtsprechung zum GWB, ZHR 139 (1975), S. 476 ff.

Fischer, Laufende Kundendienst-Inspektionen bei Personenkraftwagen zu Festpreisen und neue Wettbewerbsgesetz, DB 1958, 887 ff.

Giesecke, Die rechtliche Bedeutung des Unternehmens, Festschrift für Ernst Heymann, Bd. 2, 1940, S. 118 ff.

Günther, Entwurf eines deutschen Gesetzes gegen Wettbewerbsbeschränkungen, WuW 1951, S. 17 ff.

Haberkorn, Behandlung von Konzernunternehmen nach Art. 65 des Montanunionvertrages, NJW 1960, 86 ff.

_____, Der Unternehmensbegriff in den Vorschriften über Wettbewerbsbeschränkungen, GRUR 1962, 449 ff.

_____, Können konzernmäßige Zusammenschlüsse unter §1 GWB fallen?, WRP 1967, 39 ff.

Harms, Gebührenwettbewerb unter Architekten und Rechtsanwälten? Zur Anwendung des GWB auf Freie Berufe, NJW 1976, S. 1289 ff.

Heckelmann, Der Idealverein als Unternehmen?, AcP 179 [1979] 1 ff.

Hefermehl, Grenzen des Lauterkeitsschutzes, GRUR Int 1983, S. 507 ff.

Hill, Zur Rechtsprechung des Kartellsenats, in: 25 Jahre Bundesgerichtshof, 1975, S. 178 ff.

Hoppmann, Zum Schutzobjekt des GWB, in: Wettbewerb als Aufgabe. Nach zehn Jahren Gesetz gegen Wettbewerbsbeschränkungen, 1968, S. 102 ff.

Kleemann, Die kartellrechtliche Beurteilung von vertikalen Ausschließlichkeitsverträgen im Gemeinsamen Markt, DB 1962, 1631 ff.

Koppensteiner, Wirtschaftsrecht, Inhalts- und funktionsbeogene Überlegungen zu einer umstrittenen Kategorie, Rechtstheorie, 1973, S. 18 ff.

Kraft, Gemeinschaftsschädliche Wirtschaftsstörungen als unlauterer Wettbewerb?, GRUR 1980, S. 966 ff.

Kulka, Kollektives Arbeitsrecht und Kartellrecht, WuW 1987, S. 5 ff.

Kunze, Unternehmensverband und Unternehmensrecht, Festschrift für Konrad Duden, 1977, S. 201 ff.

Köhler, „Betrieb" und „Unternhmen" in wirtschaftsverfassungsrechtlcher Sicht, JZ 1953, S. 713 ff.

Lammel, Wettbewerbsrecht contra Standesrecht, WuW 1984, S. 853 ff.

Maasch, Auslegung von Normen-ein spezifisches Problem im Kartellrecht?, ZHR 150 (1986) 354-365.

Magen, Gesellschaftsrechtliche Wettbewerbsverbote und Kartellrecht, NJW 1961, S. 147 ff.

Merz, Kartellrecht-Instrument der Wirtschaftspolitik oder Schutz der persönlichen Freiheit?, FS zum 70. Geburtstag von Franz Böhm, 1965, S. 227-259.

Messer, Standesrechtliches Wettbewerbsverbot des Rechtsanwaltes und Kartellrecht, Festschrift für Pfeiffer, 1988, S. 973 ff.

Mestmäcker, Das Verhältnis der Wirtschaftswissenschaft zur Rechtswissenschaft im Aktienrecht, in: Das Verhältnis der Wirtschaftswissenschaft zur Rechtswissenschaft, Soziologie und Statistik, 1964, S. 103

_____, Staat und Unternehmen in europäischen Gemeinschaftsrecht, RabelsZ 52(1988), 526, 536 ff.

_____, Über das Verhältnis des Rechts der Wettbewerbsbeschränkungen zum Privatrecht, AcP 168 (1968), S. 235 ff.

Möhring, Unternehmenszusammenschlüsse in Kartellrechtlicher Sicht, GRUR 1966, 645 ff.

Möschel, Schutzziele eines Wettbewerbsrechts, Festschrift für Fritz Rittner zum 70. Geburtstag, 1991, S. 405 ff.

Nacken, Tarifverträge über das Ende der Arbeitszeit und §1 GWB, WuW 1988, S. 484 ff.

P. v. Wilmowski, Mit besonderen Aufgaben betrute Unternehmen unter dem EWG-Vertrag, ZHR 155, 545, 548 ff.

Pfeifer, Ausschließlichkeitsbindungen des Lizenzgebers oder Eigentümers und Kartellrecht, GRUR 1969, S. 400 ff.

Raisch, Zu den grundsätzlichen Aufgaben der Rechtswissenschaft gegenüber den neuen Aktiengestz, JZ 1966, S. 554 ff.

Rauschenbach, Die Entwicklung des deutschen Kartellrechts 1977, NJW 1978, S. 185 ff.

Reich, Europäisches Verbraucherschutzrecht. Binnenmarkt und Verbraucherinteresse, 2. Aufl., 1993.

Reinhardt, Vom Gesellschaftsrecht zum Unternehmensrecht?, Festschrift für Hartmann-Festschrift, 1976, S. 213 ff.

Rinck, Wirtschaftswissenschaftsliche Begriffe in Rechtsnormen, Festschrift Carl Heymanns Verlag, 1965. S. 367 ff.

_____, Einwirkung des Kartellrechts auf das allgemeine Privatrecht, Festschrift für Wieacker, 1978, S. 476 ff.

Rittner, Das Kartellgesetz als die magna charta des Unternehmers?, Festschrift für Peter Raisch, 1995, S. 483 ff.

_____, Die Ausschließlichkeitsbindungen nach dem Gesetz gegen Wettbewerbsbeschränkungen, DB 1957, S. 1091 ff.

_____, Die Wettbewerbsverbote der Handelsvertreter und §18 GWB, ZHR 135 [1971] 289 ff.

Rottmann, Zum rechtlichen Rahmen für einen europäischen Binnenmarkt im Post-und Fernmelewesen, Archiv für Post und Telekommunikation, 1989, S. 1 ff.

Schilling, Rechtsform und Unternehmen-Ein Beitrag zum Verhältnis von Gesellschft- und Unternehmensrecht, Festschrift für Konrad Duden, 1977, S. 537 ff.

Schroeder, Die Anwendung des Kartellverbotes auf verbundene Unternehmen, WuW 1988, 274 ff.

Ulmer, Der Begriff „Leistungswettbewerb" und seine Bedeutung für die Anwendung GWB- und UWG-Tatbeständen, GRUR 1977, S. 565 ff.

_____, Kartellrechtliche Schranken der Preisunterbietung nach §26 Abs. 4 GWB, Festschrift für v. Gamm, 1990, S. 691 ff.

V. Brunn, Der GEMA-Fall, WuW 1971, S. 770 ff.

V. Gierke, Das Handelsunternehmen, ZHR 111(1948), S. 1 ff.

V. Godin, Kartellrechtliche Behandlung von Verträgen über gewerbliche Schutzrechte, BB 1958, S. 64 ff.

Von Gamm, Das Verbot einer unbilligen Behinderung und einer sachlich nicht gerechtfertigten Diskriminierung, NJW 1980, S. 2489 ff.

Wolff, Die Kartell-Notverordnung, in: Kartell-Rundschau, 1930, S. 509 ff.

Würdinger, Freiheit der persönlichen Entfaltung-Kartell- und Wettberbsrecht, WuW 1953, S. 721 ff.

Zeitler, Der Konzernrabatt, WuW 1959, 621 ff.

III. 영미문헌

1. 단행본

Areeda/Hovenkamp, Antitrust Law, Vol. I A, 1997.

Areeda/Kaplow, Antitrust Analysis, 4th ed., 1988.

Bellamy/Child, Commom Market Law of Competition, 4th ed., 1993.

Blair/Harrison, Monopsony, 1993.

Bork, The Antitrust Paradox, 1978.

E. Sullivan/J. Harrison, Understanding Antitrust and Its Economic Implications, 2nd ed., 1994.

Goyder, EC Competition Law, 3rd ed., 1998.

Hovenkamp, Federal Antitrust Policy, 1994.

L. Sullivan, Handbook of the Law of Antitrust, 1977.

Lang, Trade Associations and Self-Regulation under EEC Antitrust Law, Fordham Corporate Institute, 1984.

Morgan, Modern Antitrust Law And Its Origins, West Publishing Co., 1994.

Neale, The Antirust Laws of The United States of America, 1960.

Posner/Easterbrook, Antitrust, 2. ed., 1991.

Ritter/Braun/Rawlinson, EEC Competition Law, Kluwer, 1991.

Slot, The concept of undertaking in EC Competition Law, Festschrift für Everling Bd. II, 1995.

Tempel Lang, Trade Associations and Self-Regulation under EEC Antitrust Law, in Hawk (ed.), Fordham Corporate Law Institute 1984.

Treumann/Peltzer/Kuehn, US Business Law, 2. Ed., 1990.

Wamser, Enforcement of Antitrust Law, Vol./Bd. 612, 1994.

2. 논 문

Coons, Non-Commercial Purpose as a Sherman Act Defense, 56 Nw. U. L. Rev. 705, (1962).

Fischel, Antitrust Liability for Attempts to Influence Government Action: The Basis and Limits of the Noerr-Pennington Doctrine, 45 U. Chi. L. Rev. 80, (1973).

Hovenkamp, Judacial Restrain and Constitutional Federalism: The Supreme Court's Lopez and Seminole Tribe Decisions, 96 Colum. L. Rev. 2213, (1996).

Kennedy, Political Boycotts, the Sherman Act and the First Amendment: An Accomodation of Competing Interests, 55 S. Cal. L. Rev. 983, (1982).

Lande, The rise and (coming) fall of efficiency as the ruler of antitrust, The Antitrust Bulletin (Vol. XXXIII, Nr. 3), Fall 1988.

Lynk, Property Rights and the Presumption of Merger Analysis, 39 Antitrust Bull. 363 (1994).

Marcus, Civil Rights and the Anti-Trust Laws, 18 U. Chi. L. Rev. 171 (1951).

PoKempner, The Scope of Noerr Immunity for Direct Action Protestors: Antitrust Meets the Anti-Abortionists, 89 Colum. L. Rev. 662 (1989).

Ⅳ. 일본문헌

谷原修身, 現代獨占禁止法要論, 中央經濟社, 1992.

根岸哲 外, 經濟法, 法律文化社, 1997.

今村成和, 獨占禁止法, 有斐閣, 1978.

福岡博之, 獨占禁止法, 勁草書房, 1981.

服部育生, 經濟法講義, 泉文堂, 1995.

笹井昭夫, 獨占禁止法概說, 中央經濟社, 1982.

岸井大太郎, 經濟法, 有斐閣, 1997.

正田彬, 獨占禁止法, 日本評論社, 1966.

正田彬, 全訂獨占禁止法Ⅰ, 日本評論社, 1980.

正田彬 外, 獨占禁止法を學ぶ, 第三版, 有斐閣, 1995.

村上政博, 獨占禁止法の日米比較[上], 弘文堂, 1991.

厚谷襄兒, 條解獨占禁止法, 弘文堂, 1997.

· 저 자 ·

차성민
(車聖敏)

· 약 력 ·

경희대학교 법과대학 법학과 졸업
경희대학교 대학원 법학 석사
서울대학교 대학원 법학 박사
독일 마인츠대학교 객원연구원
서울대학교 BK21법학연구단 박사후연구원
한국전자통신연구원 선임연구원
現 한국정보문화진흥원 부팀장

· 주요 논저 ·

「미디어산업에서 경쟁제한성 판단」
「경쟁사업자간 협력행위에 대한 규제」
「전기통신분야에 있어서 관련시장 획정」
「독일 카르텔법의 목적과 기능」
「이른바 결합판매에 관한 규제」
「독점규제법상 추정의 의미」
「기업결합 신고제도에 관한 비교법적 고찰」
『경제법판례연구』(공저)
『제조물책임법』(공저)
『정보통신과 공정거래』(공저)
외 다수

● 독점규제법의 적용대상, 어디까지인가?

· 초판 인쇄 | 2006년 4월 30일
· 초판 발행 | 2006년 4월 30일

· 지 은 이 | 차성민
· 펴 낸 이 | 채종준
· 펴 낸 곳 | 한국학술정보㈜
경기도 파주시 교하읍 문발리 526-2
파주출판문화정보산업단지
전화 031) 908-3181(대표) · 팩스 031) 908-3189
홈페이지 http://www.kstudy.com
e-mail(e-Book사업부) ebook@kstudy.com
· 등 록 | 제일산-115호(2000. 6. 19)
· 가 격 | 19,000원

ISBN 89-534-4968-5 93360 (Paper Book)
89-534-4969-3 98360 (e-Book)